어촌설화 대백과

대한민국 방방곡곡 어촌설화 모음집

저작권

- '어촌설화 대백과' 글과 삽화의 저작권은 소나기크리에이티브 주식회사에 있으며, 내용 및 삽화의 전부 또는 일부를 재사용하려면 반드시 저작권자의 동의를 받아야 합니다.

일러두기

- 본문 내의 지명은 자료를 수집할 당시를 기준으로 하고 있습니다. 현재 사용되고 있는 지명과 다를 수 있습니다.
- 본문 하단의 각주는 편집자가 독자의 이해를 돕기 위해 첨부한 해석입니다. 주관적인 해석이 들어갈 수 있습니다.
- 모든 설화는 자료와 구전을 기반으로 하였습니다. 실제 역사적인 사실과 다를 수 있습니다.
- 작품의 색인은 설화의 내용을 쉽게 구분할 수 있도록 편집자가 추가한 내용입니다. 주관적인 견해가 들어갈 수 있습니다.

목차

들어가는 말   9

남해

- 전남

  목포 삼학도   12

  목포 갓바위   14

  여수 백도   17

  여수 거문도 오돌래   20

  여수 거문도 서도 애 빠진 여   23

  여수 오동도   25

  여수 거문도 고두리 영감제   28

  순천 충무사와 왜성대   31

  고흥 나도 뇌섬   33

  강진 가막섬   36

  강진 비래도 처녀 무덤   38

  해남 열녀 임씨   41

  영광 각시섬   43

  완도 신지도 명사십리 울모래   46

  완도 금일이 칠기도   48

  완도 금일의 구동   51

  진도 뽕할머니   54

  진도 하조도 통곡바위   56

진도 팽목항의 탈상바위 ………………………………………… 58
진도 조도 볼매섬 …………………………………………………… 61
진도 벽파진의 노인 신당 ………………………………………… 63
진도 굴포 용왕신당 ………………………………………………… 65
진도 이음바위 ………………………………………………………… 67
진도군수 이응 ………………………………………………………… 69
신안 홍도 탑상골 …………………………………………………… 71
신안 가거도 회용산과 선여봉 ………………………………… 74

• 부산
영도 태종대 망부석과 생섬 ……………………………………… 78
명지 장자도 전설 …………………………………………………… 80
해운대 청사포 망부송 …………………………………………… 82
기장 효열리 전설 …………………………………………………… 84
기장 보은의 비석 …………………………………………………… 86
기장 학리 전설 ……………………………………………………… 89
기장 시랑대 전설 …………………………………………………… 92
기장 매바위와 새바위 …………………………………………… 94

• 경남
창원 마산 시락암굴 ………………………………………………… 98
진해 웅동 용당 ……………………………………………………… 100
진해 청안동의 도미묘 …………………………………………… 103
진해 앞바다 명당자리 …………………………………………… 106

4

진해 망산도와 유주암 ······································· 108
통영 해평 열녀비 ·· 110
통영 연화도 ·· 112
통영 수우도 설능장군 ····································· 115
사천 소풀섬 전설 ·· 121
거제 시방과 이수도의 전설 ····························· 124
거제 윤돌섬 ·· 126
고성 하일면 형제바위 ····································· 128
남해 엄마섬 애기섬 ·· 130
남해 무민사 전설 ·· 131
남해 노도의 전설 ·· 134
남해 창선 왕후박나무 ····································· 136
남해 고현 가청고개 ·· 139
남해 미조 뱀섬과 두꺼비섬 ····························· 141

• 제주

한경면 절부암 ··· 146
용궁올레와 칼선다리 ······································ 148
조천 고냥 할망당 ·· 150
함덕 서물한집 ··· 153
김녕 서문하르방 ··· 155
서귀포 조롱이당 ··· 157
마라도 애기업개바위 ······································ 161

서해

• 인천
강화도 보문사 전설 ……………………………………………… 166
연평도 충민사 …………………………………………………… 170

• 경기
안산 잿머리 서낭당 ……………………………………………… 174
안산 별망성 ……………………………………………………… 178
김포 손돌 전설 …………………………………………………… 180
화성 처녀 총각바위 ……………………………………………… 184

• 충남
보령 외연도 상록수림과 동백꽃 ………………………………… 188
보령 쌍오도 ……………………………………………………… 191
서천 쌍도 ………………………………………………………… 195
서천 곡성바위 …………………………………………………… 197
태안 삼형제바위 ………………………………………………… 200
태안 삼봉바위 …………………………………………………… 202
태안 떡바위 ……………………………………………………… 204
태안 안면도의 할미할아비바위 ………………………………… 207
태안 안면읍 선바위 ……………………………………………… 210
태안 안면도 뱀사당 ……………………………………………… 213

• 전북

군산 장자도 할매바위와 횡경도의 할배바위 ⋯⋯⋯⋯ 220
군산 선유도 오룡묘 왕비 이야기 ⋯⋯⋯⋯⋯⋯⋯⋯⋯⋯ 222
군산 어청도 치동묘 ⋯⋯⋯⋯⋯⋯⋯⋯⋯⋯⋯⋯⋯⋯⋯⋯ 224
군산 고군산열도 탄생설화 ⋯⋯⋯⋯⋯⋯⋯⋯⋯⋯⋯⋯⋯ 226
군산 옥구 내초도 금돈시굴 ⋯⋯⋯⋯⋯⋯⋯⋯⋯⋯⋯⋯ 229
부안 위도 피동지 구멍 ⋯⋯⋯⋯⋯⋯⋯⋯⋯⋯⋯⋯⋯⋯ 231
부안 대리의 용왕당 ⋯⋯⋯⋯⋯⋯⋯⋯⋯⋯⋯⋯⋯⋯⋯⋯ 233
부안 변산반도 수성당 ⋯⋯⋯⋯⋯⋯⋯⋯⋯⋯⋯⋯⋯⋯⋯ 235

동해

• 울산

처용암 ⋯⋯⋯⋯⋯⋯⋯⋯⋯⋯⋯⋯⋯⋯⋯⋯⋯⋯⋯⋯⋯⋯ 240
낙화암과 홍상도 ⋯⋯⋯⋯⋯⋯⋯⋯⋯⋯⋯⋯⋯⋯⋯⋯⋯ 243
고래논 ⋯⋯⋯⋯⋯⋯⋯⋯⋯⋯⋯⋯⋯⋯⋯⋯⋯⋯⋯⋯⋯ 245
정자의 박제상 유적 ⋯⋯⋯⋯⋯⋯⋯⋯⋯⋯⋯⋯⋯⋯⋯⋯ 248

• 강원

강릉 주문진 해당화 서낭당 ⋯⋯⋯⋯⋯⋯⋯⋯⋯⋯⋯⋯ 252
강릉 주문진 아들바위 ⋯⋯⋯⋯⋯⋯⋯⋯⋯⋯⋯⋯⋯⋯⋯ 254
강릉 주문진 진이 서낭당 ⋯⋯⋯⋯⋯⋯⋯⋯⋯⋯⋯⋯⋯ 256
강릉 해랑당 ⋯⋯⋯⋯⋯⋯⋯⋯⋯⋯⋯⋯⋯⋯⋯⋯⋯⋯⋯ 259
삼척 척주동해비 ⋯⋯⋯⋯⋯⋯⋯⋯⋯⋯⋯⋯⋯⋯⋯⋯⋯ 262

• 경북

　포항 영일만 연오랑과 세오녀 … 266

　경주 대왕바위 … 270

　경주 석탈해왕 탄강지 … 272

　영덕 축산 영의 남공 유허비 … 274

　영덕 병곡면 거무역리 … 277

　울릉도 자비굴 … 280

　울릉도 용녀 … 282

　울릉도 열녀비 … 285

　울릉도 성하신당 … 287

맺음말 … 292

색인 … 294

엮은이 … 301

들어가는 말

까마득히 먼 시절부터 바다는 우리의 삶과 아주 밀접한 관계를 이어왔습니다. 배를 타고 나가 고기를 잡아 생계를 이어가다 보면 거친 파도에 생명을 위협받기도 했습니다.

1970년대의 농어촌 인구가 전체 인구의 60%가량을 차지했다면 2020년대에 이르러서는 20%도 채 되지 않습니다.

그나마 남아있는 어촌의 인구마저 사라진다면 어촌에 남아있는 우리 문화유산도 함께 역사의 뒤편으로 사라지게 될 것입니다.

[어촌설화 대백과]는 어촌의 설화를 수집하고 기록으로 남김으로써 사라져 가는 우리나라의 어촌 문화와 당시 어촌의 실상을 저명하게 밝히고자 만들어졌습니다. 그러므로 어촌의 설화는 우리의 과거와 현재, 미래를 잇는 중요한 다리로써 역할을 할 수 있을 거라 생각합니다.

어촌의 설화들은 예측불가능한 바다를 배경으로 하고 있기 때문에 유독 애달픈 이야기들이 많습니다. 하지만 그 속에는 어촌의 공동체 의식, 자연과의 조화, 사랑과 원망 등 다양한 삶과 문화, 선조들의 지혜들이 잘 녹아들어 있습니다.

이 책을 통해 독자들이 우리나라 어촌의 고유성과 아름다움을 느끼고, 나아가 사라져 가는 우리의 어촌에 대해 애한을 갖게 될 수 있길 바랍니다.

소나기크리에이티브 편집부

전남

- Ⓐ 목포 삼학도
- Ⓑ 목포 갓바위
- Ⓒ 여수 백도
- Ⓓ 여수 거문도 오돌래
- Ⓔ 여수 거문도 서도 애 빠진 여
- Ⓕ 여수 오동도
- Ⓖ 여수 거문도 고두리 영감제
- Ⓗ 순천 충문사와 왜성대
- Ⓘ 고흥 나도 뇌섬
- Ⓙ 강진 가막섬
- Ⓚ 강진 비래도 처녀 무덤
- Ⓛ 해남 열녀 임씨
- Ⓜ 영광 각시섬
- Ⓝ 완도 신지도 명사십리 울모래
- Ⓞ 완도 금일의 칠기도
- Ⓟ 완도 금일의 구동
- Ⓠ 진도 뽕할머니
- Ⓡ 진도 하조도 통곡바위
- Ⓢ 진도 팽목항의 탈상바위
- Ⓣ 진도 조도 볼매섬
- Ⓤ 진도 벽파진의 노인 신당
- Ⓥ 진도 굴포 용왕신당
- Ⓦ 진도 이음바위
- Ⓧ 진도군수 이응
- Ⓨ 신안 홍도 탑상골
- Ⓩ 신안 가거도 회용산과 선여봉

흑산도

전북
경남
장성군
담양군
영광군
곡성군
구례군
광주
함평군
신안군
나주시
화순군
순천시
광양시
무안군
목포시
영암군
보성군
여수시
장흥군
강진군
고흥군
해남군
진도군
완도군
A
B
C
D
E
F
G
H
I
J
K
L
M
N
O
P
Q
R
S
T
U
V
W
X

목포 삼학도

・장사 ・사랑 ・유혹 ・비극 ・학

전남 목포시 무안동.

4만여 평의 공원 같은 동산과 만여 평의 볼품없는 동산, 그리고 동산으로 보기엔 차마 민망할 것 같은 7천여 평의 구릉이 무질서한 공장들과 주택들 사이에서 크기대로 나란히 자리하고 있다. 이 동산들은 옛날 목포의 상징적인 존재였던 삼학도다. 62년 이 일대가 매립되기 전만 하더라도 고목이 울창했던 섬으로 옛날부터 전해오던 전설을 한 번쯤 음미할 수 있었던 곳이었다.

옛날 유달산에 기골이 장대하고 이목구비가 수려한 젊은 장사가 수도를 하고 있었다. 늘 활쏘기와 칼 쓰기 연습, 그리고 시간이 나면 시와 노래를 읊조릴 뿐 누구와 사귀거나 밖으로 나다니려 하지 않았다. 이 유달산 밑에는 아름다운 갯마을이 있었는데 여기에는 어여쁜 처녀 셋이 살고 있었다. 이 세 처녀는 산 밑 우물로 종종 물을 길러 오는 이 낯선 젊은이를 연모하여 제각기 가슴을 태우고 있었다. 서로 산 위에까지 물을 길어다 주는가 하면 빨래를 해주거나 밥을 해주는 등 온갖 호의를 베풀며 자신들의 사랑을 전하기에 바빴다. 마을 사람들은 그를 왕자라고 했지만 어디서 온 누구인지 아무도 확실히 몰랐다. 다만 세 처녀는 자신들의 사랑이 경쟁적으로 젊은이에게로 치닫고 있음을 느낄 뿐이었다.

한편 수도를 위해 이 산에 들어온 젊은이는 날로 심해져 가는 세 처녀의 친절과 유혹을 견딜 수 없었다. 그래서 결심을 하고 하루는 세 처녀를 불러 간곡히 부탁을 하였다.

"저의 젊은 꿈이 깨어지기 전에 멀리 떠나 주시오."

진정으로 젊은이를 사랑하던 세 처녀는 결국 사랑하는 이를 위해 마을을 버리고 멀리 떠날 것을 다짐했다. 새벽을 틈타 작은 배에 오른 여인들은 포구를 떠나며 눈물 어린 얼굴로 손을 흔들었다. 정들었던 마을과 그들의 가슴을 메이게 한 산기슭의 젊은이의 집을 향하여.

멀리 산 위에서 이 처녀들의 떠나는 모습을 보게 된 청년은 마음을 걷잡을 수 없었다. 처녀들을 보내 버리면 아무것도 할 수 없을 만큼 자신도 그녀들을 사랑하고 있음을 깨달았다. 젊은이는 소리쳐 세 처녀를 불렀다. 떠나지 말고 돌아오라고 목메도록 불렀으나 청년의 부르는 소리가 들리지 않아서인지 세 처녀를 실은 배는 점점 멀어져만 갔다. 마음이 급한 청년은 급히 산을 뛰어 내려가 바닷가에 서서 뱃전을 향해 활을 쏘았다. 화살은 날아가 배에 명중되었고 배는 구멍이 나 서서히 가라앉기 시작했다.

청년은 애타게 세 처녀를 부르며 바다에 뛰어들어 가라앉는 배를 향해 헤엄쳐 갔다. 그러나 청년이 그곳에 당도하기도 전에 세 처녀는 학이 되어 하늘로 올라가고 있었다. 그리고 학이 오른 그 자리에는 나란히 섬 세 개가 생겨났다. 울면서 유달산으로 돌아온 청년은 새로 생겨난 섬을 바라보며 이는 하늘이 자신에게 시험한 것이라 깨닫고는 열심히 수도하여 큰 장수가 되었다고 한다.

지금 이곳은 주변이 전부 매립되어 공장과 주택들이 무질서하게 들어서 있어 그 옛날 삼학도의 전설은 도저히 느낄 수 없다. 뿐만 아니라 삼학도 중 하나가 매립지 취토장[1]으로 사용되어 그 형태도 어림하기 어렵다.

---

1   흙을 얻기 위해 땅을 파는 곳

목포 갓바위

・효도 ・바위 ・비극 ・부처 ・도승

전남 목포시 용당동 바닷가.
행정구역상 용당동에 속하지만, 이곳 사람들은 성자동으로 알고 있다. 영산 하굿둑을 지나 목포항으로 들어오는 갓바위 터널을 지나면 바로 성자동이다. 이곳은 조각공원과 남농기념관, 향토문화관, 신안 유물전시관 등 목포의 문화 예술의 전당들이 전부 모여 있는 곳이다. 이곳으로 진입하기 직전 좌측으로 선착장이 있는 바닷가 길로 접어들면 입암산의 등선이 흘러 내려오다 끝나는 곳의 바닷가에 마치 갓을 쓴 듯한 바위 두 개가 먼 바다를 바라보며 서 있다. 큰 바위는 8m가량, 작은 바위는 6m가량이다. 이 바위를 이곳 사람들은 갓바위라 부른다. 이 갓바위가 이곳에서는 꽤나 유명하여 이곳으로 들어오는 터널 이름도 갓바위 터널이고 뒷산도 입암산이다. 그러나 일부 사람들은 부자바위 또는 중바위라고도 부르기도 한다.

옛날 이곳 갯마을에 어머니를 일찍 여의고 홀로된 병든 아버지를 극진히 모시며 어렵게 살아가던 착한 아들이 있었다. 이 아들은 나루터에서 소금 배가 들어오면 소금을 받아 마을을 돌아다니며 팔아서는 겨우겨우 아버지를 봉양하며 살았다. 이렇게 어려운 형편이다 보니 병든 아버지께 약 한 첩을 제대로 지어 드리지 못했다. 그래서 아버지의 병환은 날로 악화되어 갔다. 이를 안타깝게 생각한 아들은 생각하다 나름대로 큰 결심을 하게 되었다.
매일 다니는 마을보다 좀 더 멀리 부자들이 있는 영산강 위쪽의 큰 마을로 가서 소금을 팔아 아버지의 병을 고쳐 보겠다는 생각이었다. 그래서 소금을 지게에 잔뜩 지고 먼 길을 나섰다.
"아버지의 병을 고칠 수 있을 정도의 약값을 가지기 전에는 돌아오지 않으리라."
 소금은 생각 같이 잘 팔리지 않았다. 그런데다 날씨까지 나빠 결국 밑지는 장사가 되고 말았다. 며칠간 밥값까지 제하고 나니 빈손이었다. 빈손으로 돌아갈 수 없었던 아들은 얼마간 날품이라도 팔아야 하겠다고 생각하고는 길에서 가까이 보이는 어느 부잣집에 찾아들었다. 자기의 딱한 사정을 이야기하고 한 달간 품팔이를 하였지만 품삯은 고사하고 한 달간 먹여 준 밥값도 하지 못했다고 내쫓기고 말았다.

 아버지의 약값을 구하지 못하면 돌아가지 않겠다는 각오를 한지라 자신의 처지를 한탄하며 길옆에 앉아서 한숨만 쉬고 있었다. 이때 마침 한 도승이 지나가다 이 아들의 모습을 보게 되었다.
"청년은 무슨 사연이 있기에 그렇게 한숨을 쉬며 넋을 잃고 앉았는가?"
 아들은 자초지종 자신의 처지를 자세히 말씀드렸다.
 아들의 이야기를 다 들은 도승은 낯빛이 크게 변하며 아들을 꾸짖었다.
"청년은 한 가지만 생각했지 두 가지는 모르네. 깊은 생각을 못 했어. 자네가 약값을 구한다고 이렇게 타향을 떠돌고 있을 때 아버지는 누가 돌보았겠는가. 만약 돌아가셨다면 약은 무슨 소용이 있겠느가."
 그때야 깨달은 아들은 부랴부랴 집으로 달려갔다. 그러나 그의 아버지는 돌보는 이 없이 방안에서 싸늘한 시체가 되어 누워있었다. 아들은 자신의 어리석음을 한 없이 후회하며 생전의 불효를 통곡으로 대신하였다. 그러고는 죽은 후에라도 저승에서 편안히 지내도록, 생전에 못 한 효도를 하기 위해 관을 메고 명당을 찾아 나섰다.

　아들은 입암산의 남쪽 바닷가는 말의 형태를 띠고 있어 명당이라는 말을 들었다. 그래서 그곳으로 관을 메고 갔다. 지금의 갓바위가 있는 곳에서 앞을 바라보니 부흥산과 문도, 나불도, 영암의 두리봉 등이 동남쪽으로 보이고 서쪽으로는 나루터와 유달산, 삼학도가 한눈에 들어왔다. 그뿐만 아니라 양지바른 곳이었다. 아들은 이곳에 아버지의 묘를 써야 하겠다고 생각했다. 우선 관을 바닷가 바위 위에 내려놓고 묫자리가 될 만한 곳을 골라 괭이와 삽으로 묘 구덩이를 파기 시작했다. 얼마를 정신없이 파다가 그만 잘못하여 바위 위에 내려놓은 관을 건드리고 말았다. 관은 바위 위에서 미끄러져 바다로 들어가고 말았다.

　또 한 번의 불효를 저지르고만 아들은 한동안 넋을 잃고 바다만 들여다보고 있었지만 끝내 관은 떠오르지 않았다. 아들은 통곡을 하며 나 같은 불효자식이 살아서 무엇하겠느냐며 자신도 바다에 뛰어들어 목숨을 끊고 말았다.

　이런 일이 있고 난 뒤 이곳 해안에는 아버지와 아들의 모습을 한 두 개의 바위가 솟아올랐는데 공교롭게도 머리에 삿갓을 쓰고 있었다. 이는 이곳 사람들이 아버지는 자식에 죄진 몸이고 아들은 아버지에 죄진 몸이라 하늘을 볼 수 없어 삿갓을 쓰고 있다고 전하고 있다.

　또 하나의 전설은 부처님과 관련된 내용으로, 옛날 부처님과 제자 아라한이 영산강을 경유하여 피안의 세계로 향하던 중 이 입암산 기슭에 이르러 갓바위에서 잠시 쉬어 가면서 갓을 벗어 갓바위에 얹어 놓고는 그냥 잊어버리고 가 버린 후 그 갓이 바위가 되었다는 것이다.

2　이승의 번뇌를 해탈한 열반의 세계

여수 백도

•옥황상제 •용왕 •귀양 •사랑 •어부 •귀신 •학

전남 여수시 삼산면 30~65번지 백도.

거문도에서 동쪽으로 28km 떨어진 해상에 39개의 무인군도로 형성되어 있으며 상백도와 하백도로 구분된다. 여수에서 거문도까지 114.7km, 또 거문도에서 백도까지 28km로 들어가야하는 꽤 먼 거리에 위치해 있지만, 이곳 백도는 먼 거리가 결코 후회되지 않는 곳이다. 매바위, 서방바위, 각시바위, 형제바위, 석불바위, 물개바위, 병풍바위, 삼선바위 등 금강산의 봉우리들을 옮겨 놓은 듯한 높고 낮은 기암괴석과 깎아지른 듯한 절벽들 그 하나하나가 천태만상으로 변화무쌍하여 장엄한 선경의 극치를 이루고 있다.

태초에 옥황상제의 아들이 아버지의 노여움을 사 백도에 귀양을 오게 되었다. 이곳에서 용왕의 딸이 너무나 아름다워 사랑에 빠져 풍류를 즐기며 세월을 보내고 있었다.

수년 후 옥황상제는 귀양 간 아들이 아무런 소식도 없고 보고 싶기도 하여 아들을 돌아오게 하였다. 그러나 아들은 백도의 아름다움과 용왕의 딸에 반하여 돌아갈 생각을 하지 않고 있었다. 이에 옥황상제는 신하들을 백 명이나 보내 아들을 데려오게 하였다. 그러나 이 신하들도 백도의 아름다움에 반하여 아들을 데리고 놀아갈 생각은 않고 백도에 수저앉고 말았다. 이에 화가 난 옥황상제는 아들과 신하들을 돌로 변하게 하였는데 모두 크고 작은 섬이 되어 백도가 되었다.

다른 전설에 따르면 백도의 이름은 섬이 많아 백도라 했는데 섬을 헤아려 보니 백 개에서 한 개가 모자라 '百'에서 '一'를 빼어 '白島'라 부르게 되었다고도 하고, 멀리서 보면 환상처럼 희게 보여 백도라 부르게 되었다고도 한다.

백도는 태풍이나 비바람 등 날씨가 나빠지려면 사전 징조가 나타나는데, 수많은 사람이 서로 말을 주고받는 듯이 웅성거리는 소리가 들리는가 하면 '구르릉 구르릉' 하는 돌멩이가 구르는 듯한 소리도 난다고 한다. 어부들은 백도 근해에서 고기잡이를 하다가 이 소리가 들리면 빨리 그물을 걷어 올리고 거문도항으로 피항한다고 한다. 대개는 소형선박들이 거문도항에 도착할 시간쯤이면 기다리고 있었다는 듯이 그때야 태풍이나 비바람이 분다고 한다. 그래서 어부들은 백도를 수호신처럼 생각한다.

이외 백도에는 수많은 바위에 이름과 전설이 있지만 특히 매바위에 대한 전설은 많은 사람들에게 전해오고 있다.

거문도에 살던 이오복이란 사람이 어느 날 백도에서 낚시를 하고 있었다. 이날따라 고기가 많이 잡혀 밤늦게까지 정신없이 고기를 잡고 있는데 바로 옆에서 물소리가 나서 돌아다보니 웬 여자가 물에 빠져 허우적거리고 있었다.

이 밤중에 이런 곳에 여자가 있다는 것 자체가 이상했지만, 그런 것을 생각할 여유도 없이 우선 사람부터 살려야 되겠다는 생각으로 낚싯대를 밀쳐놓고 허우적거리는 여자 옆으로 뛰어가 여자를 건져 올리기 위하여 손을 막 뻗으려는 순간 난데없이 매 한 마리가 획 날아와서는 여인의 머리를 쪼아버리는 것이었다. 그러자 여자는 감쪽같이 물속으로 사라져 버렸다.

이 여자는 이곳에서 말하는 소위 '신찌갯'라는 물귀신으로, 손을 잡기만 하면 물속으로 빨려 들어가 죽게 된다는 것인데 만약 매가 이 물귀신의 머리를 쪼아버리지 않았다면 이오복 씨는 이 여인의 손을 잡았을 것이고 결국 물속에 빠져 죽고 말았을 것이다.
 다음날 날이 밝아 매가 날아든 곳을 살펴보니 낚시를 했던 바로 위쪽에 매를 닮은 바위가 바다를 지켜보며 늠름하게 서 있었다. 그래서 이 바위를 매바위라 불렀다고 한다.

여수 거문도 오돌래

• 어부　• 일본　• 해적　• 장사

전남 여수시 삼산면 죽촌리.

삼산면은 거문도를 말하고 죽촌리는 거문도의 3개 섬 중 동도를 말한다. 거문도는 여수에서 남쪽으로 120km 정도 떨어진, 제주와 중간지점에 위치하고 있다. 여수에서 여객선을 타고 2시간 정도면 거문도의 고도에 도착하고 이곳에서 다시 배를 타고 동도로 가야 하는, 거문도에서 가장 교통이 좋지 않은 곳이다.

그러나 이 동도는 70가구가 살고 있는 평화로운 어촌이다. 이 어촌에는 왜구의 해적선을 항복시킨 '오돌래'라는 장사가 살았다고 전해진다.

옛날 죽촌[3]의 어부들은 동해의 울릉도에서 서해의 옥천까지 별을 가늠하며 고기떼를 찾아다니던 용감한 바다의 개척자들이었다. 그들에게는 여러 달 동안 항해하며 거센 풍랑과 싸우는 일도 고달팠지만, 그보다 빈번한 왜구들의 해적질 때문에 사람들이 다치거나 죽었고 재물을 강탈당하기도 하여 늘 불안과 공포에 시달려야만 했다.

그러던 어느 날 한 선주가 마을 앞 바닷가에 나갔다가 오 척 단구의 중년 남자가 파도에 밀려와 쓰러져 있는 것을 발견하였다. 가까이 가 맥을 짚어 보니 아직 살아 있었다. 선주는 급히 이 남자를 업고 집으로 갔다. 몸을 따뜻하게 하고 온몸을 주물러가며 극진히 치료를 했더니 한참 만에야 정신을 차렸다.

3　대나무 마을

"제가 어떻게 해서 여기에 오게 되었습니까?"

선주는 자초지종을 이야기했다.

"저를 이렇게 살려 주서서 정말 감사합니다. 저는 오씨 성을 가진 사람으로 이름은 돌래라 합니다."

"그래, 어떻게 하여 이렇게 되었소?"

"예. 거센 풍랑을 만나 타고 가던 배가 침몰당하여 표류하다가 여기에 온 후 정신을 잃은 것 같습니다."

"그럼 고향과 가족은 어떻게 됩니까?"

"고향도 가족도 없으니 더 이상 묻지 말아 주십시오. 할 수 있다면 일자리나 하나 마련해 주시면 평생 은혜는 잊지 않겠습니다."

때마침 선주의 배가 울릉도로 장사차 떠나려는 참이었는데 뱃사람이 부족한 형편인지라 오돌래를 사공으로 태웠다. 얼마 후 울릉도에 도착한 배는 그곳에서 가져간 물건들과 바꾼 마른 해조류와 기타 재물들을 가득 싣고 죽촌으로 돌아오다 그만 해적선의 습격을 받고 말았다.

선원들은 당황하여 어쩔 줄을 모르고 우왕좌왕하고 있는데 오돌래 씨는 태평스럽게 쿨쿨 잠만 자고 있었다. 너무 기가 찬 선원들이 욕을 하며 오 씨를 걷어찼다.

"이봐. 해적들이 쳐들어왔어. 빨리 일어나란 말야."

그제야 오 씨는 기지개를 켜면서 일어났다.

"해적선이 쳐들어왔다고?"

"그래, 울릉도 장사는 헛장사 되었어."

"걱정하지 마. 잘된 일이야! 저 해적선 배가 더 크니 저 배로 가면 되겠어."

그는 태연히 이렇게 말을 하고는 해적선이 가까이 오기를 기다렸다. 해적선이 가까이 오자, 오 씨는 자기 배에 오르듯이 돈이 든 상자를 들고는 해적선으로 먼저 올라타더니 선원들에게 재물을 가지고 빨리 타도록 재촉했다. 선원들도 다른 방도가 없는지라 오 씨가 시키는 대로 해적선으로 옮겨 탔다.

해적선으로 옮겨 탄 오 씨는 겁도 없이 해적선의 두목에게 명령을 하는 것이었다.

"두목, 배를 거문도로 돌려."

재물을 가지고 순순히 항복하러 온 것으로 알았던 해적선 두목은 화가 머리끝까지 났다.

"이자를 돛대에 묶어 버려라."

해적들이 달려들어 오 씨를 돛대에 묶어 버렸다. 이런 오 씨를 보고 다른 선원들은 벌벌 떨고 있는데 오 씨는 오히려 두목을 크게 나무라며 눈을 부릅뜨더니 우레와 같은 소리를 지르며 온몸에 힘을 주자 꽁꽁 묶였던 밧줄이 우두둑 끊어져 버렸다. 몸이 풀린 오 씨는 성난 맹수처럼 날쌔게 돌아서서 돛대를 쑥 뽑아 버렸다. 이 용력에 혼비백산한 해적 두목은 살려달라고 오 씨 앞에 엎드려 빌었다.

오 씨는 결국 해적선을 거문도로 돌려 그들의 재물 절반을 뺏어 어려운 마을 사람들에게 나누어 주었다. 이 이후 거문도 근해에는 해적선이 다니지 않아 이곳 사람들은 마음 놓고 어업과 교역을 하였다고 한다.

죽촌마을 뒤편 개천에는 1톤이 넘을 듯한 돌다리가 있었는데 오돌래가 한쪽 팔로 들어다 놓았다고 하여 '오돌래 돌다리'라고 하였으나 지금은 이 개천을 전부 복개하는 바람에 이 다리도 묻혀 버리고 말았다. 지금도 거문도에서는 힘세고 의리 있는 사람을 일컬어 '오돌래 같은 장사'라고 말한다.

여수 거문도 서도 애 빠진 여

• 어부 • 비극 • 바위

　전남 여수시 삼산면 덕촌리.
　거문도 서도에 있는 마을이다. 이 마을에서 약 4km를 해안으로 돌아나가면 아름다운 절경을 자랑하는 거문도대가 있는 수월산이 있다. 이 수월산 무진개 끝부분 바다 500여 미터 앞에 밀물 때는 보이지 않다가 썰물 때는 그 모습을 나타내는 암초가 있다, 이곳 사람들은 이 암초를 '애 빠진 여' 또는 '멍실 여'라고 부르고 있는데 이 애 빠진 여에는 애달픈 사연이 어려 있다.

　옛날 거문도의 어느 해 초겨울이었다. 고등어, 갈치, 삼치 등의 어장이 한창이어야 할 철인데도 불구하고 어찌 된 영문인지 흉어가 계속되어 어업인들은 당장 입에 풀칠할 양식도 없는 형편이었다. 이렇게 되자 동네 사람들은 연일 곳곳에서 풍어제를 지내며 용왕님께 빌지만 아무 소용이 없었다. 모두 때를 굶는 처지라 바닷가에 나가 평소에는 쳐다보지도 않던 톳나물이나 미역 등을 뜯어 죽을 끓여 겨우 연명하였다.
　그러다 보니 자연 동네 가까운 바닷가에는 해조류가 귀할 수밖에 없었다. 그래서 해조류를 뜯는 아낙네들은 점점 동네에서 먼 거리의 바닷가로 나가게 되었다.
　하루는 서도 덕촌 마을에 사는 아낙네 세 사람이 수월산 동쪽 끝머리에 있는 '여'는 평소 사람들이 위험하나고 잘 가시 않는 곳이니까 해조류가 많으리라 생각하고 두 어부에게 부탁하여 뗏목을 타고 이 여로 노를 저어갔다. 남자들은 썰물로 이미 드러나 있는 작은 암초 위에 아낙네들을 내려주고 밀물 때 다시 데리러

오겠다고 약속하고는 동네로 돌아왔다.
　동네로 되돌아온 남자들은 밀물 때까지의 무료한 시간을 보내기 위해 골패를 시작했다. 이 골패 놀이에 정신이 팔린 남자들은 그만 아낙네들과 약속한 밀물 시간을 넘기고 말았다. 뒤늦게 정신을 차린 남자들은 그제야 부랴부랴 뗏목에 노를 저어 여에 갔지만 이미 밀물이 밀려와 작은 여는 다 물속에 잠기고 말았고 아낙네들은 이미 행방을 알 수 없었다. 다만 아낙네들이 가지고 있던 바구니만이 약간의 해조류가 담긴 채 바다에 둥둥 떠다니고 있었다. 남자들은 망연자실하여 뗏목에 퍼져앉아 아낙네들을 울면서 목메게 불렀지만 아무 소용 없는 일이었다. 이때부터 이곳 사람들은 이 암초를 가리켜 정신 나간 남자들의 암초라 하여 애 빠진 여 또는 멍실 여라 부르게 되었다고 한다.

　이 암초는 지금도 밀물 때는 파도에 철석철석 씻기우며 덕촌 마을을 향한 채 한스러운 모습으로 잠긴다고 한다. 나이 많은 거문도 사람 대부분 이 슬픈 전설을 알고 있지만, 그 남자들이 누구인지 또 그 후손들이 누구이며 지금 어디에 살고 있는지 아무도 모르고 있었다. 아마도 좋은 일이었다면 지금도 그분들의 이름이 전해오고 있겠지만 그렇지 못한 일이기에 모두 잊어버렸는지 모르겠다.
　지금도 가끔 이 바위에서 낚시꾼들이 실종되는 사고가 일어난다고 한다.

여수 오동도

・봉황 ・부부 ・절개 ・비극 ・바위

전남 여수시 수정동 오동도.

여수의 얼굴과도 같은 곳이다. 면적이 불과 10정보[4] 내외의 작은 섬이지만 768m의 방파제로 육지와 연결되어 있고, 193종의 희귀 수목과 기암절벽이 섬 전체를 감싸고 있어 1968년 한려해상 국립공원으로 지정되었다. 또한 조선 팔경의 일경을 이루는 한려수도의 기점이 되는 곳으로 여수지방을 관광할 때 빼놓을 수 없는 곳이다. 이 섬을 멀리서 바라보면 그 생김새가 마치 오동잎처럼 보이는 데다 옛날에는 오동나무가 빽빽이 들어서 있었다고 하여 오동도라 불렀다고 전한다.

옛날 이 섬에는 오동나무 열매를 따 먹으러 많은 봉황새가 날아들었다고 한다. 고려 공민왕의 사부 중 신돈은 풍수지리설에 능하였던 터라 전라도의 전(全)자가 인(人)자 밑에 왕(王)자를 쓰고 있는 데다 절경의 오동도에 서조[5]인 봉황새가 드나들고 있다는 것을 알고, 이는 필시 기울어 가는 고려왕조를 맡을 인물이 전라도에서 나올 불길한 징조라고 생각하였다.

이 같은 사실을 공민왕에게 귀띔하고 인(人)자 밑에 왕(王)을 쓰는 전(全)자를 입(入)자 밑에 왕(王)자를 쓰는 전(全)으로 바꾸도록 하였다. 또한 오동도에 봉황새가 찾아오는 것을 막기 위해 오동나무를 모조리 베어 버리도록 했다. 그러나 결국 고려는 전주 이씨인 이성계에 의해 망하고 말았다.

---

4 약 30,000평
5 상서로운 새

그 후 이곳에는 귀양 온 한 쌍의 부부가 땅을 개간하고 바다에서 고기를 잡으며 단란하게 살아갔다. 어느 날 남편이 고기를 잡으러 바다로 나간 사이 배를 타고 도둑이 들어와 혼자 들일을 하던 아내를 덮치려 했다. 아내는 집에 있는 모든 물건을 다 주겠으니 내 몸에 손만 대지 말아 달라고 사정을 했다. 그러나 도둑은 끝내 몸까지 요구하였다. 사력을 다해 저항하며 도망을 쳤지만, 곧 잡혀 변을 당하고 말았다.

몸이 더럽혀졌다 여긴 아내는 이제 남편을 대할 수 없다고 생각하고 시체라도 찾아 묻어 주기를 바라며 남편이 바다에서 돌아오는 길목인 동남쪽 낭떠러지에 가서 투신자살하고 말았다.
날이 저물 무렵 집으로 돌아오던 남편은 낭떠러지 밑에서 떠오른 아내의 시체를 발견하고는 하늘이 무너진 것 같은 절망에 밤낮으로 통곡을 하다가 이 섬의 정상에 고이 묻었다.
얼마쯤 세월이 지나 아내의 무덤가에서는 이 여인의 절개를 나타내듯이 신우대[6]와 동백나무가 자라기 시작했다. 이때부터 오동도에는 오동나무 대신 동백나무와 신우대가 무성하게 자랐다. 동백나무는 겨울의 눈보라 속에서도 참고 견디며 붉은 꽃을 피운다 하여 여심화라 불렀고 신우대는 여물고 잘 꺾이지 않아 임진왜란 때 군용화살대로 많이 쓰였다 한다.

이 여인의 묘는 현재 등대가 들어선 자리에 있었고 그 부근에는 수절을 위해 목숨을 내던진 낙화암이 있었다고 하나 지금은 알 길이 없다.
지금 이 섬의 중앙에는 남국의 정취를 느낄 수 있는 관광

---

6 대나무

식물원이 있고 남동쪽 절경의 해안에는 용이 살았다는 용굴과 거북 모양의 거북바위 등이 있어 이 섬의 애틋한 전설과 함께 아름다움을 더해주고 있지만, 절경의 중심에 상가 건물이 들어서 있어 인상을 흐리게 한다.

여수 거문도 고두리 영감제

· 돌   · 꿈   · 어부   · 수호신   · 거북이

전남 여수시 삼산면 거문리.
여수항 남쪽 120km 지점에 있는 섬이다. 여수항에서 보면 제주도의 중간지점으로, 쾌속 여객선으로 가면 한 시간 반 정도의 시간이 걸린다.
거문도란 이름은 '글이 큰 섬'이란 뜻이다. 옛날 중국 선박들이 피항 차 왔다가 이곳 선비들과 필담을 나누었는데 이곳 선비들의 해박한 지식과 문장력에 감탄하여 그 이후로 이 섬을 거문도라 불렀다고 한다.

거문도는 동도와 서도, 그리고 고도란 세 개의 섬으로 형성되어 있어 삼도 또는 삼산도라 불렀다고 한다. 이 중 가장 작은 섬인 고도가 거문도의 행정, 교통, 경제의 중심지 역할을 하고 있다. 이 고도를 가운데 두고 서도는 북쪽에서 남동쪽으로 길게 누워 있고, 동도는 북쪽에서 서쪽 끝의 바다를 가로막고 있어 피항하기에는 더할 나위 없이 좋은 천연 항이다.
고도의 삼호교 입구에서 100m 정도 떨어진 앞바다에 100여 평 정도 됨직한 안노루섬이라는 조그만 산을 가진 섬이 있다. 이 섬의 산 정상에는 돌을 쌓아 좌대를 만들고 그 위에 지름 40센티 정도 되는 둥근 돌을 정성껏 모셔 놓은 곳이 있다. 이곳이 바로 고두리 영감에게 제를 올리는 곳이다. 고두리란 고등어를 뜻하는 것이고 고두리 영감은 거문도에 고등어 풍어를 안겨 준 남해 용왕의 아들을 가리킨다고 한다.

어느 날 거문도 유림 해수욕장 앞 해변에 이상한 돌 하나가 떠올랐다. 마침 그때 신선대 앞바다에서 고기잡이를 마치고 집으로 돌아오던 덕촌리의 추 씨란 착한 어부 한 사람이 이를 보고는 이상한 것이 떠 있다고 생각하고 다리를 걷지고 들어가 이를 건져 보았다. 분명히 돌인데 물에 떠 있었다는 것이 이상했다. 그러나 흔해 빠진 돌이라 물에 던져 버렸는데 이 돌이 추 씨를 졸졸 따라 물가에까지 나왔던 것이다. 추 씨는 아무래도 보통 돌이 아니라고 생각하고는 이 돌을 건져서 추 씨 집 앞 해변의 좋은 곳에 갖다 두었다. 그날 밤 추 씨의 선잠 끝에 한 백발노인이 생시처럼 선명하게 나타나 이렇게 말을 하곤 홀연히 사라졌다.

"나는 남해 용왕이다. 너희 섬사람들이 너무나 가난하게 살아가기에 내 아들을 돌로 만들어 너희들에게 보냈으니 수호신으로 잘 섬기면 길할 것이다."

뒷날 추 씨는 집 앞에 좌대를 세우고 이 돌을 정성스레 모시고 제를 지냈다. 이때부터 추 씨는 바다에 나가기만 하면 만선을 하곤 하였다. 이 소문을 들은 마을 사람들은 추 씨를 불러 한 사람만 잘 사는 것 보다 전 마을 사람들이 잘 사는 것이 좋지 않겠느냐고 설득하여 이 돌을 마을에서 공동으로 모시기로 하고 안노루섬 정상에 제각을 짓고 이 돌을 정성껏 모셨다. 그 해부터 거문도 앞바다에는 매년 고등어 파시[7]를 이루었다.

그러나 1959년 사라호 태풍 때 이 제각과 돌이 해일에 유실되었고 고등어도 차츰 사라져 갔다. 이에 어부들 사이에 고두리 영감을 찾아서 다시 모셔야 한다는 여론이 일자, 1985년 거문도수협에서 당초 돌은 찾지 못했지만 그와 비슷한 돌을 찾아

---

7 고기가 한창 잡힐 때에 바다 위에서 열리는 생선 시장

지금의 자리에 모셔 놓고 매년 음력 4월 15일이면 전체 어업인의 뜻으로 풍어를 비는 제를 올리고 있다.

이 풍어제 때 거북제도 같이 지내고 있다. 1948년 계절풍의 내습을 앞둔 어느 늦여름 날, 물너울을 따라 거북이 한 마리가 서도리의 큰가짐 흰바위 부근 해변으로 기어올라 왔다. 마침 지나가던 한 어부가 보니 상처 난 거북이라 불쌍히 여겨 치료를 위해 변촌 마을에 잠시 잡아다 놓았다. 아무 내용을 모르던 마을 노인 세 명이 웬 큰 거북이 마을 앞에 와 있으니까 큰 홍자[8]를 만난 듯이 그만 거북을 잡아먹어 버리고 말았다.

그런데 이때부터 마을에 계속 흉어가 들었고 크고 작은 사고까지 끊일 날이 없었다. 결국 마을 사람들은 이는 거북이를 잡아먹은 탓이라고 생각하고는 뜻을 모아 거북이의 영혼을 달래는 제를 올리게 되었다. 이 제를 올리고 난 뒤부터 풍어와 동네의 안녕이 되돌아왔다는 것이다. 한때 이 거북제는 끊겼지만 1994년 수협이 서도리 부락에서 다시 제를 지냈더니 그해 여름 서도리 뒷 바다에서 갈치 풍어를 이루게 되어 지금은 해마다 고두리 영감제와 같이 수협에서 한 날짜에 이 제를 지낸다고 한다.

---

8 횡재의 방언

순천 충무사와 왜성대

· 꿈   · 제사   · 이순신(충무공)

전남 순천시 해룡면 신성리.

일명 신성포라는 어촌이 있다. 이 어촌의 맞은편 거북형의 동산 3만 4천여 평에 전남 기념물 제171호로 지정된 왜성이 있다. 이 성은 조선시대 임진왜란 당시인 1597년에 왜군장수인 고니시유끼나가(小西行長)가 왜병을 이끌고 이곳에 와서 쌓은 것이다. 이 왜성에서 1km 정도 떨어진 신성포의 뒷산에는 이순신 장군의 영정을 모신 충무사가 묘하게도 이 왜성을 마주 보고 앉아있다.

임진왜란이 끝난 10여 년 뒤, 서 씨, 이 씨, 김 씨 등 세 가구가 신성포에 모여 살기 시작했는데 밤만 되면 왜성대 주변에서 말발굽 소리가 진동하고 도깨비불이 날아다니는가 하면 군사들의 함성이 그치지 않아 무서워 바깥출입을 하지 못했다.

이러던 차 우연히 도승 한 분이 이곳을 지나다 이 이야기를 듣고 마을 뒤에 이순신 장군의 영당⁹을 지어 모시고 공경하라 일러 주었다. 마을 사람들은 즉시 돈을 모아 조그마한 사당을 지어 장군의 초상화를 모시고 장군이 돌아가시기 전날인 음력 11월 18일을 기해 정성스레 제사를 지냈다. 그랬더니 과연 왜성의 도깨비불과 괴소리들이 사라졌을 뿐만 아니라 고기가 많이 잡혀 동네가 부촌이 되었나고 한다.

---

9   신불을 모신 당

그 뒤 일제강점기에 일본인들은 이곳을 순천 외항으로 개발하려 했다. 그러나 어찌 된 일인지 이곳에서 사업을 벌이던 일본인들은 전부 병들거나 사업에 실패하고 말았다. 그래서 부득이 여수항을 순천 외항으로 개발하게 되었다. 광양항의 간척사업도 일본인들이 이 충무공 영당 위에 간척지 현장사무실을 지었다가 사람이 들기도 전에 집이 바다로 날아가는 횡액이 발생하여 간척을 포기하고 말았다. 이런 충무공의 영당은 결국 일본인들의 눈엣가시가 되어 해방 직전인 1944년에 불을 질러버리고 말았다.
　그 후 어느 날 이곳에 사는 백 씨의 꿈에 충무공이 나타나 "내 텃돌을 손대는 자가 있으니 가서 지켜라."라고 하여 나가 보았더니 과연 동네 사람들이 불탄 영당 주춧돌을 뜯고 있었다. 백 씨는 이들에게 꿈 이야기를 하고 서로 이곳에 손을 대지 않기로 했다.
　해방되자 주민들은 그 터에다 다시 제사를 지내기 시작했으며 1948년 순천, 광양, 승주 등지의 주민들이 돈을 모아 현재의 충무사를 지었다. 이곳에 모셔진 영정은 이당 김은호 씨가 그린 것으로 장군 영정의 기본이 되었으며 1951년 정운 장군과 송희립 장군의 영정도 배향했다.

　충무사는 지금도 이곳 사람들의 정신적 지주가 되고 있으며 갖가지 괴이한 일들이 일어나고 있다고 한다. 충무사 경내에 들어왔던 매가 날지 못해 잡히고 곰도 뛰지 못해 잡혔다 하며, 포구에서 밤에 고기를 훔쳐 달아나던 도둑이 밤새 충무사 주위를 맴돌다 잡혔다는 일화도 남겼다. 이처럼 충무공은 죽어서도 영험을 보이기 때문에 마을에는 도둑이 없다고 하며 부정한 여인들은 충무사 주위에 가까이 가지 않는다고 한다. 사업을 하거나 출어를 하는 사람들도 모두 이 사당에 치성을 드린 후에야 사업이나 출어를 한다고 전한다.

고흥 나도 뇌섬

・부부 ・꿈 ・산신령 ・딸 ・비극

전남 고흥군 도화면.

그 안, 나로도의 연륙교를 가다 보면 오른편 바다 멀리 등대가 서 있는 조그만 바위섬이 여자가 엎드려 있는 것 같이 누워 있다. 이 섬이 각시여도이며 그 동쪽 옆에 있는 마을이 농두리, 그리고 그 위쪽에 있는 섬이 뇌섬이라는 섬이다.

옛날 나로도의 영산인 봉산에 한 부부가 살고 있었다. 그들은 바다에 나가 해초도 뜯고 산에서 나물도 캐며 어렵지만 단란하게 살았다. 그러나 이들에게는 불행하게도 자식이 없었다. 아내는 생각 끝에 봉산에 올라가 치성을 한 번 드려보기로 했다.

매일 목욕재계하고 아무도 일어나지 않는 꼭두새벽에 봉산에 올라 아들 하나만 갖게 해 달라고 빌고 또 빌었다. 백 일이 지나고 또 백 일이 지나도 자식 소식은 없었다. 초조해진 아내는 아들이 아니면 딸이라도 좋으니 꼭 하나만 점지해 달라고 빌었다. 그랬더니 그날 저녁 아내의 꿈에 산신령이 나타났다.

"원래 그대들의 슬하에는 자식이 없느니라. 그러나 하도 정성이 지극하여 삼백 예순 닷새만 기도를 하면 아들을 하나 점지해 주려고 했는데 딸이라도 좋다 하니 딸을 하나 보낼 터이니 그리 알라. 그리고 보내는 딸은 원래 그대들의 딸이 아니었으니 기른 뒤 시집을 보낼 때는 멀리 보내야 한다. 만약 가까이 두거나 네리고 있으면 재앙이 뒤따르거나 딸의 명이 짧을 수도 있으니 명심하여라."

아내는 감사하고 감사하다는 말과 분부대로 멀리 시집을 보내겠다는 말을 수없이 되뇌며 꿈에서 깨어났다. 그날 이후 아내는

곧 임신을 하였다. 과연 열 달 뒤에 예쁜 딸애가 태어났다.
 딸애는 커 갈수록 예쁘고 총명했다. 부모의 귀여움은 말할 것도 없고, 온 동네 사람들의 귀여움을 한 몸에 받고 자랐다. 이렇다 보니 시집갈 나이가 되자 사방에서 중매가 들어왔다. 그러나 딸애를 멀리 시집보내야 한다는 산신령의 말 때문에 함부로 결정을 지을 수가 없었다. 그렇다고 애지중지 키운 하나뿐인 딸을 멀리 시집보내기에는 너무나 안타까운 노릇이었다. 이렇게 고심하고 있던 중에 그렇게 멀지도 않은 사양도에서 좋은 총각의 중매가 들어왔다. 남편은 산신령의 당부가 마음에 걸렸지만, 아내가 사양도가 비록 가깝긴 해도 바다 건너에 있으니 괜찮지 않느냐고 고집을 부리는 바람에 결혼을 시키게 됐다.
 결혼식을 올리고 신부는 가마를 타고, 신랑은 말을 타고 사양도로 가는 나룻배를 탔다. 나룻배가 봉산과 사양도의 중간쯤에 이르렀을 때 갑자기 파도가 일기 시작했다. 노를 젓던 사공이 비명을 지르는 순간 배는 순식간에 전복되고 말았다.
 가마에 타고 있던 신부는 파도에 밀려 사양도 앞까지 가다가 그 자리에서 섬이 되고 말았는데 이 섬이 시여도이다. 배의 노가 밀려서 된 섬이 뇌섬(내섬), 농[10]짝이 밀려서 된 지명이 농두리라고 전해오고 있다.

 농두리 김재수 씨에 의하면 또 다른 전설이 있는데, 시집가던 각시가 그렇게 된 것이 아니고 이참봉이라는 사람이 각시와 같이 이삿짐을 싣고 가다 배가 침몰하여 그렇게 되었다고 말하고 있다.

---

10 노의 함경도 방언

강진 가막섬

· 바위　· 자식　· 아들　· 임산부

　　전남 강진군 마량면 마량리 산 191번지.
　　강진읍에서 남쪽으로 칠량면, 대면을 거쳐 마량면 소재지에 이르면 마량리 선착장 바로 앞 500m 정도에 상록수가 우거진, 아름다운 두 개의 섬이 있다. 이 섬을 가막섬이라 부른다. 이 섬에는 주위에서 볼 수 없는 열대성 식물 120여 종이 있어 천연기념물 제172호로 지정되어 있다. 옛날에 이 섬에 수천수만 마리의 까마귀 떼가 날아와 까마귀처럼 까맣다 하여 가막섬이라 불렀다고 하는데 지금은 까마귀는 찾을 길이 없다.

　　옛날 마량리에 걷지 못하는 불구의 아들을 데리고 살던 한 여인이 있었다. 이 여인은 매일 같이 동구 밖에서 뛰어노는 아이들을 보면서 아들의 불구를 한탄하며 한숨으로 세월을 보냈다.
　　어느 날 여인은 아들에게 바깥바람이라도 쐬어주기 위하여 아들을 업고 바닷가로 산책을 나갔다. 산책을 나가서도 한숨을 쉬며 앞 바다를 하염없이 보고 있는데 저 멀리서 두 개의 섬이 마량 쪽으로 둥둥 떠 오는 것이었다.
　　이를 본 여인은 이상한 일이라 정신없이 보고 있다가 업고 있던 아들을 뒤돌아보며 혼잣소리로
　　"저 섬은 발이 없어도 저렇게 물 위를 걸어오는데 우리 애는 어찌하여 두 발이 있으면서도 걷지를 못하는지 참으로 안타깝기만 하다." 하고 장탄식을 하는 순간 둥둥 떠오던 두 개의 섬이 그만 그 자리에 멈춰 서고 마는 것이었다. 이에 놀란 여인은 업고 있던 아이를 땅에 떨어뜨리고 말았는데 아이는 기적같이 그 자리에 우뚝

서더니 뚜벅뚜벅 걸어가는 것이있다.

　가막섬은 이렇게 하여 생겨났고 그때 걷지 못하던 아이는 모롱골 김씨라고 했으나 실제는 광산 김씨로 이곳 마량의 토박이가 되었다고 한다.

　또한 옛날 이 가막섬에는 언제나 마르지 않는 이름난 약수터가 있어서 임진왜란 당시에는 이순신 장군 휘하의 장병들이 식수로 사용했다고 하는데 이 약수가 너무나 유명하여 샘의 덮개를 황금으로 만들어서 평상시에는 덮개를 덮어 두었다가 물을 뜰 때만 열었다고 한다. 그러나 지금은 너무 오랜 세월이 흘러 이 약수터도, 황금 덮개도 없어졌다.

　이 섬에 대한 또 다른 이야기도 있다. 원래 이 섬은 적도 부근 남양에 있었으나 이곳으로 떠왔다는 것이다. 남양에 있던 이 섬이 마량까지 내려와 마량포구에 접안하려 했으나 마량의 어느 임산부가 이를 보고 깜짝 놀라 섬이 떠온다고 소리치자 그만 떠오던 섬이 그 자리에 우뚝 서고 말았다는 것이다.

　또한 이 섬의 상록림 속에 금가루가 떠 있는 영천[11]이 있어서 이를 마시면 영생할 수 있다고 하나 지금껏 이를 찾지 못했다고 한다. 또한 이 섬이 사내의 고환같이 생겨 섬을 바라볼 수 있는 곳에 집을 지어 살면 아들만 낳는다고 한다.

　이러한 전설 때문인지는 몰라도 가막섬이 바로 바라다보이는 마량리에는 농어촌치고는 제법 큰 마을이 형성되어 있다. 지금 가막섬은 상록림을 보호하기 위하여 출입이 통제되고 있다.

11　영험한 약효가 있는 샘

강진 비래도 처녀 무덤

• 부모 • 어부 • 시체 • 은혜

전남 강진군 신전면 벌정리 산 260번지.

면적 1,356㎡인 조그만 비래도란 무인도, 강진읍에서 18번 국도와 813번 지방도를 타고 해안 쪽으로 20여 분 가서 벌정리 논정마을로 들어서면 바닷가 바로 앞에 있는 섬이다. 이 섬에는 나무 한 그루 없이 잡풀만 무성하게 자라고 있고 정상에는 묘가 하나 있다.

강진군 칠량면에 최씨 성을 가진 나이 서른이 넘는 노총각 어부가 나이 많은 아버지를 지성으로 공양하며 살고 있었다. 이 총각은 비록 가난하지만, 효성이 지극할 뿐만 아니라 성실하고 부지런하였다. 고기가 잡히든 잡히지 않든 하루도 바다에 나가지 않은 날이 없었던 총각은 설을 앞두고 며칠째 불어 닥친 폭풍 때문에 설날 아침 조상님 제사상과 부모님 상에 고기 한 마리 올릴 수 없어 애를 태우고 있었다.

다행히 그믐날 밤 마침 파도가 잔잔해지는 틈을 타서 조그만 어선을 타고 비래도 앞바다에 나가서 낚시를 던졌다. 그러나 다른 날과 다르게 고기는 한 마리도 잡히지 않았다. 이상한 일이라고 생각하고 잠시 앉아 쉬고 있는데 저 멀리서 뭔가 떠내려오는 것이 보였다. 가까이 가서 살펴봤더니 여자 시체였다.

총각은 혼비백산해서 있는 힘을 다해 앞만 보고 노를 저어 비래도 쪽으로 도망쳐 왔다. 얼마쯤 와서는 아무래도 뒤가 켕겨 돌아봤더니 그 시체도 빠르게 배를 따라오고 있는 것이었다. 총각은 어쩔 수 없이 이는 필시 나를 보고 장사를 지내 달라는 것인지도 모른다고 생각하고는 부서움을 참고 시체를 뱃전에 끌어 올렸다. 갓 죽은 듯한 처녀의 시체였다. 살아 있는 듯한 얼굴이 너무나 아름다웠다. 조금 전까지 무서웠던 마음은 사라지고 아쉽고 측은한 마음이 들었다.

"어떻게 해서 이 아까운 나이에 죽었을까! 살아서 나를 만났더라면 얼마나 좋았을까!"

총각은 시체를 조심스럽게 배에 싣고는 가까운 비라도에 도착하여 양지바르고 흙이 깊은 언덕에 정성껏 장사를 지내주려 하였다. 그러나 달도 없는 캄캄한 그믐날인 데다 춥고 땅도 얼어 땅을 팔 수가 없었다. 생각 끝에 섬에다 불을 지르기로 하고 호주머니에서 부싯돌을 꺼내 마른 풀에 불을 댕겼다. 불은 삽시간에 활활 탔다. 그때서야 몸도 녹고 양지바른 곳을 고를 수도 있었을 뿐 아니라 땅도 한결 파기가 수월했다.

이렇게 해서 밤새도록 장사를 지내고 집으로 돌아온 총각은 피곤하여 깊은 잠이 들었는데 새벽녘 꿈에 죽은 처녀가 새색시가 되어 나타났다.

"서방님! 어인 일로 잠만 주무십니까. 어서 일어나십시오. 지금 바다에 나가시면 많은 고기를 잡을 수 있을 것입니다."

처녀는 이렇게 말하고 홀연히 사라졌다. 잠이 깬 총각은 이상히 여기고 그길로 바로 바다에 나가 봤다.

과연 생전 처음 보는 대풍어로 만선을 하였다. 그 뒷날도 그 뒷날도 계속 만선이었다. 그러나 다른 사람들은 총각과 같은 어장에서 같이 고기를 잡는 데도 그렇게 많은 고기를 잡지 못했다.

그 후부터 총각은 꿈에 처녀가 나타나 시키는 대로만 하면 꼭꼭 만선을 하여 큰 부자가 되었다. 그 후 최 씨 총각은 정성을 다하여 처녀의 무덤을 돌보았다고 한다. 그러나 지금 비래도에 있는 무덤이 정말 그 처녀의 무덤인지 아닌지 아무도 아는 사람이 없고 또 칠량면에 최 씨 총각의 후예가 누구인지 아는 사람은 없다. 하지만 지금 어민들 사이에 배에 송장을 실으면 재수가 좋다는 이야기가 전해 오고 있는데 이는 아마도 이때부터 유래된 것일 거라고 이곳 사람들은 말하고 있다.

  이와는 내용이 좀 다르게 내려오는 전설이 있다.
  최 씨 총각이 처녀를 묻기 위해 산에 불을 지르고 내려오니 불을 보고 모여든 고기들이 묶어 둔 배에 뛰어올라 고기가 만선이 되어 있었다고 한다. 그래서 그 뒤부터 총각은 이 비래도 근방에서 고기잡이를 할 때는 비래도에 불을 질러 놓고 고기를 잡았는데 그럴 때마다 만선을 하였다고 한다. 이때 불을 보고 모여든 고기들이 총각의 뱃전으로 뛰어 오르는 것이 마치 날아오르는 것 같이 보였다 하여 섬의 이름을 비래도(飛來島)라 하였고, 그 후 최총각이 섬에 불을 피우던 것이 언제부터인가 정월 초하루에 섬에 불을 지르면 운수대통 한다는 전설로 바뀌어 지금도 그 전설이 내려오고 있다. 그래서 인근 어민들은 이 정월 초하루만 되면 어김없이 불을 질러 이 섬에는 나무 한 그루 없다고 한다.

해남 열녀 임씨

• 시댁 • 며느리 • 호랑이

전남 해남군 현산면 백포리 두모부락.
소형 선박들이 옹기종기 정박해 있는 조그만 어항을 옆에 낀 반농반어의 마을이다. 이 마을의 중간쯤의 고담에는 고색창연한 와가의 정려각이 홍살문을 하고 서 있다. 이 정려각이 삼강록에도 올라 있는 열녀 임 씨의 열녀비가 있는 곳이다.

옛날 이곳의 김철산이란 청년에게 진도 고군면 원포에 살던 임윤화라는 15세 난 처녀가 시집을 왔다. 그러나 일 년도 못 되어 남편은 눈먼 시아버지만 남겨 둔 채 세상을 떠났다. 어린 나이에 앞으로의 생활이 암담했으나 의지할 곳 없는 시아버지를 버려둘 수 없었던 임 씨는 품을 팔고 해초를 뜯으면서 시아버지를 봉양하며 살았다. 이를 보는 마을 사람들은 심청이보다 더 효성스러운 며느리라고 칭찬을 아끼지 않았다.

그러던 어느 날 친정어머니가 위독하다는 전갈이 왔다. 임 씨는 시아버지가 불편이 없도록 준비해 놓고 급히 친정에 가 봤다. 그러나 딸의 딱한 사정을 생각한 어머니가 개가를 권하기 위하여 거짓 전갈을 보낸 것이었다. 임 씨는 어머니에게
"한 번 시집간 이상 김씨 집안 귀신이 되어야 하지 않느냐" 며 어머니의 권유를 뿌리치고 시가를 향해 친정을 몰래 빠져나왔다.
그러나 나루에 도착했을 때는 너무 늦은 시간이라 배가 없었다. 그런데 그때 시댁에서 기르던 진돗개가 언제 건너왔는지 자기 앞에 나타나 꼬리를 치며 반가운 듯 몸짓을 하는 것이 자기 등에

타라는 뜻 같았다. 그래서 그녀가 등에 앉자 개는 쏜살같이 헤엄을 쳐 시가가 있는 동네에 닿았다. 개의 등에서 내리고 자세히 보니 자기가 타고 온 것은 자기 집 개가 아닌 호랑이로 어슬렁어슬렁 산으로 올라가는 것이었다. 임 씨는 놀라 정신이 없었지만, 시아버지 걱정에 집으로 달려갔다. 시아버지는 며느리가 친정으로 가면 영영 돌아오지 않으리라 여겨 죽기를 결심하고는 식음을 전폐하고 있던 터였다. 그런데 자기를 부르는 며느리의 소리를 듣자 너무도 감격한 시아버지가 "내가 정말 우리 며느리냐? 어디 한 번 보자." 고 하였는데 감겼던 눈이 번쩍 뜨였다. 이렇게 하여 눈을 뜬 시아버지와 임 씨는 다정하게 살았다.

그러던 어느 날 임 씨는 꿈에 자기를 시가 동네로 건네준 호랑이가 동네 뒷산인 망부산 함정에 빠져 살려 달라고 애원을 하는 것이었다. 꿈에서 깨어난 임 씨는 이상한 일이라고 생각되어 산으로 올라가 봤더니 과연 동네 사람들이 함정에 빠진 호랑이를 죽창으로 죽이려 하고 있었다. 임 씨는 자초지종을 이야기하고 호랑이를 살려 줄 것을 애원했지만 아무도 믿으려 하지 않았다. 그러자 임 씨는 호랑이가 빠져 있는 함정으로 뛰어들었다. 호랑이는 임 씨를 꼬리를 치며 반겼다. 그때야 사람들은 영험한 호랑이라 여겨 살려 주었다고 한다. 시아버지와 임 씨가 죽은 몇 년 뒤 이곳을 지나던 어사 성수묵이 임 씨의 정절을 듣고 이 마을에 정려각을 짓도록 하였다 한다.

지금도 마을에서는 정월 초삼일에 이곳에서 동제를 지내고 풍물놀이를 한다고 한다.

영광 각시섬

・부부 ・병 ・영약 ・비극

전남 영광군 낙월면 임병리.
행정구역상 이에 속해 있는 각시섬이 있다. 낙월면도 낙월도라는 섬이고 임병리도 임병도라는 섬이다. 그러니까 각시섬은 낙월도에 속한 섬인 동시에 임병도에 속한 섬이다. 그러나 사실상 섬의 크기로 보면 임병도는 각시섬의 속도로 보이는데 이곳 섬을 대표하고 있다. 이 각시섬은 두 개로 구성되어 있는데 큰 섬을 대각시도라 하고 작은 섬을 소각시도라 한다.

옛날 영광 낙월도의 한적한 갯가에 고기잡이를 하면서 어렵게 살아가는 어질고 착한 부부가 있었다. 생활은 비록 어려웠으나 금실이 좋아 서로 의지하며 행복하게 살았다고 한다. 이렇게 행복하게 살아가던 어느 날 남편이 갑자기 아파 병석에 눕게 되었다. 아내는 남편의 병간호를 하면서 바다에 나가 열심히 조개를 잡고 해조류를 뜯어서 남편의 약값으로 썼지만, 남편의 병은 나아지지를 않았다. 아내는 여기저기에 수소문하여 좋은 약을 구하던 차 저 먼 무인도에 영약이 있다는 이야기를 들었다.

아내는 이 이야기를 듣자마자 배를 타고는 영약이 있다는 무인도를 향하여 노를 저어갔다. 비록 몸은 고달팠지만, 남편의 병을 낫게 한다는 기쁨에 고달픈지도 몰랐다.

무인도에 도착하니 과연 이야기대로 영약인 약초가 많이 있었다. 아내는 욕심껏 약초를 캐어서는 배에 싣고 남편이 기다리고 있는 낙월도로 부지런히 노를 저었다. 이제 남편의 병이 낫게 되었다는 기쁨에 힘이 절로 솟았다. 그러나 이게 웬일인가? 기쁨도 잠시,

사랑하는 남편이 기다리고 있는 집이 아득히 바라다보이는 바다에 이르자 갑자기 풍랑이 일기 시작했다. 이 풍랑과 싸우기를 수 시간, 끝내 지친 아내는 전복된 배와 함께 파도에 휩쓸려 목숨을 잃고 말았다.

이런 사실을 알 리 없는 남편은 아내가 돌아올 때를 기다렸지만, 밤이 가고 날이 새도록 돌아오지 않자 아픈 몸을 이끌고 바닷가로 나갔다. 바닷가에 나간 남편은 어떻게 할 수 없는 자신을 한탄하며 먼 바다를 바라보고 한숨만 몰아쉬었다.
이렇게 매일 바닷가로 나가 대책 없이 아내를 기다리던 어느 날 잔잔하던 바다에 갑자기 안개가 자욱하게 끼고 파도가 일기 시작했다. 연이어 그 안개와 파도 속에서 아내의 모습과 비슷한 섬이 하나 우뚝 솟아올랐다. 이 섬이 솟아오름과 함께 안개도 걷히고 파도도 다시 잔잔해졌다.

남편은 아내의 모습에 서러움이 북받쳐 아내를 부르며 통곡했다. 이 광경을 먼 곳에서 지켜보던 이웃 마을 사람들이 이상히 여기고 급히 바닷가로 내려와 남편을 달래다 사정 이야기를 듣고는 바다를 쳐다보니 과연 새로운 섬 하나가 우뚝 솟아있었다.
마을 사람들은 이상히 여겨 노를 저어 그 섬으로 가보았다. 과연 새로 생긴 섬이었고 그 섬에는 영약인 약초가 무성히 자라고 있었다. 남편은 그 약초를 뜯어 먹고 병이 나았다. 그로부터 이 마을 사람들은 이 섬을 각시섬이라 이름 지어 불렀다고 한다.

지금 이 섬에는 이제 사람이 살고 있고 언제부턴가 섬 위에 각시당을 짓고 매년 정월 한 맺힌 젊은 부부의 원혼을 달래고 풍어와 풍년을 비는 제를 지내고 있다고 한다.

또 다른 전설로는 약초를 구하러 간 아내가 구렁이가 되어 약초를 물고 왔다는 이야기도 있다.

완도 신지도 명사십리 울모래

• 모래 • 귀양

전남 완도군 신지면 임촌리.

완도읍 나루터에서 동남쪽으로 5km 정도 떨어져 있는 신지도란 섬이다. 면적은 31m²이고 인구는 약 5,000명이다. 완도읍에서 도선을 타고 10여 분 가면 닿게 된다. 다시 그곳에서 10여 분 차를 타고 들어가면 유리알처럼 투명하여 눈이 부시는 은빛 모래가 십 리나 뻗어 있는 아름다운 해안이 펼쳐진다. 이곳이 전국에서도 유명한 임촌리 명사십리 해수욕장이다. 이 명사십리의 모래는 날씨가 나쁜 날이나 파도가 있는 날이면 우- 소리를 내며 운다고 하여 옛날에는 신지도의 울모래라 했다고 하는데 이 우는 소리가 얼마나 큰지 인근 고금면에서도 들을 수 있었다고 전한다.

조선 25대 임금인 철종 때, 철종의 사촌 동생인 경평군 이세보가 완도군 신지도에 귀양을 오게 되었다.

당시 왕실에서는 임금의 외척인 안동 김씨 일파의 세도가 하늘을 찌를 듯하였는데 그들은 자신들의 세도를 유지하기 위하여 왕실에 기둥이 될 만한 인척은 모조리 중상모략으로 쫓아내고 있었다. 이때 이세보도 아무 이유 없이 왕족의 신분에 영특하다는 이유 하나만으로 유배 생활을 하게 된 것이다. 이세보는 억울하고 원통했지만 어쩔 수 없이 속으로 울분을 삭이며 글과 갯일을 소일 삼아 세월을 보냈다. 허나 그것은 이세보에게는 죽음의 세월이었다. 뜻이 있으되 펴지를 못하고, 생각이 있으되 나타내지 못하였으니 이것이 바로 죽음의 세월이 아니겠는가.

그는 달이 밝은 밤이면 명사십리에 나가서 망향의 설움과 울분을 바다에 토해 내었다. 그렇게 마음을 달래고 마음이 가라앉으면 은빛으로 반짝이는 아름다운 모래 위에 망한[12]의 시를 밤이 새도록 적고 지우기를 반복했던 것이다.

   *이세보의 신지도 귀양살이 고달픔을 읊은 시 <등잔불은 어둑어둑 장맛비는 주룩주룩, 병든 몸 홀로 누워 모기에게 뜯기누나.>

그러나 이세보는 결국 귀향지에서 풀려나지 못한 채 애절한 통한을 안고 이곳에서 4년간이나 살다가 병으로 죽고 말았다. 그 후 이세보의 원한 맺힌 죽음을 슬퍼했던지 날씨가 나쁘거나 파도가 치는 날이면 백사장은 대장부의 한을 토하듯 우-소리를 내면서 울기 시작했다고 한다. 그래서 이곳을 '울모래릉'이라 불렀다고 하는데, 그 뒤 섬사람들이 우는 모래 소리가 십 리나 뻗어 나간다고 하여 명사십리란 이름으로 바꿔 부르게 되었다고 한다.

이 전설은 80년도 전남도에서 발행한 '어촌 속담집'에는 수록되어 있으나 실제 이 지역 마을 주민들은 이 전설을 알지 못하고 다만 파도치는 날이면 모래 우는 소리가 바다 건너 고금면까지 들린다는 이야기만 한다. 또한 모래를 밟으면 뽀드득뽀드득 소리를 내며 운다고 하여 울모래라 불렀다는 주민들의 이야기도 있다.

또한 이곳 모래는 옛날부터 유리의 재료가 되어 일제강점기 시대 일본 사람들이 이 모래를 채취하여 일본으로 가져가려 했는데 온 동민들이 일어서서 이를 막았다고 한다. 그때 그들이 있었기에 지금 우리는 이렇게 아름다운 명 사장을 보고 즐길 수 있는 것이 아닌가 한다. 특히 이 섬은 독립투사가 많이 나왔다고 하여 기념탑이 있는 전국 유일의 섬이기도 하다.

---

12 원망하고 바라는

완도 금일의 칠기도

• 어부 • 재판 • 내기

　전남 완도군 금일읍 장정리 칠기도.

　금일읍 면사무소에서 북서쪽으로 6km 정도 떨어져 있는 도장항 바로 앞바다에 7개의 무인도가 띄엄띄엄 떠 있다. 이 섬들이 칠기도이다. 강진군 마량항에서 금일읍의 도장항으로 가는 도선을 타고 40분 정도 가다 보면 갈매기처럼 하얗게 떠 있는 다시마 양식장의 부표들 사이로 징검다리 같은 이 섬들을 볼 수 있다. 이 칠기도는 무인도이긴 하지만 옛날부터 해조류가 많이 생산되어 그 소유권의 분쟁이 많았는데 씨름 한판으로 이를 해결하였다는 이야기가 전해 온다.

　약 300여 년 전의 일이다. 칠기도는 어느 지역보다 해산물이 많이 생산되었기에 이곳을 탐내지 않는 사람이 없었다. 자연 칠기도와 가까이 있는 마을에서 서로 그 소유권을 주장하였으나 칠기도 자체가 하나의 섬이 아닌 7개의 섬으로 흩어져 있기 때문에 어느 섬을 기준으로 하느냐에 따라 그 소유권 주장이 달라질 수밖에 없었다. 그러다 보니 인근에 있는 4개의 마을에서 서로 그 소유권을 주장하는 다툼이 가장 많았다.

　현지 유지들의 조정이나 협상이 없었던 것도 아니었으나 번번이 실패하고 말았다. 다툼이 가장 치열했던 어느 해, 자체적으로 도저히 해결이 되지 않자 결국 당시 장흥현[13]에 이를 제소하기에 이르렀다.

13　현재 장흥군

장흥 부사를 판관으로 삼아 마을들 사이에 재판이 벌어지게 되었다. 그런데 장흥 관헌에서는 이 핑계 저 핑계로 재판을 십 년 넘게 질질 끌었다.

이쪽 어민들이 찾아가면 이쪽 어민들에게 유리하게 말을 하고, 저쪽 어민들이 찾아가면 저쪽 어민들에게 유리하게 말을 하면서 요리조리 어민들의 돈만 우려내고 있었다. 이렇게 되자 마을에서는 재판비용을 대기 위하여 입에 들어갈 것마저 팔아야 하고 땅도 집도 다 처분해야 할 형편에 이르게 되었다.

어느 날, 그날도 재판을 받기 위하여 소송당사자인 4개 마을 대표자들이 관헌들에게 갖다 바칠 해산물들을 짊어지고 장흥현으로 가던 중 자울재[14]에서 같이 쉬게 되었다. 소송이 계속되면서 서로 원수같이 말도 하지 않고 지내던 처지인지라 같은 자리에 앉아 쉬면서도 서로 돌아앉아 흘겨보기만 하였다. 하지만 이들은 서로 몸과 마음이 지칠 대로 지쳐 있었다. 칠기도를 누가 차지하든지 재판이 빨리 끝났으면 좋겠다는 생각을 하고 있었다. 이때 이런 마음을 대변이라도 하듯 한 사람이 나섰다.

"이 원수 같은 칠기도! 재판 때문에 우리 모두 못살게 되었소. 그렇다고 이 재판이 오늘내일 끝날 것 같지도 않으니 차라리 우리 내기를 해서 재판을 끝맺음하는 것이 어떻겠소."

이 말에 사람들은 시큰둥한 표정으로 대답은 했지만 모두 마음속으로는 찬성하였다.

"무슨 내기를 하자는 이야기요."
"촌에서 별것이 있겠소. 씨름으로 합시다."

서로 자기 마을 장정들을 생각하고는 한번 해 볼 만하다고

---

14 전라남도 장흥군 장흥읍 평화리와 덕제리, 용산면 인암리와 어산리 사이의 고개

나름대로 생각을 하였다. 사실상 재판이 빨리 끝났으면 하는 마음이 이를 더 부채질하였다.

  날을 받은 며칠 뒤 드디어 씨름판이 벌어졌다. 마을을 위한 씨름이기에 살벌하기까지 하였지만 결국 도장리 대표였던 조장사가 이기게 되었다. 이로써 칠기도는 도장리에서 차지하게 되어 지금까지 내려오고 있다.

  이로써 이 고장에서는 지금도 씨름 한판이 30년 재판보다 낫다는 말이 자주 쓰이고 있다.

완도 금일의 구동

•거북이 •형제 •은혜 •욕심 •인과응보

전남 완도군 금일읍 구동.

금일읍은 면적 1,890만㎡ 인구 5천여 명의 섬으로 23개의 마을로 형성되어 있다. 이 23개의 마을 가운데 금일읍 사무소와 가장 가까이 있는 마을이 구동이다. 이 구동은 이름 그대로 거북이에 관련된 전설이 전해오는 곳이다.

오랜 옛날 지금의 금일읍 구동에 성도 모르고 이름도 불러주는 사람 없이 외롭게 살아가던 늙은 부부가 있었다. 이들 부부는 아들 형제와 딸 하나를 두고 살았는데, 어느 날 남편이 먼저 세상을 떠나고 말았다.

남편이 세상을 떠나자, 욕심 많은 큰아들은 집과 세간들을 모두 차지하고 동생을 집에서 쫓아내고 말았다. 더군다나 과년한 딸과 늙은 어머니까지 동생에게 떠맡기었다. 동생은 할 수 없이 바닷가에 움막을 치고 산과 바다로 돌아다니며 그저 사람이 먹을 수 있는 것은 무엇이나 가져와 어머니를 극진히 봉양하고 동생을 거느렸다.

어느 가을날 해초나 뜯을 생각으로 바닷가에 나갔다가 운 좋게 큰 고동 한 마리를 잡았다. 기분이 좋아진 동생은 혼잣말로,

"옳다, 우리 엄매 갖다주자." 하면서 고동을 바구니에 잡아넣었다. 그러자 어디선가 동생의 말을 그대로 흉내를 내는 것이었다.

"옳다, 우리 엄매 갖디주자."

이상하다고 생각하고는 허리를 펴고 사방을 살펴보았다. 주위에는 사람이라고는 아무도 없었다. 다시 허리를 굽혀 갯바닥을 살펴봤더니 바로 앞 바위틈에 조그만 남생이 한 마리가 그대로

흉내를 내는 것 같았다. 그러나 믿기지 않아 또 큰 고동이 있어 이를 잡으며 이번에는,

"옳지, 이놈은 우리 동생 주자." 하며 살폈더니 영락없이 그 남생이가 따라 하는 것이었다. 마지막에 고동 한 마리가 더 있어 이번에는,

"이제 이건 내 거." 하며 한 번 더 살폈더니 틀림없는 남생이였다.

동생은 큰 고동 세 개와 말하는 남생이도 같이 잡아가지고 집에 돌아왔다. 어머니와 동생에게 남생이를 보이면서 말을 시켜 보니 여전히 말을 하는 것이었다. 이를 본 누이동생은 눈을 반짝이며 이렇게 말을 했다.

"남생이를 가지고 장흥골에 가서 사람들에게 구경시키면 좋은 돈벌이가 되겠다."

이 말에 동생은 말하는 남생이를 가지고 장흥고을을 돌아다니며 사람들에게 구경시키고 돈과 곡식을 받아 섬으로 돌아왔다.

이 소문을 들은 형이 불이 나게 찾아왔다.

"동생! 그 남생이 좀 빌려 가야겠네."

형은 남생이를 빼앗다시피 하여 빌려 육지로 나갔다.

"자, 말하는 남생이 구경하세요."

사람들을 불러 모아 놓고 남생이에게 말을 시켰다. 하지만 남생이는 꼼짝도 하지 않고 오히려 껍질 속으로 머리를 숨겨 버렸다.

"별 싱거운 사람 다 보겠네."

"순 사기꾼이네. 남생이가 어찌 말을 한단 말인가."

사람들한테 망신만 당한 심술 고약한 형은 화가 나서 그 자리에서 남생이를 밟아 죽여 버렸다.

뒷날에야 이 소식을 들은 동생은 부랴부랴 남생이를 죽였다는 육지로 찾아 나갔다.

죽은 남생이는 벌써 쉬파리가 엉기고 있었다. 형에게 남생이를

빌려준 것이 후회막심했지만 어쩔 수 없는 일이었다. 동생은 죽은 남생이의 사체를 주워 모아 곱게 싸서 집으로 돌아와 앞마당 양지바른 곳에 무덤을 만들어 장사를 지내 주었다.

봄이 되자 남생이의 무덤에서 나무가 한 그루 생겨나더니 놀랄 속도로 자라나 가을에 탐스러운 열매가 맺혔다. 먹음직스러워 따먹어 보니 그 맛이 기가 막혔다. 그다음 해에는 엄청나게 많이 열려 이웃에 나눠 주기도 하고 장흥으로 내다 팔기도 하였다. 이 소문을 들은 과일장수들이 한 사람 두 사람 모여들게 되어 동네가 차츰 커지게 되었다.

그러자 동네 이름이 생기게 되었는데 자연 '남생이 동네'라 부르게 되었는데 뒷날 관에서 관리가 유식하게 한다고 '구동[15]'이라 고쳐 썼다고 한다.

---

15 신성한 거북이의 동네

진도 뽕할머니

· 꿈 · 할머니 · 피난 · 기도 · 기적

전남 진도 고군면.
회동리 85호의 회동곶과 의신면 모도리 43의 모도곶 사이의 바다, 음력 2월 그믐 때가 되면 직선거리 2km 정도나 되는 이 바다에 신비의 바닷길이 열려 국내외 관광객들이 해마다 수없이 몰려와 '현대판 모세의 기적'을 본다. 그러나 진도에서는 뽕할머니라는 분이 부처님과 용왕님께 빌어 이런 기적이 일어나게 되었다고 전해 내려오고 있다.

지금으로부터 500여 년 전 조선 초(1480년경)에 손동지라는 사람이 제주도로 유배되어 가던 도중 심한 풍랑을 만나 배가 전복되어 지금의 진도군 고군면 회동마을(당시는 호동리)로 표류하게 되었다. 그 후 손동지는 유배지나 고향으로 가지 않고 이곳에 정착하였다. 그 자손들도 계속 이곳에 터를 잡고 살았으나 이 마을에는 유난히 호랑이가 많아 그 피해가 날로 심해져 갔다. 가축은 물론이고 사람까지 잡아먹으니 더 이상 살기가 어려워졌다.
어느 날 또다시 호랑이가 나타났다는 소문에 공포에 질린 마을 사람들은 정신없이 뗏목을 타고 지금의 의신면 모도 마을로 피난을 가게 되었다. 그런데 정신없이 피난을 가다가 보니 그만 봉(鳳)할머니(일명 뽕할머니)를 놓아두고 온 것을 알게 되었다. 그러나 마을 사람들은 호랑이가 무서워 아무도 뽕할머니를 모시러 가지 못했다.

한편 홀로 남은 뽕할머니는 흩어진 가족들을 만나고 싶어 매일같이 바닷가에 나와 용왕님과 부처님께 기도를 드렸다.

"부처님, 부처님의 가피력[16]으로 용왕님을 동원하여 저 바다를 건너 가족을 만나게 하여 주십시오."

이렇게 매일 같이 정성을 다하여 기도를 올리자 그 해 음력 2월 그믐, 꿈속에서 용왕님이 나타나서 말을 했다.

"당신의 기도는 결코 헛되지 않을 것입니다. 부처님의 가피력으로 내가 용기를 내어 무지개다리를 놓을 테니 다리를 보거든 지체하지 말고 곧 바다를 건너십시오."

꿈에서 깨어난 할머니는 급한 마음에 날이 새기도 전에 곧바로 바닷가로 나갔다. 샛별이 빛나는 새벽이 지나고 붉은 태양이 먼 지평선을 뚫고 솟아올라 중천을 넘어섰을 때 바다에서 지잉-하는 이상한 소리와 함께 호동곶(회동곶)과 모도곶 사이에 무지개가 드리워졌다. 곧이어 바다가 갈라지면서 바닷길이 생기는 것이었다. 할머니는 어찌나 좋은지 두 손을 불끈 쥐고 단숨에 바닷길을 건너갔다. 이를 본 건너 마을 사람들도 환호성을 지르며 뽕할머니를 맞이하려 뛰어나왔다. 그런데 뽕할머니는 너무 기뻤던지 동네 사람들을 만나자 그만 그 자리에서 심장이 멎어 죽고 말았다.

이를 애달프게 여긴 동네 사람들은 그 후 매년 3월이면 뽕할머니의 명복을 비는 동시에 풍어와 소원성취를 기원하는 영등제를 지냈다고 한다. 또 이날은 회동곶과 모도섬 사람들이 바닷길의 현장에서 서로 만나 낙지, 바지락 등을 잡으며 하루를 보낸다고 한다. 이는 조수 간만의 차이에서 일어나는 현상이지만 1975년 주한 프랑스 대사로 있던 '피에로 랑디'가 모세의 기적이라고 소개함으로써 세계적인 관광 명소가 되었다. 지금 군에서는 회동리 바닷가에 뽕할머니의 제각을 짓고 영등제를 지내고 있다.

---

16 부처나 보살이 중생을 깊이 사랑하고 가엾이 여겨 이들을 지혜와 복덕으로 지켜줌

진도 하조도 통곡바위

• 바위 • 부부 • 비극 • 열녀

전남 진도군 하조도 관호마을.
이 관호마을에서 멀리 바다가 내려다보이는 곳에 통곡바위라는 바위가 있다. 이 바위에는 어느 어부 아내의 슬픈 전설이 어려 있다.

지금으로부터 300여 년 전, 이곳에는 금실 좋은 부부가 살았다고 한다. 너무 금실이 좋아 때로는 이웃의 눈총을 사기도 했고, 때로는 부러움을 사기도 했다. 남편은 바다에 나가 고기를 열심히 잡았고 아내는 남편이 바다에서 돌아올 때를 기다리며 집안일을 열심히 했다. 특히 아내의 부지런함이나 남편을 섬기는 모습이 남달랐다고 한다.
그렇게 살던 어느 날 남편이 바다에 나갔다 돌아오지 않았다.
애타게 기다렸지만, 날이 가고 달이 가도 남편은 돌아오지 않았다. 아내는 처음에는 집 앞에서 남편을 기다리다 차츰 바닷가까지 나가서 기다리게 되었고 나중에는 바다가 멀리 내려다보이는 산 위의 바위에 올라가 남편이 돌아오는지를 밤낮없이 기다렸다. 아무리 기다려도 남편이 돌아오지 않자 아내는 밤이 되면 외로움과 그리움에 흐느끼기 시작했다. 밤마다 아내의 애절하게 흐느끼는 소리는 아래 동네에까지 들리기 시작했다. 몇 날 며칠간 이 울음소리는 계속되었다.

그러던 어느 날 울음소리가 멈췄다. 이상히 여긴 동네 사람들이 아내가 울고 있던 산 위의 바위에 올라가 봤더니 아내는 바위 위에 앉은 채로 숨을 거두었던 것이다.

동네 사람들은 아내의 시신을 거두어 장례를 잘 치러주고 열녀로 모셨다고 한다.
　지금도 비가 오고 흐린 날에는 바위가 있는 쪽에서 젊은 여인의 애끓는 울음소리가 들린다고 한다. 마을 사람들은 이 여인의 혼이 바다에 나가서 돌아오지 않는 남편을 두고 저승을 가지 못해 지금껏 비가 오거나 날씨가 나쁜 날은 운다고 믿고 있다. 그래서 이 바위를 통곡바위라 부르고 있다고 한다. 몇 년 전까지만 하더라도 이 마을 처녀들이 추석이면 이 통곡바위에 찾아가 그 원혼을 달래는 제사를 지냈다고 전해진다.

진도 팽목항의 탈상바위

· 바위 · 어부 · 부부 · 부모 · 효도

전남 진도군 임회면 팽목리 팽목항의 선착장.

진도읍에서 서남쪽으로 24km 떨어진 곳에 있다. 지금의 선착장은 예전 해안의 산을 깎아 내어 새로 만든 것이다. 최근에는 조도와 볼매섬을 연결하는 쾌속 여객선이 수시로 왕래하고 있지만, 옛날에는 풍선[17]이나 노를 저어 섬들을 오갔다. 이 선착장 바로 뒤쪽, 조도를 마주 보고 있는 난뿌리라는 해안에 펑퍼짐한 바위 하나가 있다. 옛날 이곳 사람들은 이 바위를 탈상바위라 불렀다고 한다.

옛날 조도에 3년 전에 부친을 여읜 효성이 지극한 상재라는 어부가 부인과 같이 노모를 모시고 단란하게 살았다. 아버지 탈상일이 다가오자 가난했던 상제로서는 제상 준비가 걱정되었다. 마침 이때 칠산 앞바다에 조기가 많이 난다는 소문을 듣고 조기를 잡으러 나섰다. 소문대로 조기가 많이 잡혀 탈상 일이 하루 앞으로 다가올 때까지 조기를 잡다가 부랴부랴 집으로 돌아가기 위하여 노를 저었다.

그런데 그때 갑자기 폭풍이 불면서 산더미 같은 파도가 일기 시작했다. 상재는 있는 힘을 다해 노를 저었지만 불가항력이었다. 이런 상태에서는 도저히 조도로 들어갈 수 없다고 판단한 상재는 일단 팽목마을로 피항했다. 그러나 바람은 더욱 세차게 불기만 했다. 설마 내일이면 바람이 자겠지 생각하고 기다렸지만 바람은 탈상 날까지도 잦아들지 않았다. 상재는 어쩔 수 없이 팽목마을로 올라가

---

17 바람으로 가는 배

술과 간단한 음식을 장만하고 상복을 빌려 조도와 가장 가깝고 잘 보이는 팽목리 곶의 갯가 바위에 올랐다. 이곳에서 가져온 제물을 차리고 상복을 입은 후 고향 집을 바라보며 망곡요배[18]를 하였다.

조도의 집 쪽을 보며 얼마나 곡을 하였던지 상재는 그만 정신을 잃고 말았다.

뒷날 정신을 차렸을 때는 날씨가 좋아져 있었다. 바쁘게 노를 저어 집에 돌아와 보니 집안은 너무나 조용하였다. 이상하다 생각하며 집안을 살피는데 아내가 노모를 부축하며 싸리문으로 들어서면서 상재를 보고 놀라면서 쳐다봤다.

"아니 당신이 아버님 산소에 올라간 뒤 어머님과 내가 저 옆 채전에서 당신이 내려오기를 기다리고 있었는데 언제 내려왔습니까?"

상재는 자기의 불효를 꼬집는 줄 알고 민망해하며 아내의 표정을 살피니 진심으로 이야기하는 것 같았다. 어머니께서도 상재를 쳐다보며 측은한 표정으로 위로하였다.

"그렇게 비바람 속을 뚫고 와서는 잠 한숨 못 자고 탈상을 하고 왜 산소는 혼자 다녀오느냐! 어서 방에 들어가 이젠 쉬도록 해라."

상재는 아무래도 이상한 일이라 생각하고는 아내에게 자초지종을 물었다.

아내는, 당신이 어젯밤 그 폭풍우 속에 비와 바닷물에 흠뻑 젖은 채 돌아오시어 아버지의 탈상을 지내고 오늘 아침 혼자서 산소에 다녀온다고 말하고는 산소가 있는 산으로 올라갔다는 것이었다.

상재는 그제야 어제저녁 비바람을 맞으며 바위 위에서 망곡요배하며 탈상을 하다 정신을 잃었던 것을 생각하고는 하늘이 자기의

---

18 바라보며 통곡하다

전남

효성을 갸륵히 여겨 자기의 혼을 집에 보내 가족과 함께 탈상을 하도록 도왔다는 것을 알게 되었다. 그 이후 상재는 매년 그날 밤이면 그 바위에서 제사를 지냈다고 한다.

이때부터 이 바위를 탈상바위라 불렀다고 하는데 지금은 해안도로와 선착장 공사로 인해 주변 환경이 많이 변하여 탈상바위를 정확히 아는 사람이 없다.

또 한 전설에 의하면 상재라는 사람은 조기를 잡으러 가서 폭풍을 만난 것이 아니고 노모의 건강이 좋지 않아 백방으로 약을 구하던 중 진도읍 북상리의 구기자가 좋다는 이야기를 듣고 이를 구하기 위하여 갔다가 구기자와 그 뿌리까지 구하여 돌아오던 중 폭풍을 맞나 조도에 들어가지 못하여 탈상바위에서 탈상을 했다고도 한다.

진도 조도 볼매섬

• 사랑 • 어부 • 비극

전남 진도군 조도면 관매2구 관호리.

관매 1구와 2구는 관매도란 섬인데 이곳 사람들은 볼매섬이라 부르고 있다. 섬의 크기는 534ha에 불과하며 교통 또한 불편하나 진도군 내에서는 관광명소로 알려진 섬이다. 이 볼매섬에는 해수욕장과 천연기념물로 지정된 후박나무가 유명하지만, 50m 정도의 높은 바위가 1m 폭으로 바다까지 갈라져 있는 섬다리의 장엄함과 아름다움을 따를 만한 것은 없다. 옛날 동력선이 없었을 때는 마을 뒤편의 바닷가에 해조류를 뜯으러 가려면 꼭 이 하늘다리를 건너야 했지만, 지금은 동력선을 이용하기 때문에 관광지의 기능만 하고 있다. 이 하늘다리의 아름다움만큼 전설 또한 슬프기만 하다.

옛날 지금의 조도 볼매섬 관호마을에 마음씨 착하고 예쁜 석녀라는 처녀와 건강하고 부지런한 돌쇠라는 총각이 살았다. 이 처녀와 총각은 서로 사랑하게 되어 장래를 약속하고 결혼 날짜만 기다리고 있었다. 그러던 어느 날 돌쇠 총각은 결혼 비용을 마련하기 위하여 평소보다 먼 바다로 고기잡이를 떠나게 되었다.

석녀는 고기잡이를 나가는 돌쇠가 어쩐지 불안하고 아쉬웠지만, 그의 건강하고 부지런한 모습을 떠올리며 마음을 달래야만 했다.

돌쇠가 바다로 떠난 후 석녀는 자나 깨나 돌쇠가 돌아올 늘을 손꼽아 기다렸다. 그러나 보름이면 돌아온다던 총각은 보름이 가고 한 달이 가도 돌아오지 않았다. 이렇게 기다리기를 일 년, 처녀는 물론 마을 사람들은 돌쇠가 풍랑을 만나 목숨을 잃은 것으로 판단하고 날을 받아 장례를 치르고 말았다.

　장례를 치른 그날, 석녀는 북받쳐 오르는 설움에 저승에 가서라도 사랑하는 임을 만나보리라 결심하고 황혼이 핏빛으로 물들어 가는 해질녘 섬다리로 올라갔다. 그러고는 노을을 바라보며 돌쇠의 이름을 애달프게 부른 후 석녀는 치마를 뒤집어쓰고 다리 밑 깊은 곳으로 뛰어들었다.

　이때 맑았던 하늘에는 난데없이 먹구름이 일고 비바람이 내리치며 번개와 천둥이 천지를 진동하는 것이었다.

　얼마 후 언제 그랬냐는 듯 하늘은 다시 깨끗이 맑아졌지만 평평하던 섬다리가 깊이 파여 절벽을 이루고 있었고 절벽 밑에는 은빛 물결만 찰랑거리고 있었다. 절벽 위에는 석녀가 벗어 놓은 짚신 한 켤레만 나란히 남아있었는데 그 곁에는 때아닌 매화가 만발해 있었다.

　마을 사람들은 석녀를 갸륵하게 생각하여 시체를 거두어 고이 장사를 지내 주었는데 이때부터 이 섬을 볼매섬이라 부른다고 전한다.

　이 전설은 전남도의 '어촌 속담집'에 나와 있으나 실제 이곳 주민 중에는 아는 사람이 없다. 지금의 섬다리 절벽 위에는 매화 대신 진달래만 애달프게 피어 있다.

진도 벽파진의 노인 신당

• 사공 • 은혜 • 신선

전남 진도군 고군면 벽파리.

진도읍에서 동북방으로 12km 떨어져 있는 곳에 항구가 있다. 지금은 겨우 명맥만 유지하고 있는 초라한 항구지만 진도에 연륙교가 설치되기 전까지는 이곳이 4km 남짓하게 떨어져 있는 육지와 연결되는 유일한 관문으로 상당히 흥청거렸던 항구였다. 이 항구로 들어가는 입구 왼손 편으로 파출소가 있고 이 파출소 바로 위 노변 언덕 밑에는 노인 신을 모신, 감실[19]이 제각도 없이 시멘트 바닥 위에 초라하게 놓여 있다. 그러나 이 노인 신은 이곳을 항해하는 뱃사람들에게는 그럴 수 없는 고마운 신으로 모셔지고 있다.

옛날 이 벽파리에는 지금의 해남군 황산면 옥동까지 가는 나룻배가 있었다. 이 나룻배에는 어질고 힘세고 착한 사공이 있어 하루도 쉬지 않고 오고 가는 길손들을 실어 날랐다.

하루는 나룻배 사공이 파도도 잔잔하고 날씨도 좋아 길손 십여 명을 태우고 벽파리를 떠나 옥동으로 부지런히 노를 저어 갔다. 벽파리 앞의 감부섬까지 갔을 무렵이었다. 웬 백발노인이 난데없이 벽파 부두에 나타나 사공을 급히 부르는 것이었다.

"여보게, 사공! 여보, 사공! 내가 갈 길이 급하니 함께 갑시다."

배와 상당히 먼 거리인데도 다급해하는 백발노인이 모습이 선명하게 보일 뿐 아니라 애원하다시피 하는 목소리도 너무나 또렷하였다. 배가 다시 돌아가 노인을 태우고 온다는 것이 여간

---

19 성체를 모셔두는 조그마한 공간

번거로운 일이 아니라는 것을 알면서도 어질고 착한 사공은 차마 백발노인의 애절한 부탁을 거절하지 못해 죄라도 지은 양 배에 탄 길손들에 양해를 구하고 다시 배를 돌려 벽파리 선창으로 갔다.
　그런데 배가 백발노인이 서 있던 부두로 들어와 보니 그렇게도 배를 태워 달라고 애걸복걸하던 그 백발노인은 온데간데없었다. 사공이 아무리 목청껏 불러도 보고 주변을 찾아보아도 찾을 수가 없었다. 이상한 일이라고 생각하고는 어쩔 수 없이 다시 돌아가기 위해 바다를 돌아다보니 배를 돌렸던 그 자리에는 큰 회오리바람이 불어 파도가 하늘로 치솟고 있었다. 만약 배가 돌아오지 않고 그대로 갔었다면 꼼짝없이 회오리바람에 휘말려 죽고 말았을 것이었다.
　그제야 사공과 길손들은 자기들을 구해주기 위하여 노인 신이 사람으로 변하여 나타난 것임을 알았다. 사공과 길손들은 엎드려 감사의 절을 올리고 은혜를 갚기 위하여 합심하여 벽파진 노변 언덕 밑에 조그만 사당을 지어 노인 신을 모셨다.
　이후에도 바다 날씨가 나쁜 날은 꼭 이 노인 신이 나타나 배들이 출항하려면 못하게 막았다고 하며, 이곳 사람들은 사당 앞에서 소변을 보면 성기가 붓고 부정한 짓을 하면 화를 당한다고 말하고 있다. 원래 이 노인 신당에는 옥으로 만든 흰 수염이 있는 노인상을 모셨으나 20여 년 전 이 노인상이 없어지고 난 후부터는 노인 신의 영험이 없어져 동민들이 다시 자기로 30cm 크기의 조그만 노인상을 만들어 감실에 모셨다고 한다. 지금도 이곳 사람들은 이곳을 오고 가는 여객선과 이곳을 지나는 어선들의 안전 항해를 위하여 해마다 정월 초하루에 제사를 지내고 있다고 한다.

　이곳의 또 한 가지 전설은 하늘구렁이와 큰 지네가 벽파리 앞바다에서 어쩌다 한 번씩 싸움을 하는데 이럴 때는 벽파 앞바닷물이 뒤끓고 그 파도는 하늘을 찌르는 듯하다고 하였다.

진도 굴포 용왕신당

· 꿈　· 용　· 용왕

　전남 진도군 진도읍.
　이곳에서 남쪽으로 18km 정도를 들어가면 임회면에 굴포마을이란 곳이 있다. 이 마을 입구 바닷가에는 500㎡ 정도의 대지 위에 정충사라는 사당이 세워져 있다. 사당에는 노송 한 그루와 고산 윤선도 선생의 공덕비, 그리고 배중손 장군의 동상이 모셔져 있다. 그러나 진도군에서 이렇게 이곳을 성역화하기 전까지만 하더라도 이 자리에는 용왕신에게 제를 올리는 조그만 신당이 있었다.

　지금으로부터 약 400여 년 전 고산 윤선도 선생이 제주도로 귀양을 떠나던 때였다. 배가 진도군 임회면 굴포마을 앞바다에 이르렀을 무렵 폭풍이 심하게 일어 어쩔 수 없이 굴포마을로 피항을 하게 되었다. 고산 선생은 폭풍이 잦을 때까지 이 굴포마을에서 머무르게 되었는데 이때 이곳 마을 사람들이 거센 해일과 모진 풍랑으로 집을 잃고 농토마저 잃는 처참한 광경을 보게 되었다. 하루는 마을 사람들을 불러 모았다.
　"이렇게 풍랑으로 집과 농토를 잃으면서 왜 이곳에 방축을 쌓아 풍랑을 막을 생각을 하지 않느냐?"
　이렇게 나무라는 투로 물었다.
　"어찌 우린들 그런 생각을 해 보지 않았겠습니까. 하지만 아무리 방축을 쌓으려 해도 그때미디 기센 파도와 재잉이 겹쳐 실패하였습니다."
　마을 사람들 전부가 이렇게 말하며 한숨을 몰아쉬는 것이었다. 딱한 이야기를 들은 고산 선생은 어떻게 하면 순조롭게 방축을 쌓을 수 있을까를 골똘히 생각하게 되었다.
 그러던 어느 날 밤이었다. 방축 쌓기에 가장 적합하다고 생각했던 바로 그 자리에 큰 용 한 마리가 누워 있는 꿈을 꾸었다. 용은 아무리 파도가 몰아쳐도 끄떡도 하지 않고 그 자리에 버티고 있었다. 잠자리에서 일어난 고산 선생은 즉시 현장으로 달려가 보았다. 그런데 용이 누워 있던 자리에는 때아닌 서리가 하얗게 서려 있는데다 훈훈한 바람마저 몸에 스며드는 것이었다.
 날이 밝기가 바쁘게 지난밤에 있었던 일들을 마을 사람들에게 들려주었다.
 "이는 필시 용왕신의 계시일 것입니다. 이때를 놓치면 안 될 것입니다."
 이렇게 하여 남녀노소 할 것 없이 전 마을 사람들이 합심하여 용이 누웠던 자리를 기준으로 돌과 흙을 날라 며칠 만에 튼튼한 방축을 쌓았다. 그 뒤부터 이 방축은 무너지지 않아 방축 안쪽으로 폐허가 되어 있던 백여 정보의 땅을 농토로 일구고 보존해 주어 이곳 사람들에게 생활의 터전을 마련하게 해 주었다.
 이것이 굴포마을에 방조제가 생긴 연유라고 전한다.

 방조제가 세워지고 난 다음 고산 선생께서는 이 방조제를 길이 기념하기 위하여 방조제 바로 옆에 소나무를 수십 그루 심고, 용왕신에게 제를 지내기 위한 제당을 지었다. 이때부터 마을 사람들은 이곳에서 음력 정월 대보름날이면 농악을 하며 한 해의 풍어와 풍년을 기원하는 제사를 지내게 되었다고 전한다.
 그러나 지금은 그때의 흙과 돌로 축조한 방조제는 없어지고 콘크리트 호안으로 바뀌었으며 용왕신당도 정충사의 건축으로 인하여 헐리고 당시 수십 그루 심었다는 소나무도 겨우 한 그루만 살아 있다.

진도 이음바위

• 바위 • 장사 • 한

전남 진도군 진도읍 지산면 길은리 고은마을.

이곳에서 들길을 따라 동쪽으로 약 20분쯤 걸어가면 잡목이 우거진 한적한 언덕 밑에 큰 바위 하나가 으슥하게 놓여있다. 고은마을 사람들은 이 바위를 이음바위라 부른다. 이 이음바위는 많은 이끼가 끼어 있고 망치로 한 번 내려치기만 하면 당장 산산조각이 날 것처럼 바위 전체에 많은 균열이 나 있다.

옛날 반농반어인 고은마을에 엄청난 힘과 뛰어난 지략을 가지고 있는 착하고 어진 장사가 한 사람 살고 있었다고 한다. 이 장사는 남이 보는 앞에서는 절대 힘이 세다거나 지략이 뛰어난 표시를 나타내지 않기 때문에 마을 사람들은 이 사람이 그저 평범한 농부나 어부로만 알았다.

그러나 이 장사는 어장에 나갈 때나 농사를 할 때나 마을 사람들에 평범하게 끼어 다니면서 생활은 하고 있어도 늘 생각은 자기의 힘과 지략으로 동네 사람들을 깜짝 놀라게 할 수 있는 무슨 좋은 일이 없을까 연구했다.

어느 날 그는 고은마을과 건너편 양섬마을 간의 바닷길을 둑으로 연결하면 동네가 서로 가까워져 친밀해지고 바닷일이나 농사일에도 도움이 될 것이라 생각하고는 이 일을 하기로 마음을 먹었다.

이런 결심을 한 장사는 어느 어두운 밤, 농네 사람늘이 선부 잠들고 난 다음 바닷가 언덕배기에 나가 커다란 산더미를 손바닥에 얹어 둑을 만들 장소에 갖다 놓으려고 하는 순간이었다. 그때 마침 그곳을 지나던 아낙네가 있었다. 이 아낙네가 이곳을 지나면서 이 광경을 보고는 정말 어리석은 짓을 하고 있다고 생각하고 소리 내어 비웃고 말았다.
　이 웃음소리에 깜짝 놀라 장사는 그만 손바닥에 올렸던 산더미를 그 자리에 놓고 말았다.
　"요망스런 계집 같으니. 대장부 하는 일에 무슨 방정이냐? 보기만 하여도 부정한데 비웃기까지 하다니."
　이렇게 크게 꾸짖고는 그 자리에 주저앉아 우니 그 울음소리가 큰 짐승의 포효와도 같아 산천이 진동하였다. 그래도 분함을 이기지 못한 장사는 가까이 있는 바위에 이마를 찧어 죽으니 바위에는 균열이 가고 땅은 놀래서 지진을 하는 것 같이 흔들렸다고 한다.

　지금 이곳은 그때 그 장사의 한이라도 풀어주려는 듯 소포방조제가 들어서서 농사도 많이 짓고 선착장도 잘 만들어져 선박도 안심하고 닿을 수 있으며, 고은마을과 양섬마을 간의 교통도 편리하여 두 마을 간의 정도 더욱 두터워졌다고 한다.

진도군수 이응

· 은혜 · 일본

전남 진도군 임회면 굴포리.

진도군수 이응이 진도에 태풍이 불어 농어민들의 피해가 크다는 보고를 받고 관내를 순찰하다가 진도 굴포에 도착했다. 이곳에는 마침 일본 배 한 척이 태풍에 표류하다가 피항해 와 있었는데 아전들이 그 배의 사람들을 포박하고 물건들을 빼앗으려 하고 있었다. 이를 본 이응은 아전들을 꾸짖었다.

"산 짐승도 난을 만나서 민가의 집 안으로 들어오면 해치지 않고 잘 보호하였다가 살려 보내 주는 법이거늘 하물며 사람을 이렇게 대접할 수 있느냐."

이렇게 아전들을 꾸짖고 일본인들을 풀어줬음은 물론 그들을 후히 대접하고 그들의 배까지 수리해서 식량까지 실어 일본으로 보내 주었다.

이런 일이 있고 난 뒤 이응의 손자인 창해가 제주도 목사로 부임하기 위해 배를 타고 가다가 태풍을 만났다. 일행 중 20여 명은 바다에 빠져 죽고 겨우 3명만이 살아서 깨어진 널쪽을 붙들고 표류하다가 일본의 지마도에 상륙하였다.

이들은 주민들에 포박되어 도주에게 끌려갔는데 서로 말이 통하지 않자, 필담으로 의사소통하였다. 이 과정에서 이들이 조선의 선비란 것을 알고는 진도군수로 있었면 이응이란 분을 아느냐고 물었다.

창해는 의아해하면서도 자기의 조부라고 말을 하자 도주는 은인을 만난 듯 기뻐하며 친히 다가와 포박을 풀어 주고 큰 잔치를 베풀며 자기가 옛날 이응에게서 대접받은 일을 이야기했다. 창해는 이렇게 대접을 받으면서도 조선으로 돌아갈 일이 걱정이었다. 우선 배도 없을 뿐 아니라 선원도 부족했다. 설령 도주가 배와 선원을 배려해 준다고 해도 조선으로 돌아갈 면목이 없었다. 같이 왔던 관속들이 다 죽었는데 혼자만 돌아간다는 것이 도저히 도의상 허락되지 않았기 때문이다.

이런 고민 속에 어느새 한두 달이 흘렸다. 하루는 도주가 이곳은 일본에서 아주 멀리 떨어진 섬으로서 독립된 나라나 다름없어 조정의 지배를 받지 않으므로 내가 왕이나 다름없으니, 이곳에서 가정을 꾸리고 살면서 섬사람들을 가르치고 지도해 주는 것이 어떻겠느냐고 물었다.

망설이던 창해 일행은 결국 그 도주의 의견을 따르기로 했다. 이렇게 해서 일행은 서로 마음이 맞는 배필을 구하여 가정을 가졌는데 창해는 도주의 무남독녀와 결혼하게 되었다. 결국 도주의 데릴사위가 되었는데 이곳은 데릴사위가 되면 서양자란 풍습이 있어서 사위가 장인의 성을 따르고 아들 대신 자식이 되어 그 씨족을 이어 가게 되어 있었다.

창해도 자기의 이(李)라는 성을 고쳐 도주의 모치모토(持元)라는 성을 따서 지원창해라 했고, 결혼 후 섬사람들의 선생이 되어 한문을 가르침은 물론 장인의 일을 거들면서 섬의 행정과 치안 등 일체의 행정을 맡아보게 되었다.

몇 년 후 도주가 나이 많아지자 도주의 모든 권한을 인계받은 창해는 도주가 되었다. 그는 같이 갔던 부하들도 모두 요직에 앉히고 주변 섬들을 정복하여 전부 자신의 손안에 넣었다.

이렇게 해서 일본의 지마도는 이응의 자손으로 도주가 이어졌으며, 창해는 나이 60이 되었을 때 도주 자리를 자식에게 넘겨주고 자기는 다시 조선으로 나와서 강원도 고성에서 형제와 같이 살았다고 전해진다.

신안 홍도 탑상골

•바위 •무인도 •표류 •부부 •비극 •꿈

전남 신안군 흑산면 홍도.

목포에서 115km나 떨어져 있는 섬으로 쾌속 여객선으로도 2시간 30분 이상이 소요된다.

이 섬의 뒷대목에서 석촌리를 가는 중간 길목에 마치 탑을 쌓아 올린 듯한 암벽의 계곡이 있다. 이곳에 밑폭이 4m, 높이가 15m나 되는 바위가 있는데 이 바위를 탑바위 또는 남탑이라 부르고 있고, 이 탑이 있는 건너편 산 너머 절벽에도 역시 탑의 모양을 한 바위가 있는데 이 바위를 여탑이라 부르고 있다.

옛날 홍도가 무인도였을 때의 일이다. 대흑산도의 한 청년이 풍랑을 만나 홍도에 표류하게 되었다. 청년은 매일 바닷가에 나와 배가 이 섬 앞을 지나가기를 기다렸다. 하루가 가고 이틀이 가고, 매일매일이 지루하고 초조했다. 그래서 청년은 바닷가에 널려 있는 돌들을 주워 모아 바위 위에 탑을 쌓기 시작했다.

탑을 쌓기 시작할 때는 지루하고 초조한 시간을 보내기 위한 것이었지만 탑에 돌들이 쌓여 갈수록 이 탑에 들이는 정성이 더해 갔고 그와 동시에 이 탑이 완성되어야만 자기가 구조될 수 있을 것이란 믿음도 생겨났다.

그런데 이 청년이 있는 계곡의 산 너머에는 이곳을 지나다 닌파된 중국 배에서 유일하게 살아남은 아름다운 여인이 표류하여 살고 있었다. 이 여인은 섬의 제일 높은 봉에 나무를 꺾어 깃대를 만들고 그곳에 자신의 옷을 걸어 놓고 매일같이 자신이 구조되기를 기다리고 있었다.

한편 청년은 어느 날 탑을 쌓다가 혹시나 먼 곳으로라도 지나가는 배가 없을까 하고 높은 곳으로 올라가 먼 바다를 보다가 우연히 산봉우리에서 깃대에 사람의 옷이 걸려 있는 것을 보고 산봉우리까지 올라가 보게 되었다.

이곳에서 청년은 생각지도 못했던 아름다운 여인을 만나게 되었다. 비록 말은 통하지 않았지만 서로 반가운 마음은 말로 표현할 필요가 없었다. 이들은 서로 외로운 처지인지라 금방 정이 들어 부부가 되었다. 그러나 청년은 아무래도 자기가 쌓고 있는 탑이 완성되어야만 자신들이 구조될 것 같은 마음은 변함이 없었다.

"아무래도 우리가 구조되려면 지금 내가 쌓고 있는 탑이 완성되어야 할 것입니다. 그때까지 우리는 서로 떨어져 있어야 합니다."

"언제 끝나는 지요."

"열심히 하면 곧 끝날 것이오. 그때까지만 참고 기다려 주시오."

이렇게 말을 하고는 부인과 헤어졌다. 그러고는 열심히 탑을 쌓았다.

혼자 남은 여인은 청년을 만나기 전보다 더 외로움을 느꼈다. 그래서 자신도 남편이 탑을 쌓고 있는 산 너머 건너편에 자리를 정하고 탑을 쌓았다. 그러나 금방 싫증이 나고 짜증만 났다. 자꾸만 남편만 눈앞에서 아른거릴 따름이었다. 도저히 더 참을 수가 없었다.

여인은 남편을 만나기 위해 길을 나섰다. 그러나 험한 산을 넘어가기에는 마음이 너무 급했다. 그래서 가까운 바닷길을 택하였다. 이 바닷길은 11개의 암초를 뛰어넘지 않으면 안 되었다. 그래서 그 암초들을 하나하나 뛰어넘다 그만 중간에서 물에 빠지고 말았다. 허우적거리며 청년을 불렀지만 산 너머 멀리 있는 청년에게는 들릴 리가 없었다.

결국 여인은 물에 빠져 죽고 말았다. 지금 이곳 사람들은 이때 이 여인이 밟았다는 암초를 '서방여'라 부르며 여인이 자리 잡고 있던 곳을 '서방여골'이라 하고 여인이 옷을 벗어 깃대를 만들어 세운 산봉우리를 '깃대봉'이라 한다.

마침 탑을 완성한 남편은 이제 우리는 구조 될 것이란 기쁜 마음으로 부인을 찾아갔지만, 부인은 보이지 않았다. 부인의 이름을 부르며 이곳저곳 산과 바다를 뒤졌지만 찾지 못했다. 결국 뒤늦게 부인이 죽은 것을 알고는 슬픔과 외로움에 고향인 대흑산도가 보이는 바닷가에 나와 슬프게 울었는데 이곳에는 많은 바위섬과 암초들이 널려 있어 훗날 이곳을 '슬픈여'라 부르게 되었다고 한다.

또 다른 전설에 의하면 탑바위를 부부탑이라고도 한다고 한다. 옛날 자녀를 낳지 못한 부부가 있었는데 어느 날 꿈에 백발노인이 나타나 목욕재계하고 부부탑에 축원하면 아들을 얻으리라고 현몽[20]하기에 그대로 했더니 정말 아들을 얻게 되었다고 한다. 그 후부터 아이 없는 부녀자들은 이 부부탑에 와서 축원을 한다고 한다.

---

20 죽은 사람이나 신령이 꿈에 나타나는 것

신안 가거도 회용산과 선여봉

・용왕 ・아들 ・선녀 ・바위

전남 신안군 흑산면 가거도리.

목포에서 남서쪽으로 약 145km 지점인 우리나라 서쪽 끝에 있는 섬이다. 면적은 7.98km²이고 해안선 길이는 22km이다. 2003년 조사에 의하면 인구는 423명, 가구 수는 200가구로 나와 있다. 이 섬에 제일 처음 이주한 사람은 1800년경 나주 임씨라고 전하며 가거도란 이름은 가히 사람이 살만한 섬이라는 뜻인데 일제 강점기 때는 소흑산도로 불려 지금도 많은 사람에게 소흑산도란 이름으로 불리고 있다고 한다.

먼 옛날 용왕은 그의 아들로 하여 승천의 도를 닦게 하기 위하여 서해의 고도인 가거도로 보내게 되었다.

용왕의 아들은 자연의 풍광이 절경을 이루고 있는 가거도에 있게 해준 용왕에게 언제나 감사함을 느끼면서 수도에 여념이 없었다.

그러던 어느 날 갑자기 눈앞에 오색 무지개가 뜨더니 하늘에서 선녀들이 무리를 지어 내려오는 것이었다. 그들은 내려오자마자 막을 치고 행장을 모두 푼 다음 옷을 벗고 멱을 감는 것이었다. 그러고는 춤을 추며 노는데 그 노는 모양이 얼마나 아름다운지 이 광경을 지켜보던 용왕의 아들은 자신도 모르게 넋을 잃고 같이 어울려 춤을 추고 말았다.

매일 같이 이렇게 놀다 보니 용왕이 알게 되었다. 분노한 용왕은 더 이상 이대로 두어서는 안 되겠다고 생각하고 아들을 감시하기 위해 한 장군을 보냈다. 이 장군이 용왕의 명을 받고 가거도에 와서 보니 아름다운 풍광에 선녀들의 춤과 노래가 너무나 매혹적이라 용왕의 아들을 나무랄 수가 없는지라 그를 도와 같이 즐기고 말았다.
　용왕은 이런 사실을 알고는 장군을 징벌하여 바위가 되게 하였는데 이 바위가 지금 대리마을 동쪽에 있는 장군바위라고 한다. 이렇게 장군에게 엄한 벌을 주는 것을 보면서도 아들은 계속 뉘우치지 못하고 선녀들과 놀아나므로 구제 불능한 자식이라 판단하고 아들을 벌하려 하자 이를 눈치챈 아들은 용왕의 손이 미치지 않은 곳인 뭍으로 오르려다 그만 굳어버렸으니, 지금의 회룡산이 되었다 하며 실없이 놀아났던 선녀들도 이 사건에 연계되어 하늘로 올라가지 못하게 되어 바위가 되게 하였는데 이 바위가 선녀봉이라고 한다.
　이 선녀봉 봉우리에는 항상 물이 고여 있는데 이는 하늘에 오르지 못한 선녀들의 회개의 눈물이라고 하며 이곳을 항해하는 선원들에게 먹을 물을 제공하는 반면 회룡산은 뱃길을 알려주는 길잡이가 되고 있다.
　또한 선녀들이 처음 내려와 막을 쳤던 곳을 막구석이라 불러오고 있으며 춤을 추며 놀아났던 곳을 가무작지(歌舞作地)라 부르고 있다.

부산

- Ⓐ 영도 태종대 망부석과 생섬
- Ⓑ 명지 장자도 전설
- Ⓒ 해운대 청사포 망부송
- Ⓓ 기장 효열리 전설
- Ⓔ 기장 보은의 비석
- Ⓕ 기장 학리 전설
- Ⓖ 기장 시랑대 전설
- Ⓗ 기장 매바위와 새바위

영도 태종대 망부석과 생섬

·신선 ·바위 ·부부 ·어부 ·일본 ·비극 ·한

부산 영도구 동삼동 태종대.

기암괴석과 앞으로 펼쳐진 넓고 푸른 바다, 그리고 우거진 숲, 풍광이 너무 아름다워 부산의 3대 관광지 중의 하나로 꼽힌다. 또한, 지방 기념물 제28호로 지정되어 있다.

이 태종대라는 이름은 신라 태종무열왕이 삼국을 통일한 후 이곳에 와서 활을 쏘며 놀았다고 해서 붙여진 이름이라 한다.

조선의 태종도 이곳을 유람했다고 전해지며 동래 부사는 가뭄이 들 때면 이곳에 와서 기우제를 지냈다고도 한다.

이러한 아름다운 태종대의 일주도로를 타고 중간쯤 가다 보면 절벽 위에 등대가 있다. 이 등대로 가는 길을 따라 내려가면 파도를 맞고 서 있는 기암괴석 속에 수십 명의 사람이 앉아 놀이할 수 있는 널찍한 바위마당이 있다. 이 바위마당은 옛날 신선이 학을 타고 내려와서 놀았다고 하여 신선대라 부르고 있다. 이 신선대 위에 서서 보면 바로 앞에 생섬과 멀리 일본 대마도를 보고 서 있는 사람 모양의 우뚝 솟은 바위가 있는데 이곳 사람들은 이 바위를 망부석이라 부른다.

동삼동에 금실 좋은 젊은 부부가 살고 있었다. 남편은 바다에 나가 고기를 잡고 아내는 바닷가에서 해초를 뜯거나 조개를 잡으면서 단란하게 살았다. 그러나 왜구의 침범이 잦아 애써 장만해 놓은 곡식을 번번이 강탈당하곤 했다.

어느 날 또다시 왜구가 침범했다. 남편은 아내를 집 뒤

고갈산으로 먼저 피신시켰으나 자신은 곡식 가마니를 짊어지고 뒤늦게 도망을 가다 그만 왜구에게 붙잡히고 말았다고 한다. 포악한 왜구는 곡식을 빼앗고 집에 불을 지른 후 남편을 일본으로 끌고 가고 말았다. 피신했다가 돌아온 아내는 집은 불타고 남편은 왜구에 잡혀갔다는 사실을 알게 되었다. 그날부터 아내는 식음을 전폐하다시피 하면서 일본이 가장 잘 보이는 이곳 신선대 바위 위에 서서 남편이 돌아오기만을 기다렸다. 그러나 하루가 가고 일 년이 가도 끝내 남편은 돌아오지 않았다. 아내는 결국 기다리다 지쳐 죽고 말았는데 아내가 죽은 자리에 바위 하나가 우뚝 솟아올랐다고 한다.

    이곳 사람들은 이 바위를 보고 지아비를 기다리다 죽은 아내의 바위라 하여 망부석이라 불렀다. 이 망부석이 생긴 이후 어부 한 사람이 망부석 바로 앞 생섬 주변에서 고기를 잡다가 너무 추워서 생섬에 내려 모닥불을 피워 몸을 녹이고 소변을 보고 돌아왔는데 이상하게도 성기가 붓고 꿈에 생섬이 불에 활활 타는 꿈을 꾸고는 시름시름 앓다가 죽고 말았다고 한다.
    또 어떤 부부가 생섬 앞에서 고기를 잡다가 하도 날씨가 좋아 생도에 내려서 놀다가 부부관계를 가졌는데 관계가 끝나자마자 그 자리에서 죽고 말았다고 한다. 이때부터 생섬에서 용변을 보게 되면 성기가 붓거나 이상이 생기게 되고 불을 피우게 되면 큰 재난을 당하게 되며 남녀가 정을 통하게 되면 급살을 맞게 된다고 한다. 그래서 이곳 사람들은 망부석이 이 섬을 지켜보고 있기 때문일 것이라 믿고 이 섬에서는 절대 용변을 보거나 불을 취급하지 아니하며 남녀 간의 사랑도 금기해 오고 있다고 한다.

    오늘도 망부석은 그 옛날 아내의 한 서린 사연을 바다에 고하고 있는 듯이 파도와 비바람을 맞으며 생섬과 일본을 향하여 외롭게 서 있다.

명지 장자도 전설

· 할머니 · 효도 · 비극

부산 사하구와 강서구 사이에 흐르고 있는 낙동강.
이 낙동강 하구에는 오랜 세월 동안 상류로부터 토사가 흘러내려 이곳저곳에 모래섬이 생겨나 있다. 을숙도, 진우도, 사자등, 장자등, 맹금머리 등 그 외 이름 없는 이제 막 생겨난 모래섬들이 있다.
이 섬들이 지금은 이렇게 지도상에 이름이 붙어있지만, 그 이전에 인근 어업인들은 진우도를 사형섬, 사자등은 남생이 섬, 장자도는 옥녀등이라 했다고 한다. 이 옥녀등에 얽힌 슬픈 전설이다.

옛날 명지동에 마음씨 착한 옥녀란 처녀가 살고 있었다. 이 옥녀는 부모를 일찍 여의고 앞 못 보는 늙은 할머니를 봉양하며 어렵게 살고 있었다. 옥녀는 매일 낙동강 하구에 나가 조개를 잡아다 팔아서는 생계를 이어 갔는데, 옥녀가 조개를 잡으러 갔다가 돌아올 쯤에는 앞 못 보는 할머니가 더듬거리며 옥녀를 마중 나갔고 옥녀는 그런 할머니를 한 손으로 부축하고 한 손으론 조개 바구니를 들고 집으로 돌아가곤 하여 동네 사람들은 그들의 애처로운 모습에 동정하지 않은 사람이 없었다고 한다.
그러던 어느 하루 옥녀는 지금의 장자도에 조개를 잡으러 갔다. 그날따라 조개가 많아 조개 잡는데 정신이 팔려 밀물이 들어오는 줄도 몰랐다. 정신을 차렸을 때는 이미 너무 늦었다. 할머니를 부르며 허우적거렸지만, 갑자기 파도까지 일어 옥녀는 더 이상 버틸 힘을 잃은 채 파도에 휩쓸려 바다로 떠내려가고 말았다.
한편 옥녀를 기다리던 앞 못 보는 할머니는 낙동강 강둑에 서서 옥녀의 이름을 부르며 떠날 줄을 몰랐다. 동네 사람들이 할머니를 집으로 모시려고 애를 썼지만 끝내 말을 듣지 않고 옥녀의 이름만 부르다가 결국 지쳐서 죽었다고 한다.

그래서 이곳 나이 많은 사람들은 지금도 장자도를 옥녀등이라 부르는데 날씨가 나빠 파도가 심한 날에는 옥녀의 애절한 울음소리가 들린다고 한다. 또한 이상한 일은 옥녀와 할머니가 죽고 난 직후 명지동 신전 동네에 나무가 한그루 떠 내려와 자랐는데, 이상하게도 옥녀등 근방에서 안개가 낀 때나 어두워 길을 잃었을 때는 이 나무가 보이게 되고 이 나무를 보고 집을 찾아오면 등대를 보고 항해하는 선박과 같이 안전하게 집으로 올 수 있다는 것이다.

현재 이 나무는 신전 동네의 당산나무로 매년 동네의 안녕을 위하여 제를 올리고 있다고 한다.

해운대 청사포 망부송

· 부부 · 어부 · 비극 · 용궁 · 열녀 · 바위 · 나무

부산 해운대구 중2동 청사부락.

우리나라 해수욕장으로 가장 많이 알려진 해운대 해수욕장에서 2km 정도의 거리에 있는, 부산이면서도 부산답지 않은 한적한 청사포라는 어촌이다. 물이 맑고 해안이 아름다워 일찍이 이곳에 횟집들이 들어서서 회가 유명한 곳이기도 하다. 이 청사포의 선착장 입구 해안에는 망부송이란 400여 년이 넘는 소나무와 망부암이란 바위가 개발에 밀려 횟집 사이에서 초라하게 서 있다.

이곳에는 정 씨와 최 씨 등 몇 가구 되지 않은 사람들이 바다만을 바라보며 오손도손 살아가고 있었다. 이 중 착하고 성실한 어부인 정 씨라는 총각이 있었는데 오래도록 결혼을 못 하고 있다가 이웃의 도움으로 마침 적령에 달한 같은 마을 예쁘고 착한 어린 처녀와 결혼하게 되었다.

이들 부부는 늦은 결혼 탓인지 남달리 금실이 좋아 떨어져 있는 날이 없었다. 바다에 나가 고기를 잡아도 아내가 해초를 뜯는 모습이 빤히 보이는 곳에서 고기를 잡았고 외출할 때도 항상 같이 다녔다. 그러나 이들은 결혼 때 얻어 쓴 빚과 집을 장만하기 위해서는 그렇게만 살 수는 없었다. 좀 더 많은 고기를 잡아야 했다. 그래서 남편 정 씨는 지금까지 다녔던 앞바다의 고기잡이를 그만두고 좀 더 먼 바다로 나가기로 결심했다. 아무래도 먼 바다로 나가면 많은 고기를 잡을 수 있을 것이기 때문이다.

"여보, 아무래도 좀 먼 곳에 나가서 고기를 잡아야겠어. 가까이에는 고기도 없어."

"여보, 우리 배는 너무 작아 먼 바다로 나가기에는 위험해요."
"염려 말아요. 몇 번만 잘 갔다 오면 빚도 갚고 배도 키울 수 있을 것이요."
"그래도 불안해요. 저가 갯것을 부지런히 할게요."
그러나 아내의 만류에도 정 씨의 마음은 변하지 않았다.
어느 날 날씨 좋은 날을 골라 정 씨는 결국 먼 바다로 고기잡이를 떠났다. 그러나 먼 바다로 떠난 정 씨는 돌아올 날짜가 되어도 돌아오지 않았다. 아내는 매일 바닷가의 바위에 올라 먼 바다를 바라보며 남편이 돌아오기를 기다렸다. 하루가 가고 한 달이 가고, 그래도 남편이 돌아오지 않자 안타까운 마음에 좀 더 먼 바다를 바라볼 수 있는 높은 바위와 그 옆 소나무 위로 올라가 남편을 기다렸다. 그러나 남편은 끝내 돌아오지 않았다. 아내는 돌아오지 않는 남편을 잊지 못하고 매일 바위와 소나무 위에서 남편을 기다리다 결국 지쳐 그곳에서 죽고 말았다.

그래서 그때 아내가 서서 남편을 기다리던 소나무를 망부송이라 불렀고 바위를 망부석이라 불렀다고 한다. 그 후 마을 사람들은 이곳에 사당을 지어 외롭게 죽어간 부부의 혼을 위로하고 마을의 안녕과 풍어를 기원하는 제사를 해마다 지내고 있다고 한다. 그러나 지금 망부석은 인근에 건물이 들어서면서 사라져 버렸고, 망부송만이 먼 바다를 굽어보면서 초라하게 서 있다.

또 다른 전설에 의하면 정 씨 아내의 애절한 정이 용왕에 알려져 용왕이 이를 갸륵히 생각하고는 푸른 뱀을 보내 정 씨 아내를 용궁으로 모셔 오게 하여 정 씨를 만나게 했다고 한다. 그래서 청사포의 옛날 이름이 모래 사(砂)자가 아닌 뱀 사(蛇)자로 써서 청사포라 했다고 한다.

기장 효열리 전설

• 어부 • 부부 • 자식 • 열녀

부산 기장군 장안읍 효암리.

이곳과 울산광역시 울주군 서생면 신암리 비학마을 사이로 조그만 개천인 효암천이 흐르고 있다. 지금은 이 효암천이 부산과 울산의 경계로 동쪽은 울산의 신암리 비학리로 서쪽은 부산의 효암리로 갈라져 있지만 19세기 말 일제가 우리나라를 강점하기 전까지는 이 두 마을이 합쳐져서 울주군 서생면 효열리로 불리었다고 한다.

이 효열리는 옛날이나 지금이나 동해의 푸른 바닷물이 그대로 밀려와 넘실대는 아름다운 어촌으로 어업을 하며 살아가는 사람이 많았다.

조선조 때 이 동네에 성실하고 부지런한 한 어부가 어진 부인과 함께 어린 자식을 데리고 단란하게 살았다고 한다.

남편은 바다에 나가 고기를 잡고 부인은 해안에서 이 바위 저 바위를 타고 다니며 해조류를 뜯으며 밝은 내일을 기다리며 살았다.

그렇게 살던 어느 날 바다에 낚시를 나간 남편이 돌아오지 않았다. 아침 일찍 바다에 나가면 석양 무렵이면 돛대에 바람을 싣고 어김없이 돌아오던 남편이었는데 밤이 가고 날이 가도 남편은 돌아오지 않았다. 매일 바닷가에 나가 남편을 기다렸지만 허사였다. 이미 남편은 바다에서 돌풍을 만나 수중고혼[21]이 되고 만 것이다.

---

21 물에 빠진 사람의 외로운 넋

동네 사람들이 바닷가에 밀려 들어온 파선이 된 남편의 뱃조각과 소지품을 부인에 전해 주자 그제야 남편이 죽은 줄 알고 부인은 그 자리에서 기절하고 말았다.

얼마 후 정신을 차린 부인은 사무치는 남편의 그리움을 잊지 못하여 목숨을 끊으려 했으나 어린 자식이 있기에 차마 그렇게 하지 못했다.

그러나 남편이 바다에서 죽었으니 필시 바다의 고기들이나 생물들이 남편의 피와 살을 먹었을 런지도 모르니 바다에서 나는 생물들은 먹을 수 없다고 생각하고는 그때부터 부인 자신은 물론 자식까지도 바다에서 나는 모든 생물은 아무리 어려워도 먹지 않았다고 한다.

이런 곧은 부인의 마음은 곧 동네에 소문이 났고 얼마 뒤에는 고을에까지 소문이 나게 되어 그 부인의 절개를 우러러보게 되었으며 이때부터 마을 이름도 효열리라고 부르게 되었다고 한다.

기장 보은의 비석

• 임산부 • 부부 • 반란 • 과객

부산 기장군 일광면 삼성리.

일광해수욕장으로 들어가는 도로 입구에는 십여 그루의 노송이 용하게도 개발의 논리나 차량의 매연을 견디며 서 있다. 이곳 오른편의 노송 사이를 보면 장승을 신으로 모신 신당이 있고 신당 바로 옆에는 마모되어 글자를 알아보기 힘든 5개의 비석이 있다. 이 비석들은 흔한 공덕비지만 제일 앞쪽 비석은 구해불망비(求海不忘碑)라는 글귀가 새겨진 특이한 비석이다.

이 비석은 조선조 철종 때 기장읍 동부리에 살던 권천줄 씨가 당시 흉년으로 기아 직전에 놓였던 이 지역의 많은 어업인들을 구해준 것에 대해 그 은혜를 잊지 못해 그의 덕을 후세에 남기고자 이 지역 어업인들이 세운 것이다.

조선 25대 왕인 철종 4년(1854년). 기장 현감인 송 씨는 백성의 재산을 착취하고 죄 없는 백성을 괴롭혀 그 악정이 극에 달하였다. 이에 격분한 권천줄의 아버지인 권영후는 기장, 일광 주민들을 선동하여 민란을 일으켜 현감을 납치해 욕을 보이고는 일광면 삼성리의 대추나무 밑에 갖다 버렸다.

대추나무 밑에서 겨우 생명을 건진 송현감은 그 길로 서울로 도망을 가서 자기의 악정은 말하지 않고 권영후의 민란만을 사헌부에 고발하였다. 사헌부에서는 즉시 권영후를 잡아가 하옥시키고 말았다.

한편 그때 권영후의 부인은 임신 9개월의 만삭이었다. 무거운 몸으로 매일 마을 입구에 나와 사헌부에 잡혀간 남편이 무사히 돌아오기를 애타게 기다렸다. 하지만 들리는 소식은 나쁜 소식뿐이었다. 나쁜 소식에 지쳐 있던 부인은 어느 날 남편이 살아남기 힘들 것이라는 소식을 접하게 되었던 것이다. 이에 충격을 받은 부인은 그만 뇌일혈[22]로 쓰러져 죽고 말았다.

가족들은 애통해하며 상을 치를 준비를 하고 있었는데 마침 이때 이곳을 지나던 과객이 이를 보고는 안타깝게 생각하여 상주를 만났다.

"임신부는 이미 죽었지만 배 안에서 뛰고 있는 아이는 살릴 수 있습니다."

"참말입니까?"

"제가 처방을 말하는 대로만 하십시오."

"말씀만 해 주시면 그대로 하겠습니다."

"지렁이가 없는 마루 밑의 흙을 3말 정도 파서 뜨겁게 만든 후 숨진 임산부의 배 위에다 얹어 놓으십시오."

권 씨 집안에서는 설마 하면서도 별로 어려운 일이 아니었으므로 과객이 시키는 대로 흙을 쪄서 죽은 임산부의 배 위에 얹고 가슴을 졸이며 방문을 닫고 기다리고 있었다. 과연 30분쯤 지났을 무렵 놀랍게도 태아의 울음소리가 들렸다.

바로 이 아이가 권천줄이었다.

그 후 지역의 민란이 수습되고 그 원인이 조사되자 사헌부에서 권영후의 죄가 이유 있다고 인정하여 죄를 면하게 하였다.

새로 부임한 기장 현감은 권천줄의 사자생손 사실을 알고는 이를 임금인 철종에 알렸고, 철종은 이는 나라의 경사라고 반기며 매년 1천 냥씩 10년간의 녹을 권천줄에게 내렸다. 권 씨는 이 돈을 계속된 흉년으로 굶어 죽을 지경에 놓여 있는 기장 구포구 어촌 등 9개 어촌

---

22 뇌졸증

마을 사람들에 골고루 나누어 주어 굶어 죽는 사람이 없도록 하였다.

　이에 이 마을 어업인들은 은혜를 잊지 못해 후세에 널리 알리고자 비석 1개씩을 9개 어촌 마을 입구에 세웠는데 지금 8개는 자취를 감추고 삼성포의 비석만이 용하게도 살아남아 있다. 그러나 당시 어업인들의 생각과는 달리 비석의 모습이 초라하고 관리도 허술하여 외롭기만 하다. 또한 글자마저도 알아보기 힘들 정도로 마모되어 있다.

기장 학리 전설

•부부 •학 •형제 •바위

부산 기장군 일광면 학리.

이곳은 일광 해수욕장에서 오른편으로 건너다보이는 아름다운 해변의 어촌으로 해돋이의 장관과 기장 미역으로 이름이 나 있는 곳이다. 그러나 그보다 예부터 효자 마을로 더 이름나 있다.

옛날 이 마을에 심성이 착하고 어진 황 씨 부부가 슬하에 어린 오누이 형제를 두고 살고 있었다. 이들 부부는 바다에 나가 고기를 잡으며 살았는데, 하루는 바다에 나갔다가 풍랑을 만나 그만 배가 좌초되어 돌아오지 않게 되었다.

이들의 어린 오누이는 날마다 마을 입구 바닷가 광대 바위에 올라 부모가 돌아오기를 기다렸다.

일 년을 그렇게 애타게 기다리던 어느 날 기다림에 지친 오누이가 바위 위에서 잠이 들었는데 이들의 꿈속에 학이 나타났다.

"어린 너희들을 두고 갈 수가 없어 학으로 환생하였으니 너무 상심 말고 서로 의지하며 살아라."

이렇게 말을 하고 학은 멀리 날아가 버렸다.

이후 이 마을 앞에 있는 노송에 매일 같이 학 두 마리가 날아들었다. 오누이들은 이 학을 부모처럼 여기고 서로 쳐다보고 의지하며 평생을 살았다고 한다.

세월이 흘러 오누이가 죽고 나자, 이 마을의 학도 다시는 나타나지 않았다고 한다.

이후 마을 주민들은 학이 마을의 평화와 풍어를 가져다주었다고 여겨 마을 뒷산 기슭에 사당을 세우고 학이 돌아와 주기를 기원하는 기원제를 올렸다 한다. 그러나 지금은 노송이 있던 그 자리에 밭들과 시멘트 집들만 들어서 있을 뿐이다.

부산

기장 시랑대 전설

· 수도승 · 임신 · 옥황상제 · 비극

부산 기장군 기장읍 시랑리.

부산의 해운대에서 기장 쪽 해안도로로 20여 분 차를 타고 가면 수산진흥원이 있다. 이 수산진흥원 입구에 못미처 용궁사라는 절이 있다. 그 절과 접해 있는 아름다운 남쪽 해안의 돌출 암반이 바로 시랑대인데 이 시랑대의 절벽 바로 밑에 바닷물에 잠긴 동굴이 있다. 이 동굴은 동해 용왕이 있는 용궁으로 통하는 길이라고 전해 내려오고 있다.

신라시대 수행승 한 사람이 시랑대의 동굴 위에 움막을 짓고 수행하고 있던 어느 여름날 밤이었다. 그날도 수행승은 절벽 위에서 가부좌를 틀고 참선하고 있었다. 그러다 그는 달빛이 너무 밝아 잠시 바다를 보고 있었는데 우연히 동굴 앞에서 백옥 같은 알몸을 내놓고 목욕하던 용왕의 딸 용녀를 보게 되었다. 그는 그 모습이 너무나 황홀하여 정신을 잃은 탓에 눈을 돌리지 못하고 있었는데 그때 용녀도 수행승을 보게 되어 서로 눈이 마주치고 말았다. 그들의 젊고 아름다운 모습들이 서로의 마음을 사로잡았다. 결국 이들은 서로 본분도 잊은 채 매일 저녁 만나서 사랑을 나누다 용녀는 그만 임신까지 하게 되었다.

임신하게 된 용녀는 어느 칠흑같이 어두운 밤 동굴에서 딸을 해산하게 되었지만 너무나 겁이 나 탯줄을 끊을 생각도 못 하고 수도승을 찾았다. 움막에 있던 수도승은 용녀의 부르는 소리를 듣고 허겁지겁 동굴로 내려갔지만, 그때 갑작스럽게 뇌성벽력과 함께 해일이 일면서 큰 파도가 수도승을 덮쳐 어디론가 휩쓸고 가 버렸다.

불사음계[23]를 범한 파계승에게 내린 벌이었다.

　이때 마침 하늘에 계시는 옥황상제가 이 광경을 보시고 자비심으로 용녀와 아기를 구하기 위하여 용왕 몰래 천마를 이곳에 내려보내 용녀와 아기를 하늘로 데려왔다고 한다. 그때 용녀와 아기가 천마를 타기 위해 탯줄도 끊지 못한 채 동굴에서 바위 위로 기어 나왔다는데 그 흔적으로 탯줄 모양의 붉은 바위와 손, 발자국들이 바위 위에 처연히 남아있다. 그래서 후세 사람들이 이곳에 해룡신단을 세워 그들의 명복을 빌었다고 전해진다.

　그러나 오래전부터 이곳에 용궁사와 군부대가 주둔하면서 작전상의 도로와 막사 등 여러 시설물 설치로 이런 흔적들은 사라지고 초라한 안내 간판만이 외로이 이곳을 지키고 있다.

　이 동굴이 있는 시랑대는 1733년 조선 영조 때 이조참의 권적이 기장 현감으로 부임하여 이곳의 아름다운 경치에 감복하여 학사들과 더불어 시를 읊으며 놀았다 하여 권 현감의 전 벼슬인 '시랑'의 이름을 따서 시랑대라 불렀다 하고, 학사들과 더불어 시를 읊었던 바위에 동굴이 있었기에 시랑대의 동굴을 학사암 동굴이라고도 한다. 또 시랑대의 바위에 권적의 시가 새겨져 있었다고 하는데 지금은 흔적이 없고, 다만 기장의 향토지에 권적과 양산 수령 김이만의 시가 전해 내려오고 있다.

　이 외에 수행승이 아닌 힘 센 장사가 바위 밑에 동굴을 파고 납치해 온 처녀와 같이 살았는데 그 처녀가 해산하게 될 때 해일이 닥쳐 갓 낳은 아기와 산모를 삼켜버렸다는 전설도 있다.

23　남녀의 순결과 삶의 청정

기장 매바위와 새바위

• 나무 • 바위 • 저주 • 새

　부산 기장군 기장읍 죽성리 두호마을.
　기장군청에서 남쪽 산길로 2km쯤 들어가면 고산 윤선도가 잠시 귀양살이했다는 그림 같이 아름다운 황학대가 있고, 지방 문화재인 국수당 소나무가 마을을 내려다보고 서 있는 아름다운 갯마을이 있다. 이 마을이 두호마을이고, 이 마을 바로 앞에는 일렁거리는 파도를 받으며 솟아있는 새 같기도 하고 거북 같기도 한 두 개의 큰 바위가 있는데 이 바위가 매바위(어사암) 와 새바위(거북바위)다.

　조선 25대 왕인 철종 10년경(1859년)에 이곳 두호마을에는 30여 호의 농어가가 있었는데 그 중 영천 이씨 가문이 남달리 부지런하고 알뜰하여 살림이 가장 넉넉하였다. 그러다 보니 풍류를 즐기며 전국을 떠돌아다니는 과객들이나 또 이런저런 일로 이곳을 지나는 과객들은 주막을 찾다가 주막이 없으면 자연스레 집이 크고 살림이 넉넉할 것 같은 이 집을 찾아들게 되었다. 이씨 가문의 부인은 이런 과객들을 정성스럽고 친절하게 대접하였다.
　그러나 소문을 듣고 찾아오는 과객이 차츰 늘어나게 되고, 따라서 일손도 부족하게 되자 짜증도 내게 되었고 또한 가세도 기울어져 부담도 느끼게 되었다.
　어느 날 평소보다 더 많은 과객이 들어 짜증과 양식 걱정에 머리를 싸매고 있는데 늦은 시각에 허름한 늙은 과객 한 분이 찾아들었다. 부인은 자신도 모르게 이 손님에게 짜증스러운 목소리로 푸념을 늘어놓고 말았다.
　"이 늦은 시간에, 과객들 때문에 등골 빠지겠네."

이 소리를 들은 과객은 행장을 풀지도 않고 일어서면서 손가락으로 앞 바다의 바위 끝을 가리켰다.

"손님이 찾아오는 것이 그렇게도 귀찮으시다면 저 바위의 꼭지 부분을 깨뜨려 보십시오."

이렇게 말을 남기고는 집을 나갔다.

늙은 과객의 말을 들은 이씨 집에서는 이제 과객을 맞이하지 않아도 된다는 말에 기뻐하며 즉시 동네에서 힘이 센 장정 두 사람을 사서 매바위의 꼭지 부분을 깨뜨려 버렸다.

과연 그 뒤부터 늙은 과객의 말대로 더 이상 과객은 들지 않았다. 그러나 가세는 더욱 기울어져 갔다. 그뿐만 아니라 가족들이 하나둘 병상에 눕게 되고 자손들도 더 이상 대를 잇지 못했다. 결국 이씨 가문은 후손도 재산도 남기지 못한 채 비참하게 몰락하고 말았다.

이후 마을 사람들은 이씨 가문이 깨뜨린 바위가 매의 형상을 닮았다 하여 '매바위'라 불렀고 매바위 바로 앞 새 모양을 한 바위를 '새바위'라 불렀다고 한다. 그런데 이씨 가문이 매바위를 깨뜨려 매를 죽이고 나니까 바로 앞에 있는 새가 활기를 찾아 새바위 쪽의 바위에는 미역과 해조류가 풍부하게 생산되어 그쪽 어민들은 잘살게 되었고 반대로 매바위 쪽에 사는 어민들은 지금까지 해류 등 많이 생산되던 수산물이 어쩐지 잘되지 않아 어렵게 살게 되었고 병고도 많았다고 한다.

지금도 이 마을에는 '매바위와 새바위'의 전설을 교훈 삼아 후손들에게 이웃과 친하게 지내며 인정 있게 살아가기를 가르치고 있다고 한다.

경남

- Ⓐ 창원 마산 시락암굴
- Ⓑ 진해 웅동 용당
- Ⓒ 진해 청안동의 도미묘
- Ⓓ 진해 앞바다 명당자리
- Ⓔ 진해 망산도와 유주암
- Ⓕ 통영 해평 열녀비
- Ⓖ 통영 연화도
- Ⓗ 통영 수우도 설능장군
- Ⓘ 사천 소풀섬 전설
- Ⓙ 거제 시방과 이수도의 전설
- Ⓚ 거제 윤돌섬
- Ⓛ 고성 하일면 형제바위
- Ⓜ 남해 엄마섬 애기섬
- Ⓝ 남해 무민사 전설
- Ⓞ 남해 노도의 전설
- Ⓟ 남해 창선 왕후박나무
- Ⓠ 남해 고현 가청고개
- Ⓡ 남해 미조 뱀섬과 두꺼비섬

창원 마산 시락암굴

· 바위 · 복수 · 일본 · 부부

경남 창원시 마산합포구 진전면 시락리.
이곳의 큰 바위와 바위 사이에 한사람이 겨우 들어갈 수 있는 바위굴이 있다. 이 바위굴에는 입구는 좁지만, 안은 10여 명 정도 앉을 수 있는 비탈진 굴이 있다. 이곳이 시락암굴이다. 이곳 사람들은 굴바위라고도 부른다. 이곳은 썰물 때에는 해안으로 걸어 들어갈 수 있지만 밀물일 때는 배로 가거나 험한 벼랑을 타고 내려가야 하는 외지고 가파른 장소이다.

임진왜란 때였다. 어느 젊은 부부가 난을 피해 이 암굴에 와서 숨어 지냈다. 그때는 해상의 도처에서 충무공 이순신 장군의 승전고가 한참 드높던 무렵이라 왜적들의 발악이 극에 달해 있었다.
어느 날 숨어 지내던 젊은 부부는 밥을 해 먹고 그릇을 씻던 중 그만 잘못하여 쇠숟가락을 굴 밖으로 떨어뜨리고 말았다. 마침 이때 도망치던 왜적의 배 한 척이 이 근방을 지나다가 이 소리를 듣게 되었다. 이들은 대번에 암굴을 찾아내 젊은 부부를 끌어낸 후 남편은 그 자리에서 무참히 베어 죽이고 이를 보고 기절한 부인만 배에 싣고 달아났다.
얼마 후 부인은 정신을 차렸다. 그러나 자신은 이미 적병들에 의해 사지가 결박되어 있었다. 억울하고 분한 마음에 당장이라도 물속으로 뛰어들고 싶었지만, 그나마도 뜻대로 할 수 없는 처지였다.
그날 밤 부인은 지쳐서 쓰러진 채로 그만 깜박 잠이 들고 말았다. 그런데 비몽사몽간에 뱃전에서 남편이 울부짖는 소리가 들렸다. 번쩍 정신이 들어 눈을 떠서 사방을 둘러보니 왜적들은 모두가 곯아떨어져 자고 있었다. 그때 부인의 머릿속에 문득 한 가닥 계책이 떠올랐다.

'배에 구멍을 내어 배가 침몰하게 하자.'

부인은 품속 깊숙이 숨기고 있던 은장도를 묶인 손으로 간신히 뽑아 들었다. 그러고는 불편한 손동작이지만 조금씩 앉은 자리의 배 밑바닥을 파기 시작했다. 왜적들은 오랫동안의 패주에 심신이 피곤할 대로 피곤하여 모두 깊은 잠에 빠져 있어 아무도 눈치채지 못하고 잠만 자고 있었다. 이윽고 배 밑바닥에 쥐구멍만 한 구멍이 뚫렸다. 바닷물이 솟구쳐 올라 몸을 적셨지만 계속 그 구멍을 넓혀 갔다. 초저녁부터 시작한 일인데 어느새 한밤을 지나 멀리 수평선 위에서 희미하게 먼동이 밝아오고 있었다. 구멍은 점점 더 커져 이제는 바닷물이 걷잡을 수 없이 펑펑 솟구쳐 올라왔다.

왜적들은 그때야 하나둘 잠에서 깨어났지만 이미 때는 늦었다. 그들은 우왕좌왕하며 배에 물을 퍼낸다고 아우성을 쳤지만, 배의 침몰을 막을 수는 없었다. 결국 배와 함께 다 물귀신이 되고 말았다. 부인도 큰 소리로 남편의 이름을 부르면서 배와 함께 물속으로 들어가고 말았다고 한다.

이 시락암굴은 6.25 전쟁 때도 이곳 동민들의 피난처가 됐다고 한다.

진해 웅동 용당

• 해신 • 효도 • 딸 • 제물

경남 진해시[24] 웅동 용원.

옛 이름이 용당인 이 용당마을, 용원에 아주 옛날에 있었던 전설이 있다.

옛날 용당마을에서는 해마다 해신의 노여움으로 해신에게 사람이 잡혀가고 고깃배가 부서지는 등 재난이 끊이지 않았다. 그래서 동네 사람들은 해마다 해신을 달래는 제사를 지냈다. 이 제사에는 마을에서 가장 예쁜 처녀를 골라 바쳐야만 했다. 이 제사에 바칠 처녀가 선정되면 그 처녀는 산과 바다에 치성을 드리며 제사 때를 기다려야만 했다.

어느 해인가 그해에도 해신에게 바쳐질 처녀가 결정되었다. 그 처녀는 편모를 모시고 사는 가련한 처녀였다. 이 처녀는 해신에게 바쳐질 날을 눈물로 헤아리며 더욱 부지런히 바다에 나가서 조개와 해조류를 캐고 산에서 나물을 캐어 홀어머니에 효성을 다하였다. 뿐만 아니라 처녀는 산에 가면 산에서, 바다에 가면 바다에서 부처님에게 홀로 남을 어머니의 여생을 위하여 손발이 닳도록 빌고 또 빌었다. 그러던 중 처녀가 해신에게 바쳐질 날이 왔다. 천둥 번개와 함께 비가 억수로 쏟아져 지척을 분간하기 어려운 날이었다. 마을 사람들은 이는 해신이 몸부림을 쳐 이렇게 되는 것으로 알고는 처녀를 언덕 위에 세우고 함성을 지르며 해신의 노여움을 달랬다.

---

24 현재 창원시에 통합

그러고는 두려움에 뿔뿔이 흩어져 집으로 돌아갔다.
 처녀는 이런 천둥 번개와 폭우 속에서도 정신을 가다듬고 어머님의 여생을 편안하게 해 달라고 부처님에게 빌기를 끊이지 않았다. 이렇게 얼마를 지나자, 마을 앞바다에서 검은 용, 흰 용, 푸른 용이 뒤틀며 하늘로 오르는 것이 보였다. 부처님에게 빌던 처녀는 너무나 큰 두려움에 그만 그 자리에서 기절하고 말았다.
 천둥 번개와 폭우가 멎은 후 마을 사람들이 하나둘 처녀의 생사를 확인하기 위하여 처녀를 해신에게 바친 언덕으로 모여들었다. 그런데 해신에게 잡혀갔어야 할 처녀가 그 자리에 쓰러져 있었다. 처녀의 어머니가 달려가 처녀를 흔들어 깨웠다. 정신을 차린 처녀가 어머니에게 말했다.
 "어머니! 부처님이 저를 해신으로부터 구해 주셨습니다. 앞으로 해신의 장난은 더 없을 것입니다. 해신이 용이 되어 승천하는 것을 보았습니다."
 그 이후부터 용당마을에서 해신에게 처녀를 제물로 바치는 일은 없어졌다고 한다.

진해 청안동의 도미묘

• 왕 • 충신 • 부부

경남 진해시 청안동 청안부락 바닷가.

양지바른 언덕 위에 큰 고분이 하나 있다. 이 고분에는 근년에 세운 듯한 비석이 서 있는데, 비석 앞면에는 백제 정승 도미묘라고 새겨져 있고 뒷면에는 그 부인의 정절이 적혀 있다.

백제 제4대 개루왕은 성품이 방탕하여 정사는 돌보지 않고 허구한 날을 주지육림[25]에 빠져 지냈다. 자연히 왕의 주변에는 간신의 무리가 들끓었고 국력은 날로 쇠퇴하여 갔다. 정승인 도미는 기울어 가는 국력을 바로잡기 위해 여러 차례 왕에게 나아가 간청하였으나 그때마다 번번이 뜻을 이루지 못하고 오히려 왕과 간신배들로부터 미움을 사게 되었다.

간신들은 기회 있을 때마다 도미정승을 모함하였으나 천성이 착하고 곧은 그는 애당초 개의치 않고 오직 기울어 가는 국력과 왕의 신변만을 염려할 따름이었다. 이런 도미정승에게는 예쁜 부인이 있었다. 백제에서도 제일가는 미인이라는 소문이 있었다. 착한 성품의 정승과 예쁜 부인은 금실도 남달라 모두가 부러워할 지경이었다. 이 소문은 높은 대궐의 담을 넘어 개루왕의 귀에까지 들어가고 말았다. 호색한인 개루왕이 이 소문을 듣고 가만히 있을 리가 없었다.

어느 날 개루왕은 핑계를 대어 도미정승을 대궐 안에 붙들어 놓은

---

25 술로 연못을 이루고 고기로 숲을 이룬다는 뜻으로, 호사스러운 술잔치를 이르는 말

채 몇 사람의 간신을 데리고 직접 도미정승의 집을 찾아갔다. 집을 찾아가 도미정승의 아내를 보니 과연 듣던 대로 천하의 절색이었다. 왕은 첫눈에 음심이 발동했다. 왕은 즉시 도미정승의 아내에게 그날 밤 시침할 것을 명령했다. 도미정승의 아내는 망연했다. 왕의 명령을 어기면 왕명을 거역한 죄로 일가 멸족의 중벌이 내려질 수도 있기 때문이었다. 도미정승의 아내는 이런 절박한 상황 속에서도 어떤 기지를 생각해 냈다.

그날 밤, 도미정승의 아내는 왕에게 방안의 불을 끄게 한 다음 밖으로 나와 급히 여종을 단장시켜 방으로 들여보냈다. 어둠 속에서 기다리고 있던 왕은 여종을 도미정승의 부인인 줄로만 알고 더불어 하룻밤을 지냈으나 이튿날 날이 밝자 이내 속은 것을 알았다.
왕이 크게 분노하여 도미정승을 불러 그 자리에서 두 눈을 뽑아버리고 조각배에 태워서 백마강 강물에 띄워 버렸다. 도미정승이 탄 조각배는 강물을 따라 서해까지 흘러들었는데 때마침 불어오는 서북풍과 조류에 의하여 머나먼 남쪽 바다인 진해시 청안동의 청안리 해안까지 밀려오게 되었다가 마침 그곳을 지나던 어부에게 구출되어 목숨을 건졌다.

한편 백제 땅에 홀로 남은 도미정승의 아내는 남편을 애타게 기다렸지만 돌아오지 않자, 백마강에 조각배를 띄우고는 남편을 찾아 나섰다. 하늘의 도움인지 그녀가 탄 조각배 역시 도미정승이 탄 조각배와 똑같은 경로를 거쳐 며칠 후 청안리 해안에 표착하게 되었다.
도미정승 부부는 이곳에서 기적적으로 해후하여 마을 사람들의 도움으로 오래오래 살다가 여생을 마쳤다고 하는데 마을 사람들이 그들의 유언에 따라 이곳에 두 분의 시신을 합장하였다고 한다.

얼마 전까지만 하더라도 이 묘에 불경한 행위를 하면 꼭 화를 입었다고 전하고 있으며 몇 년 전까지는 이곳 주민인 박석수 할아버지가 이 묘를 관리하다가 지금은 도씨 문중에서 관리하고 있다고 한다.

도미정승묘는 2003년에 도미부인 사당(1995년 건립)이 있는 충남 보령시 오천면 서성리 산 5번지로 이장되었다. 보령시에서는 도미부인 사당이 있는 곳이 뒷산은 상사봉, 앞에는 미인도 등이 있어 도미부인 전설의 진원지라는 이유로 이를 관광 상품화하고 있는 것 같다.

진해 앞바다 명당자리

· 물개 · 바위

경남 진해시 웅동의 천자봉.
산줄기가 타고 내려간 진해 앞바다 속에는 미륵불 같은 바위가 있는데 여기가 명당이라고 전해 내려오는 곳이다.

조선의 태조 이성계가 왕위에 오르기 전 그의 아버지가 돌아가시자 대망의 뜻을 품고 선친의 묘를 명당에 쓰려고 전국을 돌아보던 중 웅천 천자봉까지 내려오게 되었다. 천자봉을 살펴보니 산줄기가 바다 밑까지 뻗어 들어갔는데 물속에 명당자리가 있었다. 그러나 바닷속으로 들어갈 수 없어 바위 위에서 바다를 내려다보고 있으니, 어떤 아이가 헤엄을 치고 있었는데 가히 물고기보다 헤엄을 더 잘 쳤다.

이 아이는 그만한 내력이 있었다. 이 아이의 어머니는 양반 집안에서 태어났지만, 처녀 때 중풍이 걸리자 부모들이 창피하게 생각하여 마을에서 동떨어진 바닷가에 움막을 짓고 그곳에서 살도록 했다.
그러던 중 어느 날 밤 바다에서 물개가 올라와 그 처녀를 범하였다. 그러자 이상하게도 처녀의 병이 낫고 아이까지 가지게 되었다. 그러나 그 후 어느 날 새벽 물개는 마을 사람들에게 붙잡혀 몽둥이에 맞아 죽고 말았다. 처녀는 물개와의 정을 생각하여 물개의 뼈를 좋은 곳에 묻어 주기 위해 처마 밑에 달아두었다. 그때 물개와의 사이에서 낳은 아이가 바로 헤엄치는 아이였다.
이성계는 헤엄치는 아이를 불렀다.

"얘야, 이 바다 밑에 바위가 있느냐?"

"예, 미륵불 같은 바위가 있습니다."

이성계의 생각대로 명당이 있었다. 미륵바위라면 오른쪽 귀가 최고 자리이고 다음은 왼쪽 귀인 것이다. 그렇다면 선친의 유골은 오른쪽 귀에 걸고 이 아이의 아버지 유골은 왼쪽에 걸어주면 되겠다고 생각한 이성계는 아이의 아버지 유골을 가져오도록 했다. 그리고 아이가 가져온 유골은 왼손에, 이성계의 선친 유골은 오른손에 들도록 하여 물속에 들어가 미륵바위를 마주 보고 유골들을 그대로 미륵바위 귀에 걸도록 하였다. 아이는 알겠다고 하고는 물속으로 들어갔다.

한참 있다가 빈손으로 나온 아이한테 물었다.

"얘야, 시키는 대로 걸었느냐?"

"아이구! 말도 마십시오. 보통 때는 미륵바위가 아무렇지도 않았는데 오늘은 미륵불이 큰 눈을 부릅뜨고 노려보는 것 같아 어찌나 무서운지 뒤로 돌아가 유골을 걸고 왔습니다."

이 말을 들은 이성계는 탄식했다. 아이가 유골을 뒤로 돌아가 걸었으니 이성계가 시킨 반대 방향으로 걸린 것이다. 결국 이성계의 부친 유골과 이 아이의 부친 유골이 바뀌어 걸리므로 명당자리가 바뀐 것이다.

"그렇게 되었다면 할 수 없다. 모두 하늘의 뜻이며 그것도 다 너의 복이다. 네가 장차 큰 인물이 될 것이다."

훗날 이성계는 조선을 창건한 태조가 되었다. 그리고 그 아이는 중국으로 들어가 명나라 태조 주원장이 되었다고 한다.

진해 망산도 유주암

・왕 ・공주 ・부부

경남 진해시 용원동 산 222번지.
망산도라는 석표가 있는 둘레 30m 남짓한 작은 돌섬과 그 섬의 발치쯤에 배를 닮은 바위가 있는데 이를 유주암이라 부르고 있다.
이곳은 가락국의 시조 김수로왕의 왕비인 허왕후가 아유타국에서 하늘의 계시를 받고 왕비가 되기 위하여 이 돌배를 타고 도착한 곳이라는 전설이 서려 있는 곳이다.

후한 검무 24년(서기 48년) 무신 7월 27일에 가락국의 각 부락 부장들이 모여 김수로왕에 아뢰기를 "대왕이 강림하신 이래로 좋은 배필을 아직 얻지 못하셨는데 우리들의 딸 중에서 좋은 처녀를 뽑아 왕비를 삼으십시오."하고 권하자, 수로왕은 "내가 여기에 내려온 것은 하늘의 명령에 따른 것인즉, 나의 배필도 하늘이 보내 주실 것이니 염려 말고 기다리라."고 하셨다.
그런 일이 있고 난 후 어느 날 왕은 신하들에게 배와 말을 준비하고 망산도에 나가 손님이 오거든 목련으로 만든 키와 계수나무 노를 저어 맞이하도록 명령하였다. 신하들이 명령을 받고 망산도로 나가 기다리니, 바다 서쪽에서 은빛의 돛을 단 배가 붉은 기를 휘날리면서 다가왔다. 신하들은 나아가서 배를 맞으니 배에는 아름다운 여인과 20여 명의 신하, 노비 그리고 금은보화가 잔뜩 실려 있었다.
가락국 신하들은 이 여인들을 모시고자 하였으나 여인은 "나는 아유타국의 공주로 천신의 계시를 받아 가락국의 왕비가 되기 위하여 여기에 왔는데 어찌 그대들을 따라갈 수 있겠느냐"고 말하자, 신하들은 이 사실을 즉시 왕에게 보고했다. 보고받은 수로왕은 이를 옳게 여겨 급히 바닷가로 나가 망월산 기슭에 임시 궁전을 만들어 공주를 맞이하자 그제야 공주는 수로왕 앞에 나아가 인사를 올렸다.

"저는 아유타국의 공주인데 성은 허가요, 이름은 황옥이오며 나이는 16세입니다. 지난 5월 저의 부왕과 모후께서는 꿈에 하늘의 옥황상제로부터 가락국왕이 아직 배필을 구하지 못했으니 저를 보내라는 명을 받고 즉시 이곳으로 보내셨기에 매미 같은 이 얼굴로 용안을 뵙게 되었습니다."

수로왕도 공주를 정중히 맞이하였다.

"현숙한 그대가 여기까지 왔으니 이 몸은 무한히 행복하오."

이렇게 공주와 수로왕이 첫인사를 마치자 공주는 입고 있던 비단 바지를 벗어 산신령에게 바치고는 첫 밤을 이곳 임시 궁전에서 보낸 후 결혼하게 되었다. 이렇게 하여 아유타국의 공주인 허황옥은 가락국의 왕비가 되어 10명의 왕자와 2명의 공주를 두었다고 한다.

옛날에는 이 전설의 망산도가 육지에서 상당히 떨어져 있었고 비록 작은 섬이지만 바위와 사철나무가 어우러져 아름다웠고 수심도 깊었으나 지금은 주변이 전부 매립되어 이 섬만 남아 있을 뿐 아니라 섬 자체도 황폐해져 가고 있다. 전하는 말에 의하면 김해 김씨 문중의 반대로 이 섬을 매립하지 못하고 있다고 하지만 지금 이곳은 공단 조성과 항만 공사 등으로 급속히 변해가고 있기에 얼마 가지 않아 이 섬도 전설 속으로 사라져 갈 것 같다.

통영 해평 열녀비

· 열녀 · 부부 · 비극 · 어부

경남 통영시 봉평동 해평마을.
통영 여객선 터미널에서 바다 건너 마주 보이는 바닷가 도로변에 아담한 비각 하나가 서 있다. 이곳이 해평열녀를 모신 해평열녀비각이다.

1780년경 해평부락에 고기잡이를 하며 가난하게 살던 부부가 있었다. 비록 가난하게 살기는 하지만 서로 사랑하며 아끼는 정은 남달랐다.
어느 날 남편은 배를 타고 한산도 각수여 부근에 고기잡이를 나갔다. 아내는 남편이 돌아올 시간이 되자 여느 때와 같이 바닷가에 나가 남편을 기다리고 있었다. 그런데 기다리던 남편은 돌아오지 않고 뒤늦게 같이 고기잡이를 나간 뱃사람들만 죄지은 사람들처럼 돌아와 남편이 바다에 빠져 죽었다는 소식을 전했다.
청천벽력 같은 소식에 정신을 잃다시피 한 아내는 밤새도록 울고 또 울다가 새벽녘에야 정신을 차렸다. 이렇게 울고만 있을 것이 아니라 남편의 시신이라도 찾아야겠다고 생각하고는 다음 날 날이 밝기가 바쁘게 소복단장을 하고 뱃사람들을 졸라 남편이 빠져 죽었다는 바다에까지 나갔다. 그러고는 그 주위를 샅샅이 뒤졌다. 그러나 남편의 시신은 어느 곳에서도 발견되지 않았다. 해가 저물어 어쩔 수 없이 시체 수색을 포기하고 돌아오는 길이었다.
아내는 남편의 시체를 찾지 못한 것에 한이 맺힌 듯 뱃전에서 통곡하다가 남편이 빠져 죽었다는 지점의 바다에 이르자 다른 사람이 만류할 틈도 없이 갑자기 소복 치마를 뒤집어쓰고는 바닷속으로 풍덩 뛰어들고 말았다. 같이 간 뱃사람들은 놀라 뒤따라 바다에 뛰어 들어가 그녀를 찾아보았지만 영영 찾지를 못하였다.

그로부터 사흘 후 지금의 비각이 있는 해평 연안에 남편의 시체를 부둥켜안은 그녀의 시체가 밀물에 떠밀려 들어왔다. 이를 본 마을 사람들은 그녀의 지극한 정성이 남편의 시체를 찾게 한 것이라고 감탄했다. 그래서 이들 부부의 시체는 마을 사람들의 손으로 고이 합장되었다.

그 뒤 임진왜란 후 조선 말엽 통영에 삼도통제사가 있던 어느 해의 일이다. 해평마을에 가뭄이 들고 돌림병이 창궐하였다. 뿐만 아니라 이상하게도 산과 들의 나뭇잎에 해평열녀(海坪烈女)라는 글자 형상으로 벌레가 파먹은 흔적이 보였었다.

통제사는 이를 이상히 여기고 있던 차, 하루는 세수를 하려 할 때 세숫대야에 열녀(烈女)라 새겨진 버들잎이 떨어지는 괴이한 현상이 벌어졌다.

현감은 이런 괴이한 일은 필시 어떤 연유가 있으리라 생각하고 알아본 결과 해평마을에 열녀가 있었다고 하자, 이는 하늘이 그녀의 뜻을 가상히 여겨 내려주는 천서임에 틀림이 없다고 판단하고 이런 사실을 나라에 즉시 알리어 그들 부부의 시체가 표류해 왔던 해평 해안에 만고창해임심정열(萬古倉海一心貞烈)이라 새긴 비를 세우고 부락민이 열녀당을 지어 혼을 위로해 주었더니 마을의 재앙과 이변이 사라졌다고 한다.

그 뒤부터 그곳 사람들은 해마다 봄가을 두 차례 제사를 지내 해평열녀의 정절을 추모하고 마을의 안녕을 빈다고 한다.

통영 연화도

· 불교 · 시 · 전쟁

경남 통영시 욕지면 연화리.

통영의 여객선 터미널에서 쾌속선으로 50분 거리에 있는 면적 3.41km², 인구 200여 명의 작은 섬이다. 이 섬의 가장 높은 산인 낙가산의 연화봉에는 동민들이 동제를 지내는 산신각이 있다. 이 산신각에는 고승인 연화도인이 손가락으로 썼다는 부(富), 길(吉), 재(財)란 글씨가 바위에 새겨져 있고 그가 부처로 모셨던 한 아름 정도 되는 둥근 바위가 모셔져 있다. 이곳에서 50여 미터 아래쪽에는 연화도인이 수도를 했다는 토굴 터와 사명대사가 수도를 했다는 토굴 터가 나란히 자리하고 있어 이곳이 불교의 유적지임을 말해주고 있다.

지금으로부터 400여 년 전, 조선조 10대 임금 연산군은 불교를 억제하는 정책을 폈다.

당시 한양에는 실리암이라는 절이 있었는데 이 절에 고승 한 분이 있었다. 이 고승은 연산군의 억불 정책이 더욱 강화되자 더 이상 한양에 있을 수 없음을 알고 자기를 따르던 세 명의 비구와 함께 여러 곳을 다니며 신령스럽고 상서로운 관음도장을 찾다가 이 연화도를 찾아와 땅굴을 파고 은둔 생활을 하게 되었다.

고승은 은둔 생활을 하면서 연화도의 낙가산 연화봉에 한양의 실리암과 같은 절을 세우고 부처를 구할 수 없어 돌을 갖다 놓고 수도를 하였다. 그러다 세월이 흐른 어느 날 고승은 입적을 하게 되었는데 입적 직전 비구를 불러들였다.

"내가 곧 입적하게 될 것이니 시신은 수장토록 해라."

고승의 유언에 따라 비구는 연화도 바다에 수장했다. 잠시 후 수장을 한 바다에서 한 떨기 아름다운 연꽃이 피어오르면서 고승은 승천하였다.

이때부터 이곳을 연화도라 하고 고승을 연화도인이라 부르게 되었다.

이후 해탈을 위해 길을 찾던 사명대사도 이곳에 와서 토굴을 파고 수도를 했는데 그를 찾아 전국을 헤매던 대사의 누이 보운과 대사의 약혼녀였던 보현, 그리고 남몰래 대사를 사모했던 보월 등 세 명의 처녀가 사명대사가 이곳에 있다는 소문을 듣고 이 섬으로 건너오게 되었다.

그러나 남다른 예지로 미래를 내다볼 수 있었던 대사는 앞으로 임진왜란이 일어나리라는 것을 알고는 해탈의 길을 중단하고 이를 대비하기 위하여 남해의 섬을 두루 살펴보고 서산대사를 만나러 묘향산으로 떠난 뒤였다.

세 여승은 어쩔 수 없이 연화도에 그대로 눌러앉아 출가하였다. 이때 이들은 이곳에서 '해상사호'라는 도인을 만나 신통력을 전수 받게 되었다. 이 신통력을 받은 이후 세 여승은 우연히 이순신 장군을 만나게 되었는데, 이때 도인에게서 전수 받은 해상지리법과 천풍기상법을 상세히 전해주었다. 후일 이것이 큰 도움이 되어 이순신 장군은 승전을 거듭하게 되었다. 그래서 이순신 장군은 이 세 여승을 자운선사라 불렀다고 한다.

이후 섬사람들은 연화봉의 실리암 자리였던 곳에 산신각을 짓고 연화도인이 부처로 모셨던 둥근 바위와 손가락으로 썼다는 부(富), 길(吉), 재(財)란 글씨를 모셔 놓고 해마다 정초에 날을 받아 풍어와 무사 안녕을 기원하는 동제를 지내 오고 있다.

또한 이곳에는 연화사라는 새로운 절이 세워져 이 절에서 연화도인의 토굴 터와 사명대사의 토굴 터를 보호 관리하고 있다. 연화사에는 연화도인이 남긴 남해의 절경을 읊은 시와 고산스님께서 남긴 연화도의 절경을 읊은 시가 남아있다.

  * 연화도인이 남해의 절묘한 경치를 읊은 시

 연화장 세계를 알고자 할진대 처음과 마침을 세존에게 물어라.
 신령스럽고 상서로운 관음도량에 주불은 아미타 부처님이시라.
 위하여 증명을 지어시니 기도를 드리면 가피를 얻고
 미묘하신 법문을 원만이 설하시니 광명이 시방세계에 비침이로다.
 불법을 곳곳에 유출해서 법을 전하여 중생을 제도하시니
 보고 듣고 생각하는 사이에 티끌 세계를 여의고 보리를 이루는 도다.
 남해의 넓고 아득한 곳에 도량은 십만 리라.
 천천 만만세에 영원히 다함 없이 전하리라.

  * 고산스님이 연화도의 절묘한 경치를 읊은 시

 남해의 절묘한 경치인 보타산은
 관음보살님의 항상 머무시는 곳일러라.
 연화도인과 사명대사께서
 이곳에 도를 얻어 중생을 제도 하셨도다.

통영 수우도 설능장군

• 부부 • 자식 • 기도 • 산신령 • 꿈 • 해적 • 일본

경남 통영시 사량면 돈지리 286번지.

면적 1,284km²에 인구 50여 명이 사는 수우도란 섬이다. 삼천포항에서 바라다보이기는 하지만 배를 타고 40여 분 가야 이 섬에 도착한다. 섬 전체가 천왕봉이란 삿갓 같은 산으로 되어 있어 동네가 있는 곳을 제외하면 해안이 절벽으로 형성되어 있어 아름답기 그지없다. 이 섬의 선착장에 내려 35여 호의 집들이 모여 있는 마을을 지나 사량초등학교 분교 뒤편 큰 정자나무 아래로 가면 4평 정도 되는 낡고 초라한 사당 한 채가 있다. 이 사당이 설능장군 초상화를 모신 지령사란 사당이다.

옛날 수우도에 사람들이 몇 살지 않을 때의 일이다. 동네 사람들은 고기를 잡거나 해초를 뜯으면서 평화롭게 살았다. 그러나 섬에 사람이 너무 적어 모두 자식이 많이 태어나기를 고대했고 또 자식이 태어나면 온 동네의 경사로 여겼다.

이러한 동네의 사정에도 불구하고 어느 한 가정에는 자식이 없었다. 그래서 그 가정의 부부는 밤낮으로 걱정하고 있었는데 하루는 동네 사람들이 섬에서 제일 높은 천왕봉(해발 150m)에 올라가 한번 빌어 보라고 권했다. 따로 어떤 방법도 없기에 동네 사람들의 권유대로 매일 첫새벽에 천왕봉에 올라 자식 하나만 얻게 해 달라고 지극정성으로 빌었다. 빌기가 끝나면 멀리 떠 있는 남해의 세존도를 향하여 절을 하고 또 남해 금산을 향하여 절을 했다.

이런 정성 때문인가 드디어 부인한테 태기가 있었다. 이 소식을 들은 동네 사람들은 자기 일처럼 모두 기뻐하고 축하하였다.

바닷가에서 조개를 잡아도 큰놈을 골라 가져오고 생선을 잡아도 맛있는 것은 부인한테로 가져왔다.

　부인은 아이를 가지고 있는 동안은 바깥에 나가 일을 하지 않아도 되었다. 동네 사람들이 갖다주는 음식만 가지고도 충분히 먹고 살 수 있었다.

　부인과 남편은 마을 사람들의 축복 속에 아기의 출생 날짜만 기다리며 즐거운 나날을 보냈다. 그러던 어느 날 기다리고 기다리던 옥동자를 드디어 출산하게 되었다. 그 옥동자는 골격이 보통 아이들보다 훨씬 컸고, 부릅뜬 눈이라든지 움켜쥔 주먹 등으로 봐서 분명 장군감 이었다.

　아이는 놀랄 만큼 빠르게 자라 돌이 지나자 벌써 헤엄을 치기 시작했다. 그러고는 곧 암초와 암초 사이를 나르는 것 같이 뛰어다니는가 하면 물 밑으로 잠수를 하면 보통 사람들보다 몇 배를 잠수하면서 건너편 섬에서 불쑥 나오기도 했다. 보통 사람으로서는 도저히 상상할 수 없는 행동이었다.

　섬사람들은 모두 장군이 태어났다고 좋아했지만, 부모로서는 점점 불안해지기 시작했다. 아무리 장군이라곤 하지만 물속에서 몇 시간씩 있다는 것은 이해하기 힘든 일이었기 때문이다.

　어느 날 밤이었다. 아들이 곤하게 잠자는 모습을 보고 있던 어머니는 섬뜩함을 느꼈다. 아들의 잠자는 모습이 순간순간 흉악하게 변하는 것이었다. 사람도 물고기도 아닌 모습이었다. 그의 어머니는 이런 모습이 너무 괴이쩍어 이 자식을 얻기 위해 빌었던 천왕봉으로 올라갔다.

　"천지만물을 점지시켜 준 천황상제 옥황상제님, 바다의 용왕님, 산의 산신령님, 우리 아들이 아무 탈 없이 자라도록 빌고 또 빕니다."

　부인은 이렇게 빌고 또 빌다가 지쳐 잠이 들었다. 잠든 사이 꿈에 산신령이 나타났다.

"그대의 아이는 태어난 시간이 나쁘다. 장군으로 태어날 몸이건만 시를 잘못 택해 역적이 될 운명이구나. 아들은 시운을 잘못 만난 설능장군이다. 장군의 이름이 설능이다."

이렇게 말을 하는 것이었다. 어머니는 산신령님께 애원하였다.

"산신령님 그렇다면 아들을 구해 낼 방도가 없을까요. 제발 방도만 가르쳐 주시면 온갖 정성을 다해 그 방도를 따르겠습니다."

그러나 산신령은 고개만 절레절레 흔들었다.

"특별한 방법은 없구려. 그저 집에서 장군이라 불러 역모를 계획하지 않도록 운세를 바꾸는 데나 힘쓸 일이요."

산신령은 이렇게만 말을 하였다. 어머니는 다시 산신령에게 물었다.

"그러면 역적은 되지 않을까요?"

산신령은 역시 어두운 표정으로 대답했다.

"글쎄, 아마 역적은 되지 않을지 몰라도 죽음은 역적이나 다름없이 맞게 될 것이오."

이 말을 들은 어머니는 낙담하고 주저앉고 말았다.

"산신령님 제발 살려주십시오."

어머니는 낙담만 하고 주저앉고 있을 수만 없어서 한 번 더 애원했다.

"그렇다면 아들에게 부채를 하나 만들어 주시오. 될 수 있는 대로 크고 긴 것으로 하여 항상 그것을 가지고 놀게 하시오."

"그러면 역적의 죽음은 면하게 될까요."

"그 부채로 나쁜 운세는 부쳐 내고 좋은 운세는 부쳐 들여야지. 그건 설능장군이 알아서 할 일이니까."

산신령은 이렇게 마지막 말을 남기고는 홀연히 안개 속으로 사라졌다.

 꿈을 깬 어머니는 힘없이 산에서 내려와 남편에게 산신령 이야기를 했다. 남편은 부인 이야기를 듣고는 한숨으로 며칠을 보내다 아무래도 그냥 있을 수가 없었던지 그때부터 부채를 만들기 시작했다. 질기고도 큰 것을 만드는 데 석 달 열흘이 걸렸다.
 부채가 다 완성되었을 때는 설능장군도 상당이 자랐다. 그래서 부채는 설능장군의 손에 잡혔다. 그는 일고여덟 살 때 이미 이 부채를 자유자재로 부칠 수 있었다. 부채를 부치면 육지도 부근의 작은 섬에 있는 소나무가 휘청거릴 정도였다.
 설능장군은 매일 같이 바다를 헤엄쳐 다니면서 고기를 잡기도 하고 고기와 같이 헤엄치며 놀기도 했다. 그런데 이상한 것은 어릴 때부터 움푹움푹 패인 가슴이 바다에만 들어가면 아가미로 변했다는 것이다. 그러니까 그는 바다에서나 육지에서나 생활하는 데 별다른 지장이 없었던 것이다.
 설능장군이 20세가 되었을 때는 그의 주된 생활 근거지는 바다가 되었다. 그러다 보니 자기를 따르는 뱃사람들이 많았다. 그는 이런 뱃사람들을 모아 해적단을 만들었다. 이런 그를 부모가 나무라자, 그는 집을 뛰쳐나와 집과의 인연을 끊고 수우도와 사랑도를 중심으로 인근 섬들을 무대로 신출귀몰하는 해적의 두목이 되었다.

 이 무렵 우리나라 남해안에 왜구들의 노략질이 점점 심해져 갔다. 남해안의 곡창인 전라도와 고성 등에서 노략질한 곡식을 실은 왜선들은 사랑도와 수우도 앞을 지나가기도 했다.
 이럴 때는 설능장군은 바다에서 놀다가도 수우도의 천왕봉에 펄쩍 뛰어올라 큰 부채를 펴고 왜선들을 보고 살래살래 부채질을 했다. 그러면 일본으로 가던 약탈 왜선은 빨려들듯이 끌려 왔다. 끌려 온 왜선에서 노략질한 곡식과 물건들을 전부 빼앗았다. 이때

순순히 응하는 왜선은 가만히 부채질을 해서 일본으로 내쫓았지만, 순순히 응하지 않는 왜선은 부채를 거세게 부쳐 파도를 일으켜 조난을 당하게 했다.

빼앗은 곡식은 섬사람들에게 나누어 주어 섬사람들이 풍족한 생활을 할 수 있게 했다.

왜구들은 이런 설능장군이 무서워 수우도를 멀리 돌아가기도 했으나 이도 그에게는 용납되지 않았다. 이러다 보니 설능장군이 비록 해적의 두목이었지만 섬사람들에게는 의적이었고 섬을 지켜주는 수호신과 같은 존재로 추앙받았다.

그러나 조정에서는 이상한 소문을 듣게 되었다. 반은 사람이고 반은 물고기인 해괴망측한 반인 반어가 남해안을 휩쓸고 다니면서 가는 배 오는 배를 괴롭힌다는 소문이었다. 어부들은 이것이 무서워 고기잡이를 못 하고 굶고 있다는 것이었다.

소문을 들은 조정에서는 즉각 이 괴물을 체포하라는 명령이 내려졌다. 졸개들이 풀려 욕지도 일대를 뒤졌지만 그렇게 쉽게 잡힐 설능장군이 아니었다. 원정군까지 투입됐지만 쉽게 잡히지 않았을 뿐 아니라 오히려 설능장군은 관아를 역습하여 판관 부인을 빼앗아서 국도에다 숨겨 두고 아내로 삼아 자식까지 두었다.

그러나 부인은 틈만 있으면 탈출할 기회를 노렸다. 그러다 설능장군이 잠든 틈을 타 아이를 통나무 속에 넣어 육지로 띄워 보내고 관군에게 연락하여 그를 생포하게 했다. 설능장군은 한 번 잠이 들면 며칠을 계속 잤기 때문에 부인이 기회를 노렸던 것이다. 결국 설능장군은 운이 다 되어 잡히게 되었고 극형에 처하게 되었다.

이곳 섬사람들은 비록 해적이었지만 그의 죽음을 안타깝게 생각했다. 그가 죽은 뒤 왜구들의 노략질이 극심했기 때문이었다. 그래서 섬사람들은 그의 비를 세우고 제각을 지어 제사를 지내며 그의 영혼이나마 왜구를 무찔러 달라고 빌었다고 한다.

　지금도 이곳 섬사람들은 좋은 고기를 잡으면 장군의 제각 뒤 정자나무에 걸어둔다고 한다. 그러면 얼마 뒤 뼈만 앙상하게 남는다고 한다. 또한 장군의 제사를 잘 지내면 섬의 안녕과 풍어가 든다고 전한다. 결국 설능장군은 수우도의 수호신이 되어 이십 년 전까지만 하더라도 매년 제를 지냈지만, 지금은 삼 년마다 음력 10월 15일에 스님을 제주로 하여 제를 지낸다고 한다.

사천 소풀섬 전설

• 딸 • 꿈 • 유배

경남 사천시 서포면 비토리 산 49번지 소풀섬.

남해안 고속도로 곤양IC(남해고속도로 19번 교차로)에서 서포면으로 가는 국도를 타고 20분쯤 내려가면 남해군 설천면과 마주 보는 곳에 비토섬이 있고 비토섬 앞 바다에 슬픈 전설이 어린 조그만 소풀섬이 있다.

430여 년 전 남해군 설천면에 황씨 성을 가진 부자가 살고 있었다. 황 씨는 남해에서 제일가는 부자이긴 했지만 나이 50이 넘도록 슬하에 자식이 없어 밤낮없이 걱정이었다. 이 걱정 탓이었는지 어느 날 꿈에 남해금산의 보광사 스님 한 분이 나타나 '남해금산의 주봉으로부터 서북쪽에 제단을 차리고 100일 기도를 하면 자식을 얻을 수 있을 것이다.'라고 현몽을 했다.

꿈을 깬 다음 날 부인에게 이런 사실을 말하고 100일 기도를 드리게 했다. 과연 100일 기도를 한 지 일 년 만에 고운 딸아이를 얻었다. 아들이 아니라 서운했지만, 다음에는 아들을 얻을 수 있으리라 생각하고 딸아이 이름을 아들 이름과 같이 소불[26]이라 지었다. 그래서 그의 딸 이름은 '황소불'이 되었다.

황소불은 이름처럼 씩씩한 사내아이와 같이 잘 자랐지만 황부자 집은 아무리 노력해도 더 이상 자식이 없어 황소불은 황부자 집의 외동딸로 귀하게 자라났다.

황소불이 17세가 되는 해의 봄이었다. 평소 자기에게 너무도

---

[26] 작은 수송아지

친절하고 잘해주는 큰 머슴과 눈이 맞아 아이를 갖게 되었다. 이 사실을 알게 된 황부자는 망연자실했다. 남부끄러운 일이라 어디다 말도 못 하고 그렇다고 양반집 체면에 집안에서 아이를 낳게 할 수도 없는 처지였다. 황부자는 결국 생각한 것이 결혼도 하지 않고 아이를 낳는다는 것은 짐승만도 못한 행동이라 생각하고 딸에게 짐승과 같은 생활을 할 수밖에 없도록 혈거야처[27]의 벌을 주기로 하고 주위의 적당한 곳을 찾았다.

  샘물과 동굴이 있고 사람이 살지 않는 섬을 찾은 것이 소풀섬이었다. 황부자는 결국 황소불을 소풀섬으로 쫓아 내었다. 어머니는 딸이 너무 불쌍하고 애처로워 아무도 모르게 곡식과 베틀 그리고 부추를 함께 보내어 딸이 살아갈 수 있도록 도와주었다.

  황소불은 어머니가 보내준 곡식으로 연명하고 부추(소풀)는 땅에 묻어 자라는 싹을 잘라 먹고 베틀은 동굴 속에 차려놓고 베를 짜며 적적함을 달랬다.

  이렇게 세월이 흘러 뱃속에 든 아이가 태어났다. 건강한 사내아이였다. 황소불은 친정집 부모님이 그렇게 애타게 기다리던 사내아이인지라 자신보다 큰 소가 되라는 뜻으로 '황소'라고 짓고 아비의 성씨를 붙여 '윤황소'라 불렀다.

  딸이 출산했다는 소식을 들은 어머니는 딸이 걱정되어 잠을 이루지 못했다. 참다못한 어머니는 모든 사람들이 잠들은 조용한 밤에 소풀섬이 마주 보이는 바닷가에 나와 딸과 아직 맞나보지 못한 외손자가 살고 있는 소풀섬을 바라보고 딸의 이름을 불렀다.

  "소불아! 소불아!"

  고요한 밤이라 이 소리가 들렸는지 목메인 황소불의 대답소리가

---

27 흙이나 바위의 굴속에서 삶

들려왔다.

"예! 어머니! 어머니!"

이렇게 어미와 딸이 바다를 사이에 두고 눈물로 한밤을 지새울 때가 한두 번이 아니었다. 이렇게 애끓게 부르는 어머니의 소리를 들은 사람들은 그 부르는 소리가 "소풀아! 소풀아!"로 듣게 되어 처음에는 소풀이가 사는 섬이라는 뜻에서 섬의 이름을 소풀섬이라 했다고 한다.

훗날 사람들은 소풀섬은 황소불의 아들 윤황소가 먹고 자란 풀(부추)이 많은 곳, 즉 황소에게 먹인 풀이 많은 곳이란 뜻에서 '황소풀섬'이라 했으나 이를 줄여 '소풀섬'이라 불렀다고 한다. 이 소풀섬에는 오래전부터 사람들이 살아온 흔적이 있고 이곳 사람들이 소풀이라 부르고 있는 부추가 지천으로 자생하고 있다.

거제 시방과 이수도의 전설

· 어부 · 도사 · 경쟁 · 비석

경남 거제시 고현 장승포 하청 장목길.

장목에서 해변을 따라 대금산 자락을 돌아가면 대금산이 부산을 향해 달려 내려가다가 우뚝 멈추어 섬을 만든 곳이 있다. 여기가 이무섬이라 불렸던 이수도. 이수도에서 300여 미터 떨어진 바닷가 언덕배기에 이수도를 마주 보고 옹기종기 모여 사는 마을이 시방(矢方)마을이다. 이 두 마을에는 서로 마주 보고 서 있는 비석이 있다.

조선조 말엽, 그때 이수도 주위의 바다는 황금어장으로 대구, 갈치, 청어, 멸치 등 안 잡히는 고기가 없을 정도로 많은 고기가 잡혔다. 그러나 어찌 된 일인지 여건상으로 보면 섬마을인 이수도가 건넛마을 시방보다 고기도 많이 잡고 잘 살아야 하는데 그렇지 못했다. 게다가 변변한 인물도 나지 않았다. 이러다 보니 이수도 사람들은 자연 시방 사람들을 시기하고 경계하였고 어떻게 하든지 시방 사람들보다 잘살아 보겠다고 갖은 노력을 다했지만, 결과는 시원찮았다.

그러던 차 마침 금강산에서 도를 통했다는 도사 한 분이 이 마을에 왔다. 이 도사에게 마을 사람들이 못사는 이유를 물었더니 혀를 끌끌 차면서 이렇게 말했다.

"이수도는 학이 알을 품고 있는 형국으로 명지이긴 합니다. 하지만 건넛마을 시방이 활같이 생겨 이곳을 겨누고 있기 때문에 이수도의 학이 맥을 못 쓰고 있습니다."

이 말을 들은 마을 사람들이 좋은 비법을 알려달라고 애원하였다. 그러자 도사는 이렇게 말했다.

"천기를 누설해서는 안 되지만 그냥 두면 이수도가 망하고 말겠기에 말씀을 드립니다. 사방에서 날아오는 화살을 막을 수 있는 방패 비석을 세우십시오."

이렇게 말을 하고 도사는 마을을 떠났다. 마을 사람들은 그 도사가 시키는 대로 뒷산에 비석을 세우고 거기에 방시순석(防矢盾石)이란 글을 새겼다.

그 비석을 세운 후로 이수도 마을은 번성하였지만, 반대로 시방마을은 점점 쇠퇴하기 시작했다. 시방마을이 쇠퇴하는 이유가 비석 때문이라는 사실을 알게 된 시방마을 사람들은 이수도의 비석을 부수어 버리려 했으나 이수도 사람들은 시방 사람들의 배를 이수도에 대지도 못하게 할 뿐만 아니라 지금까지 마시던 물까지 길어가지 못하게 철저히 막았다. 이러다 보니 두 마을은 원수지간이 되고 말았다.

시방 사람들은 더 이상 동네가 쇠퇴해 가는 것을 보고 있을 수가 없어 궁여지책으로 쇠로 된 화살로 이수도 비석을 쏘면 그까짓 돌비석은 문제가 안 될 것이라 생각하고 시방마을 뒤 길가에 방시만노석[28](放矢萬弩石)이라 새긴 비석을 세웠다. 이 방시만노석이 세워진 이후로 모든 흥업이 다시 시방 쪽으로 돌아오자 다시 이번엔 이수도 쪽에서 방시만노석을 깨부수기 위한 갖가지 방법을 동원했고, 시방 사람들은 밤에도 횃불을 켜놓고 비석을 지켰다. 시방 사람들이 이러자 이수도 사람들은 만노를 막아설 비석을 방시순석 위에 덧세웠으니 그 이름이 지금의 방시만노순석[29](防矢萬弩盾石)이다.

---

28 만개의 화살을 날리다
29 만개의 화살을 막을 방패

경남

거제 윤돌섬

· 어부 · 바위 · 부부 · 다리 · 비극

경남 거제시 일운면 구조라리 산 72번지 윤돌섬.

고현에서 장승포를 바라보면 망치고개란 고개가 있다. 이 고개를 넘어서면 산 아래 유명한 구조라 해수욕장이 눈에 들어온다. 이 해수욕장의 오른편 육지에서 500m 정도 이어진 곳에 상록수가 우거진 조그만 섬이 있다. 바로 이 섬이 윤돌섬이라고도 하고 효자섬이라고도 하는 섬이다. 면적은 11,207m²로 작은 섬이지만 한두 가구는 살 수 있는 밭과 물이 있다. 이 섬에는 밀물 때는 건너기가 어렵지만, 썰물 때는 발목만 적시면 건너갈 수 있는 얕은 목이 있다.

아주 먼 옛날 윤돌섬 맞은편 북병산 밑 양지마을에 늙은 어부 한 사람이 살고 있었다. 어부는 이웃 마을 해녀와 결혼하여 단란하게 잘 살았다. 어부는 바다에 나가 고기를 잡고 해녀는 전복과 미역 멍게를 따며 살았다. 그렇게 살던 어느 날씨 좋은 날 해녀는 좀 더 많은 해산물을 따기 위해 혼자 뗏목을 타고 암초가 많은 앞바다로 나갔다. 그날따라 전복과 소라가 많아 정신없이 따고 있는데 갑자기 거센 바람이 일며 사나운 파도가 치기 시작했다. 해녀는 급히 뒤웅박을 챙겨 배에 올라 죽어라 노를 저었지만, 파도는 점점 더 심해져 배가 앞으로 나아가지 않았다. 성난 파도와 사력을 다했지만 결국 해녀는 그만 지쳐 쓰러지고 말았다. 결국 배는 파도에 먼 바다로 떠밀려 나가 행방불명이 되었다.

육지에서 걱정이 되어 바닷가에 나와 이를 지켜보던 어부는 어떻게 해 볼 방법이 없어 발을 동동 구르며 목이 찢어지도록 아내를 소리쳐 불렀지만 아무 소용이 없었다.

  그 후 아내를 잃은 어부는 달이 밝은 밤이면 바닷가에 나와 아내를 부르며 달만 하염없이 쳐다보았기에 마을 사람들은 그를 망월이라고 불렀다.

  이 무렵 과부 노파 한 사람이 윤씨 성을 가진 아들 삼형제를 데리고 윤돌섬에 와서 살게 되었다. 늙은 어부와 이 과부 노파는 서로 외로운 처지를 위로하다 차츰 정이 들어 사랑하게 되었다. 그러나 과부 노파는 자식들 때문에 결혼은 하지 못하고 자식들과 남의 눈을 피해 밤으로만 살짝살짝 만났다. 그러나 만날 때마다 과부 노파는 자식들 때문에 늙은 어부를 윤돌섬으로 불러들이지는 못했다. 자신이 직접 저녁 물 때를 이용하여 늙은 어부집을 찾아가 사랑을 나누곤 했다.

  가을이 가고 겨울이 찾아오자 과부 노파는 신과 버선을 벗은 맨발로 차가운 바닷물을 건너기가 매우 고통스럽고 괴로웠다. 그러던 어느 날 달 밝은 밤에 과부 노파의 아들 윤 씨 삼형제가 버선을 벗어들고 차가운 바닷물을 건너 양지마을의 늙은 어부를 찾아가는 어머니의 모습을 보게 되었다. 윤 씨 삼형제는 이를 몹시 애처롭게 생각하고는 의논 끝에 어머니가 버선을 벗지 않고 양지마을을 갈 수 있게 징검다리를 놓았다.

  이를 알게 된 이곳 사람들은 이 섬을 효자섬이라 부르다가 윤 씨 삼형제가 살면서 돌다리를 놓았다고 해서 윤돌섬이라 부르게도 되었다고 한다.

고성 하일면 형제바위

· 형제 · 바위 · 꿈 · 효도 · 뱀

경남 고성군 하일면 용태리 가룡마을.
고성읍에서 사천으로 가는 국도로 9km쯤 가면 부포란 마을이 나온다. 여기서 좌회전하여 7km쯤 더 가면 바닷가에 굴 양식을 주로 하는 30여 가구가 모여 사는 한적한 어촌이 있다. 이 어촌의 선착장에서 서쪽 바닷가로 1km 정도 걸어가면 절벽이 나타나고 그 절벽 앞에 두 개의 바위가 솟아있다. 하나는 크고 하나는 개구리 모양의 작은 바위로 큰 바위는 절벽에서 좀 멀고 작은 바위는 가깝다. 이 바위들을 이곳 사람들은 형제바위라 부른다.

옛날 이 마을에 효심과 우애가 깊은 형제가 부모를 모시고 단란하게 살았다. 그런데 어느 날 갑자기 아버지가 원인 모를 병으로 자리에 눕게 되었다. 두 아들은 백방으로 약을 구하고 의원을 찾아 헤맸지만, 백약이 무효여서 어쩔 수 없이 임종의 날만 기다리게 되었다.
하루는 두 아들이 잠깐 같이 잠이 들었는데 똑같이 꿈속에 백발노인이 나타나 다음과 같은 말을 하였다.
"너희 형제는 전생에 원수로서 이승에서 같이 살 수 없어 너희 아버지가 그 죄를 대신하여 죽어가고 있으니 너희 형제 중 한 사람이 죽지 않으면 너희 아버지는 살아나지 못할 것이다."
똑같이 꿈에서 깨어난 두 형제는 말없이 서로 얼굴만 멍하니 바라보고 있다가 서로 자기가 죽을 것을 결심했다. 그들은 그믐날 밤을 기다려 각각 집을 몰래 빠져나와 마을 앞 바닷가 절벽 위에 올랐다.

"천지신명이시여! 제가 죽을 테니 아버님 병이 낫게 해주십시오."

그들은 이렇게 마음속으로 하늘에 빌면서 바다에 몸을 던졌다. 형은 자기가 죽음으로써 아버지와 착한 동생을 구한다고 생각했고 동생은 동생인 자기가 죽어 아버지를 구하는 동시에 형이 집안의 대를 이어야 한다고 생각해 바다에 몸을 던졌던 것이다. 캄캄한 그믐밤이다 보니 서로가 서로를 발견하지 못한 채 이렇게 두 형제가 죽고 말았다.

그 후 아버지의 병환은 씻은 듯이 나았지만, 두 아들을 잃은 부모는 매일 같이 바닷가에 나와 두 아들을 부르며 울부짖었다. 그러던 어느 날 갑자기 형제가 뛰어내린 절벽 앞 바다 위에 바위 두 개가 솟아올랐다. 부모들은 이 바위를 보면서 자식들을 본 것같이 위안을 받았고 또 이 바위에 자식들의 명복을 빌면서 일생을 마쳤다고 한다.

그 후 이곳 사람들은 아버지와 형제간의 우애를 위해 죽은 두 형제의 혼이 바위가 되었다 하여 이 바위를 형제바위라 부르게 되었으며, 큰 것은 형님바위로 절벽에서 멀리 뛰어내렸기 때문에 좀 멀리 있고 작은 것은 동생바위로 형님보다 아무래도 가깝게 뛰어내렸기 때문에 가까이 있다고 한다. 또한 이 마을은 이때부터 형제간의 우애가 다른 어떤 지역보다 두터워졌다고 한다.

다른 전설로는 가룡마을 뒷산에 살던 큰 뱀이 용이 되어 바다로 들어가기 위하여 마을 바닷가 절벽 위를 지날 때 이곳에 있던 형제가 놀라서 바다에 떨어져 죽어 바위가 되었다는 전설도 있다.

남해 엄마섬 애기섬

• 딸 • 어머니 • 섬 • 일본

경남 남해군 이동면 원천마을.
쪽빛 바다가 호수처럼 펼쳐져 있는 앵강만에 그림처럼 바다를 향해 앞서거니 뒤서거니 나란히 떠 있는 돌섬이 있다. 이곳 사람들은 앞에 있는 돌섬을 환영이라 하고 뒤에 있는 돌섬을 가무영이라 부르고 있지만 옛날에는 엄마섬 애기섬이라고 불렀다고 한다. 이 엄마섬 애기섬에는 슬픈 전설이 전해 내려오고 있다.

옛날 왜구들의 침입이 잦았던 원천마을에 젊고 예쁜 여자가 어린 딸을 데리고 혼자 살았다고 한다.
어느 날 왜구가 침입했다가 이 젊은 여자를 보고는 그 미모에 반하여 그만 납치를 하게 되었다. 이를 알아차린 어린 딸이 엄마를 놓치지 않으려고 치맛자락을 붙잡고 울며불며 따라오자 왜구는 그 어린 딸을 바다에 던져 버렸다. 이를 본 엄마가 애끓도록 통곡하고 몸부림을 치자 왜구는 결국 이 젊은 여자까지도 바다에 던져 버리고 도망을 쳤다. 어린 딸은 엄마를 향하여 허우적거렸고 엄마는 딸을 구하기 위해 헤엄쳐 갔지만 결국 둘 다 힘에 부쳐 죽고 말았다. 이들이 죽고 나자 그 자리에 섬이 생겨났는데 이 섬이 엄마섬과 애기섬이 된 것이라고 전한다.

오늘도 원천마을 앞 앵강만에는 딸자식을 보호하기 위하여 거친 파도를 온몸으로 막아주는 듯한 엄마섬이 앞에 서 있고, 엄마 치맛자락을 놓칠세라 부지런히 뒤를 따르는 듯한 애기섬이 애처롭게 뒤에 떠 있다.

남해 무민사 전설

• 일본 • 꿈 • 사당 • 장군

경남 남해군 미조면 미조리.

동으로는 남해를 멀리 내려다보고, 남으로는 부처님의 성불과 그 행차를 도왔다는 미조리를 내려다보고 있는 양지바른 배서진[30] 형국의 언덕 위 이물[31] 쪽에 고려 말의 명장 최영 장군의 신상 같은 화상을 모신 무민사라는 조그만 사당이 있다.

최영 장군은 왜구 체복사[32] 및 해사도통으로 부임하여 서남해안에 침입하는 왜구를 크게 무찔렀던 사람으로, 조선 성종 때에 이르러 장군의 충국 전공과 충의심을 현양하기 위해 이곳에 사당을 세웠다. 그 후 1954년에 이곳 주민들이 최영 장군 유족 보존회를 결성하고 이 사당을 다시 세우는 한편 1978년 이곳을 정화하였다고 한다. 이 사당에 특이한 것은 마치 신상처럼 보이는 최영 장군의 화상을 모시고 있다는 것이다.

어느 날 남해도 첨사가 꿈을 꾸었다. 늙은 장수 한 사람이 나타나 이렇게 명령하였다.

"최영 장군의 영정과 칼이 바닷가에 있으니 찾아서 잘 모셔 놓아라."

"네."

첨사는 대답을 하고는 잠에서 깨었다. 너무나 선명한 꿈이었다. 첨사는 즉시 수문장인 봉 장군을 불렀다.

---

30 배 모양의 성터
31 배의 앞부분
32 고려시대 지방에 보내던 임시 사행

"지금 즉시 바닷가로 나가 보아라."

"바닷가로 나가서 무엇을 하오리까?"

봉 장군은 첨사가 바닷가에 가서 뭣을 하라는지 몰라 물었다.

"뭔가 이상한 것이 있으면 즉시 가져오도록 하여라."

봉 장군은 첨사의 명을 받고 영문도 모른 채 바닷가에 나가서 이곳저곳을 두리번거리며 다니다가 어느 한 곳에서 떠다니는 이상한 나무 궤짝 하나를 발견하였다. 봉 장군은 이를 건져 첨사에게 갖다 바쳤다.

첨사가 봉 장군이 가져온 궤짝을 열어 보았더니 꿈속에서 늙은 장수가 말한 대로 최영 장군의 영정과 칼이 들어 있었다. 첨사는 이것을 정성 들여 짚으로 잘 싸서 모셔 놓았는데 어느 날 갑자기 이곳에 불이 나고 말았다. 첨사는 최영 장군의 영정이 걱정이 되어 발을 동동 구르고 있었는데 연기 속으로 장군의 영정이 휙 날아오르더니 불을 피하여 바람에 날리듯 지금의 사당이 있는 곳에 내려앉았다. 첨사는 영정이지만 그 영험에 놀라 내려앉은 자리에 가서 재배를 하고 주위를 살펴보니 명당인 것 같았다. 그래서 이곳에 사당을 짓고 영정과 칼을 모시게 되었다.

그 후부터 이곳이 영험이 있다 하여 사람들은 여기에 와서 제사를 지내게 되었는데, 아이를 못 낳는 부부가 여기에 와서 정성을 다하여 절을 하게 되면 아이를 낳게 된다고 하였고, 어부들은 고기잡이를 위하여 바다에 나갈 때 이곳에 와서 제를 지내고 나가면 풍어와 안전 항해를 할 수 있다고 하였다.

이 무민사와 같은 최영 장군의 사당은 남해안의 여러 곳에서 볼 수 있다. 남해의 남면 평산리에서도 있었고 통영 산양면 원항, 사량도 상도 진촌리, 부산시 감만동 등에도 있다. 국난을 타개한 충신임에도 억울한 죽음을 당했을 뿐 아니라, 당시 왜구의 침입이 잦아 한때는 공도가 되기도 했던 이곳에서 왜구를 물리친 최영 장군 같은 이는 충분히 추모의 대상이 되었음은 물론 이곳 주민의 수호신으로도 받들 만했으리라고 생각이 된다.

  최영 장군의 사당은 많으나 남해 무민사와 같은 전설이 있는 곳은 이곳이 유일하다고 한다.

남해 노도의 전설

· 유배 · 문학

경남 남해군 상주면 양아리 노도.

남해읍에서 19번 국도를 타고 미조 쪽으로 20분쯤 달리면 앵강고개에 올라서게 된다. 이 고개에서 남쪽을 내려다보면 짙푸른 바다가 긴 만을 이루며 파고든다. 여기가 앵강만이다. 이 만의 입구에 한 송이 푸른 연꽃처럼 떠 있는 섬이 노도다. 이 섬은 면적이 0.4km에 인구 40여 명의 작은 섬으로 옛날에는 삿갓처럼 생겼다 하여 삿갓섬이라고도 했지만, 지금은 참나무가 많아 노를 많이 만들었다 하여 노섬이라 불러오고 있다.

이 노섬은 서포 김만중의 유배지로 이곳에서 위대한 한글 소설인 구운몽과 사씨남정기 등을 집필한 문학의 고향이고 역사의 현장이기도 하다.

서포 김만중은 인조 15년(1637년) 생원 김익겸의 유복자로 태어났다. 자는 중숙, 호는 서포, 본은 광산이다. 그는 흔히 말하는 파란만장한 인생을 산 사람으로, 그의 아버지는 병자호란 때 남한산성으로 몽진했던 인조를 호송했다가 인조가 굴욕적으로 항복하자 자결했다. 당시 김익겸의 부인 윤 씨는 지아비를 여의고 강화도로 피난 가다가 배 안에서 김만중을 낳았다. 그래서 그의 아명을 선생(船生)이라고도 했다고 한다.

그는 어려서부터 효심이 지극하고 총명하여 현종 6년(1665년)에 장원급제하여 관직에 올라 암행어사와 동부승지, 공조판서 그리고 대사헌 대제학 자리에까지 오르기도 했지만, 당시 남인과 서인의 대립으로 당쟁이 심했던 때라 서인인 김만중은 두 차례나 유배 생활과

삭탈관직을 당하는 등 숱한 고초를 당하기도 했다. 그러다 숙종 15년(1689년) 중전인 인현왕후가 아들을 낳지 못하자 숙종은 장희빈 소생의 아들을 세자로 삼으려 하였다. 이에 서인인 송시열 등은 아직 중전이 젊으니 좀 더 두고 본 후에 세자로 책봉해도 늦지 않다고 반대하다가 장희빈을 지지하는 남인에게 패배하여 정권이 서인에서 남인으로 넘어가는 기사환국 정변에 휘말려 김만중은 남해의 고도와 노도에서 정치와 인생을 마감하는 유배 생활을 하게 된다.

그는 유배 생활을 하면서 소설을 좋아하는 어머니를 위하여 구운몽을, 당시 숙종이 장희빈에게 빠져 인현왕후를 폐위시킨 것을 빗대어 사씨남정기를 썼다. 뿐만 아니라 남해 향교에서 주자어류를 빌려 주자요어를 엮어 내었고, 윤부인행장, 서포만필 등을 저술하였다. 그러나 이 섬의 주민들은 이런 김만중 선생을 알 리가 없어 매일 먹고 놀고만 있다 하여 '노자묵고 할배'라 불렀다고 한다. 김만중은 유배 온 지 3년 만인 1692년, 쉰다섯의 나이에 이곳에서 생을 마감했다.

현재 노도에는 김만중 선생이 살았다는 집터와 아직도 물이 나고 있는 우물터, 그리고 묘소 터도 남아 있는데 묘소 터는 김만중 선생의 후손들이 유해를 고향으로 옮겨가기 전 약 5개월 동안 임시로 유언에 의해서 매장했던 곳으로 주민들은 이곳을 '노자니 묫등'이라고 부르는데, 통한의 죽음이기에 원혼이 서려서인지 그의 묫자리에는 지금도 나무나 풀이 자라지 않는다고 한다. 또한 노도의 건너편 백련마을에는 망노대란 곳이 있다. 이곳은 서포 김만중이 외출을 했다가 바람이 불고 파도가 높아 배가 노도를 갈 수 없을 때 멍하니 노도를 바라만 보고 있었다 하여 이곳 사람들이 망노대라 불렀다고 한다.

남해 창선 왕후박나무

· 나무 · 꿈 · 어부 · 부부 · 용왕

경남 남해군 창선면 단항리.

경남 삼천포항에서 창선으로 다리를 건너면 남해읍으로 가는 직선도로가 있고 왼손 편으로 창선면의 해안을 돌아 나가는 해안도로가 있다. 이 해안도로를 타고 4km 정도 가다 보면 도로 바로 아래쪽으로 바다가 시원스럽게 내려다보이는 밭 언덕에 천연기념물 제299호로 지정된 커다란 왕후박나무가 보호 철책 안에 고고히 서 있다. 나무의 높이는 9.5m 정도고 밑동의 둘레가 11m, 가지는 밑에서 11개로 갈라져 있다. 이 왕후박나무는 녹나뭇과에 속하는 후박나무의 변종으로 이곳 외에 진도와 홍도에서 자란다고 한다.

약 500여 년 전 이곳 마을에 늙은 어부 내외가 살았다. 부인은 집 뒤 비탈진 산에 채전[33]을 일구고 남편은 매일 같이 앞바다에 뗏목을 타고 나가 고기를 낚으며 생계를 이어 가고 있었다. 이들은 비록 가진 것은 없지만 몸만은 건강하여 단란하게 살았다. 그러나 이들에게는 불행하게도 자식이 없어 나이가 들어갈수록 외롭고 쓸쓸하였다. 그래서 양자라도 하나 두고자 하였지만 쉽지 않았다. 그러던 어느 날 밤 꿈에 용왕이 나타났다.

"나는 남해의 용왕이다. 그대가 외로워함으로 내가 그대에게 선물을 하나 줄 터이니 자식을 키우는 것과 같이 잘 키워라."

"선물이 뭣이옵니까?"

"나무이니라."

---

33 채소를 심어 가꾸는 밭

"용왕님 감사합니다. 자식같이 잘 키우겠습니다."

뒷날 새벽에 잠을 깨고 보니 꿈이 너무 선명했다. 그러나 아무리 생각해도 어떻게 나무를 주겠다는 것인지 또 왜 하필이면 나무를 주겠다는 것인지 알 수가 없었다. 그러나 용왕님이 하는 일이라 어떻게 물어보거나 알아볼 방법도 없었다.

남편은 어쩔 수 없이 고기를 들고 우물가로 가서 비늘을 치고 배를 갈랐다. 그런데 그 고기의 뱃속 창자에 이상한 씨앗이 쏟아져 나왔다. 분명 어떤 나무의 씨앗 같았다.

"여보, 이리 와 봐. 이상한 씨앗이 고기 배 속에서 나왔어."

아내는 부엌에서 생선국을 끓이기 위하여 불을 지피고 있다가 우물가로 나왔다. 남편이 고기의 배 속에서 꺼내 놓은 씨앗을 보았다. 생전 처음 보는 씨앗이었다.

"이건 분명 어제저녁 당신의 꿈 때문입니다. 이 씨앗을 양지바른 뜰 앞에 뿌리도록 합시다."

"그렇고 보니 그런 것 같네."

남편과 아내는 괭이와 호미를 들고나와 뜰 앞을 파고 씨앗을 뿌렸다.

씨앗을 뿌린 지 며칠이 되지 않아 떡잎이 커다란 나무가 솟아오르더니 쑥쑥 자라났다.

남편과 아내는 이 나무를 자식과 같이 생각하고 매일 같이 바라보면서 김도 매고 거름도 하면서 정성을 다하여 키웠다. 그러나 나무가 커가는 것에 비례하여 늙은 어부 내외는 자꾸 늙어 어느덧 죽고 말았다. 결국 이 나무만이 지금도 이렇게 청청히 남아있게 된 것이다.

마을 사람들은 이 나무가 이렇게 신성하게 생겨났다고 하여 매년 나무 앞에서 마을의 안녕과 풍어를 비는 제사를 지내고 있다. 임진왜란 때에는 이순신 장군이 왜병을 물리치고 이 나무 밑에서 점심을 먹고 잠시 휴식을 취했다고도 한다.

남해 고현 가청고개

• 이순신(충무공)　• 전쟁　• 애국

경남 남해군 고현면 오곡리 가청고개.

남해읍에서 남해대교 쪽으로 4km쯤 가다 고현면사무소 가기 직전 보이는 나지막한 고개가 가청고개이다. 이 이야기는 옛날에는 이곳을 오곡리 했는데 가청고개로 이름이 바뀐 데 대한 전설이다.

임진왜란이 일어나기 몇 해 전의 일이다. 일본의 도요토미 히데요시는 조선을 침략할 야심을 품고 염탐꾼을 잠입시켜 조선의 방방곡곡을 염탐하고 지도를 작성하게 했다. 이 소문은 안동 지방에 염탐꾼이 잠입했다는 소문과 함께 밀양지방까지 퍼져나갔다. 밀양에서 농사를 짓던 유 서방도 이 소문을 듣고는 걱정이 되었다.

그냥 있을 수 없다고 생각한 유 서방은 농사를 그만두고 염탐꾼이라고 생각하는 사람을 찾아가서 벙어리 흉내를 내며 길을 안내 하겠다는 시늉을 하며 접근하였다. 염탐꾼은 유 서방이 벙어리인 줄 알고 안심하고 길 안내를 맡겼다. 그날부터 유 서방은 벙어리 노릇을 해가며 염탐꾼의 동정을 살폈다.

염탐꾼과 유 서방은 며칠이 지나 남해 해안에 당도했다. 염탐꾼은 남해 해안을 두루 돌아다니며 지도를 자세히 그렸다. 지도가 다 된 어느 날 염탐꾼은 유 서방을 데리고 주막으로 들어갔다.

그날 밤 염탐꾼은 자기의 소임을 다한 듯 기분이 좋아 많은 술을 마시고는 곯아떨어졌다. 이를 기회로 유 서방은 염탐꾼이 그린 지도를 꺼내 들여다보았다. 육지와 바다 그리고 산과 강, 마을 등이 자세히 그려져 있었다.

"내가 이걸 본 이상 이대로 내버려 둘 순 없지. 거꾸로 그려

놓으면 나중에 큰 혼란을 가져오겠지."

　이렇게 혼자 중얼거리며 지도를 거꾸로 그려 놓았다. 다음날 소임을 마친 염탐꾼은 유 서방에게 그동안의 수고비로 제법 많은 돈을 주고는 헤어졌다.

　그로부터 몇 년 후 임진년, 왜적이 침범해 남해 해안에서 치열한 해상 싸움이 벌어졌다. 바다는 온통 왜적선으로 뒤집혔다. 선두에서 배를 지휘하던 왜장이 작전을 세우기 위하여 지도를 펴들었다.
　"음! 저쪽으로 뱃길이 있구나. 이순신의 전함이 가까이 오면 이쪽으로 빠져나간다."
　이렇게 말하고는 전 왜함에 이를 알렸다. 해상전은 더욱 치열해졌고, 선두의 왜함이 도망치기 시작했다. 왜장이 가진 지도에는 이락포에서 설천면 비란리 사이인 가청 고개가 파랗게 칠해져 육지가 바다로 그려져 있었다. 왜장은 그곳이 바다로 이어진 줄 알고 이락포에서 가청 고개 쪽으로 나가려 했다. 그러나 그곳은 육지로 막혀 있었고, 이미 때는 늦어 당황하지 않을 수 없었다.
　"뱃길이 막혔다. 지도가 틀렸다."
　왜선들은 꼼짝없이 갇히게 되었고, 이로 인하여 이순신 장군에게 대패하고 말았다. 한낱 농부인 유 서방의 지혜로 수많은 왜적선을 침몰시키고 대승을 거두게 되었던 것이다.
　그 후부터 남해군 고현면 오곡리를 유 서방이 지도에 파란 칠을 더했다고 해서 가청고개라 부른다고 한다.

남해 미조 뱀섬과 두꺼비섬

·불교 ·뱀 ·두꺼비 ·꿈 ·다툼

경남 남해군 미조면 미조리.

이름 그대로 부처님의 성불과 그 행차를 도와준 곳이라고 한다.

미륵세존을 도와주었기 때문에 이곳의 지명이 미조리[34]가 되었다고 한다. 그래서 지금도 이곳의 나이 많은 사람들은 재앙이 없는 곳이라고 믿고 있다.

그러나 옛날에는 이곳도 재앙이 많았다고 한다. 특히 가뭄이 심했는데, 반농반어[35]인 이곳은 가뭄이 들면 농작물만 아니라 해산물도 흉년이 들었다. 그럴 때는 망운산에 올라가 기우제를 지냈고, 그래도 비가 오지 않으면 백사장에 모여 불을 크게 피워 비가 오기를 빌었다. 그래도 비가 오지 않을 때는 자포자기하여 술을 마시고 네 탓 내 탓을 따지며 이웃과 시비를 벌여 자연 동네 인심은 흉흉해질 수밖에 없었다.

가뭄이 심했던 어느 해 동네 한 사람이 우연한 일로 산에 오르다 난데없이 두꺼비 울음소리를 들었다. 이런 가뭄에 먼지가 풀풀 나는 산에 두꺼비가 있으리라 생각도 할 수 없는 일이기에 그냥 지나치려고 했으나 또다시 울음소리가 들렸다. 이상하다고 생각하면서 울음소리가 나는 곳을 찾아가 봤다. 그곳은 평소에는 물기가 있는 곳이지만 가뭄이 심한 지금은 흙먼지만 날고 있는 곳이었다.

그런데 그곳에 큰 구렁이가 커다란 두꺼비를 칭칭 감고 있는 것이

---

34 미륵을 도운 마을
35 반은 농촌이고 반은 어촌인 지역

아니겠는가. 동네 사람은 이를 보고 큰 돌을 던져 구렁이를 쫓고 두꺼비를 살려 주었다.

그런데 집으로 돌아온 그날 밤 꿈을 꾸었는데 낮에 보았던 그 구렁이가 나타난 것이다.

"당신은 뭣 때문에 두꺼비를 살려주게 했소? 그 두꺼비는 나의 원수요. 내 새끼를 날름날름 다 잡아먹은 원수란 말이오. 그놈을 잡기 위하여 몇 달을 벼르며 왔소. 그놈은 항상 물기 있는 땅에 숨어있기 때문에 이렇게 가뭄이 들게 하여 그놈을 잡은 것이오. 그런데 당신 때문에 놓쳤단 말이오. 그놈은 지금 저 아래 바닷가로 내려갔소. 몸이 말라 바닷물이라도 몸을 적시지 않으면 살 수가 없으니까. 나는 그때 그놈을 또 덮칠 것이오. 만일 그때도 당신이 방해한다면 당신의 집안은 물론 이 동네에 몽땅 재앙이 들게 할 것이니 그렇게 아시오."

동네 사람은 놀라서 잠이 깼는데 아무리 꿈이었지만 섬뜩하였다. 다시는 잠이 오지 않았다. 그러다 새벽녘에야 잠시 잠이 들었는데 또 꿈을 꾸었다.

이번에는 낮에 본 두꺼비가 나타났다.

"정말 감사합니다. 오늘 낮의 은혜에 보답하기 위하여 온 힘을 다하여 이곳에 구름을 끌어모아 비를 오게 하고 있습니다. 비가 오면 나는 바다를 건너서 섬으로 몸을 피할 것입니다. 오늘 낮의 구렁이는 대대로 원수지간이어서 여기서는 같이 살 수가 없습니다. 저 구렁이가 우리 형제를 잡아먹고 우리는 또 저 구렁이의 자손을 잡아먹고, 서로 살기 위해서 어쩔 수 없었습니다. 그러나 이제 내가 이 섬을 떠나면 이 싸움은 끝날 것입니다. 그리되면 이 동네의 가뭄도, 그리고 동네 사람들 간의 싸움도 없어질 것입니다."

두꺼비는 이렇게 말하곤 홀연히 사라졌다. 꿈에서 깨어난 동네 사람은 참 이상한 꿈이라고 생각했다. 꿈에서 말한 것이 사실이라면 이렇게 가뭄이 온 것도 또 동네 사람들이 시비를 자주 하는 것도 모두 두꺼비와 구렁이의 싸움 때문이었단 말인가.

　동네 사람은 밤의 꿈 이야기를 부인에게 말 하고는 날이 밝기가 바쁘게 같이 바닷가로 나가 보았다. 과연 구름이 머리 위로 몰려들고 있었다. 금방이라도 비가 쏟아질 것 같았다. 그때 바다에 큰 두꺼비 한 마리가 헤엄쳐 가고 있는 것이 보였다. 그리고 그 뒤를 커다란 구렁이가 쫓고 있었다. 이 광경을 본 부인은 놀라서,

　"앗! 저게 뭐야? 구렁이와 두꺼비가 아닌가."

　하고 고함을 지르고 말았다.

　어찌 된 영문인지 이 소리가 확대되어 마을 뒷산이 쩌렁쩌렁 울리면서 앞바다에 퍼져나갔다. 그러자 쫓고 쫓기며 헤엄쳐 가던 구렁이와 두꺼비는 그 자리에 서버렸고 곧이어 굳어져 바위가 되어버렸다. 바위가 되는 순간 하늘에서는 비가 쏟아져 내렸다. 이때부터 미조리에는 큰 재앙이 없어졌다고 전해오고 있고 또 구렁이가 헤엄쳐 가다 굳어져 버린 곳을 뱀섬이라 부르고 두꺼비가 헤엄쳐 가다 굳어져 버린 곳을 두꺼비섬이라 부른다고 한다.

　지금도 이곳 주민들은 풍어나 풍년을 빌 때는 이 뱀섬과 두꺼비섬의 도움을 마음속으로 빈다고 한다.

제주

- Ⓐ 한경면 절부암
- Ⓑ 용궁올레와 칼선다리
- Ⓒ 조천 고냥 할망당
- Ⓓ 함덕 서물한집
- Ⓔ 김녕 서문하르방
- Ⓕ 서귀포 조롱이당
- Ⓖ 마라도 애기업개바위

한경면 절부암

・사랑 ・부부 ・어부 ・비극 ・열녀

제주 북제주군[36] 한경면 용수리.

선착장 바로 뒤편 큰 바위들이 포개져 언덕을 이루고 있고 그 사이사이로 고목이 된 사철나무들이 어우러져 한 폭의 그림 같이 아름다운 곳이 있다. 이곳에 마멸[37]되어 알아보기는 힘들지만, 제주도 기념물 제9호로 지정된 절부암이라 새겨진 바위가 있다.

조선왕조 말엽 이곳 용수리에 고씨 성을 가진 열여섯 살의 아리따운 처녀와 어부인 강사철이라는 총각이 서로 사랑하여 결혼을 하게 되었다.

그러나 남편인 강사철은 너무 가난하였기에 신혼의 달콤한 기분을 느낄 새도 없이 결혼 사흘 만에 바다에 나가지 않을 수 없었다.

부인의 염려를 뒤로하고 아침 일찍 바다에 나갔던 남편은 갑자기 불어 닥친 돌풍으로 그만 바다에 빠져 죽고 말았다.

결국 결혼한 지 사흘 만에 남편을 잃어버린 부인은 거의 미친 사람이 되어 매일같이 바닷가로 나가서 남편의 시체나마 찾게 해 달라고 하늘에 빌고 또 빌었으나 모두가 허사였다. 석 달 동안이나 미친 듯이 바닷가를 헤맸으나 남편의 시체는 끝내 찾지 못했다. 그러자 고 씨 부인은 어느 날 바닷가 큰 바위 옆에 있는 높은 나무에 목을 매어 죽고 말았다. 그런데 이상하게도 고 씨 부인이 죽은 이튿날 아침에 그토록 빌어도 나타나지 않던 남편의 시체가 고 씨 부인이 목매달아 죽은 나무 밑 바닷가에 떠올랐다.

---

36 현재 제주시와 통합
37 갈려 닳아서 얇아지거나 없어지다

이 괴이한 현상에 마을 사람들은 모두가 고 씨 부인이 열녀이기 때문에 용왕이 도왔다고 찬탄의 말을 아끼지 않았다.

이 소문은 동네 밖에까지 퍼져나가 마침 과거 공부를 하던 신제우라는 선비까지 알게 되었다. 신제우는 당시 이 소문을 듣고 자기가 만약 과거에 급제한다면 고 씨 부인의 열녀비를 세우겠다고 마음을 먹었다. 그러나 그때 그러고는 고 씨 부인의 일은 까맣게 잊어버렸다.

신제우는 충분히 공부했다고 생각하고는 자신만만하게 서울로 올라가 과거에 응했으나 예기치 않게 낙방하고 말았다.

낙방하고 고향으로 돌아오면서 우연히 주막에서 점쟁이를 만나 점을 보게 되었다. 이상하게도 점괘는 어떤 여인이 늘 뒤를 따라다녀서 이번에 낙방했지만, 이 여인을 잘 모셔 주면 장원급제하리라는 것이었다.

신제우는 곰곰이 생각하다가 고 씨 부인을 기억해 냈다. 제주도로 돌아온 즉시 고 씨 부인의 묘소를 찾아 참배하고는 다시 열녀비를 세우겠다고 마음으로 다짐했다.

그 뒤 해 과연 신제우는 과거에 급제하였다. 왕으로부터 제주목 대정 현감의 직책을 제수받고 제주도로 금의환향하였다.

신제우는 부임하는 즉시 고 씨 부인이 목매달아 죽은 나무 옆 큰 바위에 절부암이란 글을 새겨 고 씨 부인의 절개를 만 대에 기리게 했고 두 부부의 시신을 당산봉 서쪽 비탈에 합장시키고 돈 백 냥을 내어 이곳 주민들이 고 씨 부이이 자결한 날이 3월 15일에 제사를 지내게 했다고 한다. 이때부터 이곳을 절부암이라 부른다고 전한다.

또 한 전설에 의하면 강사철은 어부가 아니라 대나무로 바구니를 엮는 사람으로 자귀도에 대나무를 베러 가다가 바다에 빠져 죽어서 일어난 일이라고도 전한다.

용궁올레와 칼선다리

· 시댁 · 며느리 · 해녀 · 용궁

제주 남제주군[38] 성산읍 신풍리 하동.

성산포에서 서귀포로 가는 해안 도로를 30분쯤 가다 해안으로 내려가면 짙푸른 바다와 몇 채의 양어장 건물이 있고 그곳에서 다시 해안 쪽으로 1km를 걸어 나가면 해안경비 초소가 있다. 이곳에서 200m 정도 거리의 바닷가에 용궁으로 들어가는 대문이라고 하는 용궁올레가 있다고 하며, 그 위 육지에는 용궁에서 세상 사람들이 들어오지 못하도록 막아 놓았다고 하는 십여 미터 정도의 칼날같이 솟아 있는 칼선다리라는 바위가 있다.

옛날, 이 동네에 송씨 성을 가진 해녀가 아흔 살 먹은 시아버지와 여든 살 먹은 시어머니를 모시고 살았다. 이 해녀는 간도 크고 호흡도 길어 잠수를 잘했기 때문에 남들이 잘 가지 않는 깊은 바다나 물살이 센 곳을 찾아다녔다. 그랬기에 남보다 작업을 잘하여 부러움을 샀다.

이러한 송 씨 해녀는 어느 날, 지금의 용궁올레에 작업을 하러 갔다. 바닷속으로 들어가니 일직선으로 기다랗고 깊은 골짜기가 형성되어 있는데 다른 곳보다도 유난히 깊고 짙푸르렀다. 그곳을 자세히 살피니 유난히 큰 전복이 보이는 것이었다. 너무나 깊어 망설였지만, 전복이 아까워 내려가 빗창으로 찔러 따려는 순간 정신이 아찔하더니 순간 햇빛이 환히 비치고 어디선가 강아지 짖는 소리가 들려왔다. 이건 분명 별천지라고 생각하고 있는데

---

38 현재 서귀포시와 통합

강아지 한 마리가 나타나더니 꼬리를 살래살래 흔들며 자기를 안내하는 것이었다. 송 씨 해녀는 이 강아지를 따라가다가 그만 눈이 휘둥그레지고 말았다.

휘황찬란한 옷을 입은 동남동녀들이 있는가 하면 생전 처음 보는 웅장한 집들이 그림같이 서 있었다. "세상에 이런 곳도 있는가"라며 넋을 잃고 있는데 공주처럼 아리따운 처녀가 다가와 어디서 왔느냐고 물었다.

송 씨 해녀가 자초지종을 말하자, 그 처녀는 여기는 남해 용궁으로 인간이 오지 못할 곳을 왔으니 빨리 왔던 곳으로 돌아가고 나갈 때는 절대 뒤를 돌아보지 말라는 것이었다.

처녀가 시키는 대로 다시 왔던 길로 나오던 송 씨 해녀는 이곳 세상이 너무나 아름답고 떠나기 아쉬워 그만 뒤를 돌아보고 말았다. 그러자 갑자기 앞이 캄캄해지더니 험상궂은 모습의 용궁 수문장이란 사람이 나타났다. 그러고는 감히 여기가 어딘데 어떻게 여기에 왔느냐고 당장 죽일 듯이 하였다.

그래서 송 씨 해녀는 아흔이 넘은 시아버지와 여든이 넘은 시어머니가 살아 계시는데 자기가 없으면 그분들을 부양할 사람이 없다고 울면서 사정하자, 수문장은 그제야 누그러지며 자기도 늙은 부모가 있어 그 딱한 사정을 이해하겠다고 하며 송 씨 해녀를 보내 주었다.

그때 자기를 이곳에 데려온 강아지가 다시 나타나 꼬리를 살래살래 흔들었다. 이 강아지를 따라 나가니 또다시 정신이 아찔하였다. 다시 정신을 차리고 보니 자신이 어느새 처음 들어왔던 바다에 떠 있는 것이었다

이 소문이 퍼지자, 이때부터 이곳을 용궁올레라 부르게 되었고 입구 쪽 바닷가에 칼날같이 서 있는 바위는 남해 용궁에서 사람들이 들어오지 못하게 하기 위하여 세워 놓은 다리로 칼선다리라 불렀다고 한다.

조천 고냥 할망당

• 뱀 • 지혜

제주 북제주군 조천면 조천리 하동 2730번지.

박전홍 씨와 부석환 씨의 대문 앞 돌담 밑에 돌로 덮어둔, 큰 구렁이가 드나들 수 있을 정도의 조그만 구멍이 있다. 이 구멍이 고냥 할망신인 뱀 신을 모시고 있는 구멍이라고 한다.

옛날 이 마을에 장씨 성을 가진 사람이 육지를 오고 가는 화물선에 화장[39]으로 일하고 있었다. 장 씨는 남달리 부지런했을 뿐 아니라 이재에 눈이 밝았다. 봉급을 받으면 그 돈으로 육지에서 옷감을 싸게 사서 제주에 와서 비싸게 팔곤 하였다.

한 번은 육지에서 사 온 옷감을 가지고 이곳저곳으로 팔러 다니다 안덕면 대평리에 들렸다. 마침 물동이를 지고 물을 길러 가는 아주머니를 만났다.

"아주머니! 이 옷감 어떻습니까? 싸게 줄 테니 사십시오."

"옷감은 욕심이 나는데 돈이 없습니다."

"그렇다면 바꿀 물건도 없습니까?"

이 말에 아주머니는 뭔가 생각을 하더니 물었다.

"집에 우황[40]이 있을 텐데, 그것도 될는지 모르겠네?"

"되고말고요."

아주머니는 집으로 들어가더니 장롱 서랍에서 우황을 꺼내 놓았다. 장 씨는 옷감 두 필을 대신 주고는 그 우황을 가지고 육지로 떠났다.

---

39 배에서 밥을 짓는 일을 맡은 사람
40 소의 담낭·담관에 염증으로 생긴 결석을 건조시켜 만든 약재

그때 마침 서울 고관의 외아들이 사경을 헤매고 있었는데 별 약을 다 써도 낫지를 않았다. 고관은 이리저리 알아볼 대로 다 알아보다가 마지막으로 문점을 해 보았더니 우황을 먹이면 병을 낳을 수 있다고 하여 수소문해 본 결과 그 우황은 지금 포구에 와 있는 장 씨가 가지고 있다는 것이었다.

고관은 즉시 사람을 보내어 장 씨를 찾아 알아보았더니 과연 우황을 갖고 있었다. 즉시 이를 불러들여 가지고 있던 우황을 사경을 헤매고 있던 외아들에게 먹이게 하였더니 놀랍게도 외아들의 병이 깨끗이 나았다.

고관은 너무나 기뻐 장 씨를 불러 치하하였다.

"네가 너무 고마워 벼슬을 하나 줄 테니 어떤 벼슬을 원하느냐?"

"저는 무식하니까 이대로가 더 좋습니다만 정 벼슬을 주시겠다면 동지 벼슬이면 족하겠습니다."

"그래, 그야 어렵지 않다. 그 외 다른 것을 원하는 것은 없느냐?"

"예, 있기는 있습니다만…."

"그래, 말해보아라."

"지금 제주도에는 극심한 흉년이 들어 굶어 죽는 백성들이 많습니다. 구휼미나 좀 주시면 더 바랄 것이 없겠습니다."

고관은 즉시 장 씨에게 동지란 벼슬을 주고 화물선 아홉 척에 쌀을 가득 실어 주었다.

장동지는 부푼 마음으로 쌀을 실은 배를 타고 제주도로 향하였다. 제주 바다 물마루에 이르렀을 때였다. 장동지가 타고 있던 배의 선원 한 사람이 갑자기 고함을 질렀다.

"배에 물이 들어오고 있다."

전 선원들이 뛰어나왔다. 배의 밑바닥에 구멍이 생겨 바닷물이 펑펑 쏟아져 들어오고 있었다. 이대로 가면 얼마 안 가 배가 침몰할 것 같았다.

장동지와 뱃사람들이 전부 죽을힘을 다하여 물을 퍼냈지만 더 이상 감당하기가 어려웠다. 장동지는 모든 것을 운명에 맡기고 하느님과 용왕님께 살려 달라고 기도를 드렸다.
"하느님, 용왕님! 살려 주십시오. 우리 제주 사람들이 다 죽습니다."
그러자 갑자기 커다란 뱀이 배 밑바닥의 뚫린 구멍으로 들어와서는 그 구멍 위에 똬리를 틀고 앉는 것이었다. 그러자 배 안으로 치솟던 바닷물은 멈추었고 배는 무사히 조천 포구로 들어오게 되었다.
포구에 배를 댄 장동지는 안도의 한숨을 깊이 쉬고는 이 뱀은 필시 용왕이 보낸 사자일 것으로 생각하고는 급히 집으로 달려가 세수를 하고, 옷을 갈아입은 후 부인과 함께 포구로 갔다. 그리고는 배에 발판을 얹어 놓고 무릎을 꿇고 앉아 뱀에게 정중히 절을 하였다.
"덕분에 이제 무사히 도착했으니 내리십시오."
그제야 뱀은 스르르 똬리를 풀고는 배에서 발판을 타고 내려 지금의 고냥할망신을 모신 구멍으로 사라졌다고 한다. 이때부터 이곳에 고냥할망신을 모셨다고 한다.

지금도 이곳에는 해녀들과 화물선 선주들이 수시로 찾아와 제를 올리고 간다고 전한다.

함덕 서물한집

•어부 •돌 •꿈 •용왕

제주 북제주군 조천읍 함덕리 3146번지.
해녀 탈의장이 있는 해변의 바로 위쪽에 5평 정도의 이끼 낀 돌담 속에 조그만 신당이 자리하고 있다. 이 신당을 이곳 사람들은 '서물한집'이라고 하는데 서물은 음력 초하루와 스무엿새 날의 물때를 두고 하는 말이고 한집은 당신[41]을 일컫는 말이라 한다.

옛날 이 함덕리 마을에 농번기에는 농사를 짓다가 농한기가 되면 바다에 나가 고기를 낚으며 살아가던 어질고 착한 김씨 성을 가진 영감이 있었다.

이 영감이 어느 해 삼월 스무엿새 날 뗏목을 타고 앞바다에 고기를 낚으러 나갔다. 그런데 이날은 다른 때보다도 날씨도 좋은데 어찌 된 일인지 고기는 한 마리도 낚이지 않고 미륵 같은 이상한 돌만 낚시에 걸려 올라왔다. 재수 없다고 물에 던져 버려도 또 걸려 올라왔다. 이상한 일이라고 생각하고는 자리를 몇 번이나 옮겨가며 낚시를 했다. 그래도 역시 같은 현상이 나타나는 것이었다.

김 영감은 그만 짜증도 나고 고기도 잡히지 않아 홧김에 배 바닥에 드러누워 낮잠을 한숨 자는데 난데없이 꿈에 웬 여자가 나타나더니,

"미륵돌인 나는 용왕 황제국의 무남독녀의 외동딸이다. 네가 나를 모셔다가 매달 초사흘, 또는 열사흘이나 스무사흘 중 어떤 날이라도 좋으니 나에게 봉제[42]를 해 주면 너희 집과 자손들에게 벼슬길이

---
41 마을신의 집
42 신을 모시는 제사

열리고 농사나 어업이 잘될 것이다."
 이렇게 말을 하고는 사라졌다.
 김 영감은 퍼뜩 잠을 깨었다. 이상한 일이었다. 배 바닥에 뒹굴고 있는 미륵돌을 내려다봤다. 이 돌이 용왕 황제국의 외동딸이란 말인가. 김 영감은 믿기지 않았으나 꿈이 너무나 선명하여 낚시를 포기하고 집으로 돌아왔다. 부인은 빈 바구니만 들고 허적허적 걸어 들어오는 김 영감을 보고는 어쩐 일이냐고 물었다.
 김 영감은 바다에 있었던 미륵돌 이야기를 하지 않을 수 없었다. 이야기를 들은 부인은 깜짝 놀라며,
 "아니 그 미륵 님을 배에 놔두고 오시다니요. 어서 미륵 님을 모실 자리나 봐 두십시오."라고 말을 하고는 방으로 들어가 새 옷을 곱게 차려입고 김 영감을 재촉하여 포구에 세워 둔 배로 올라갔다. 배에 올라간 부인은 세 번 절을 하고 미륵돌을 지금의 당짐으로 고이 모셨다. 그리고 매달 사흘이 되는 날이 오면 이곳에 와서 제를 올렸다.
 그 후로 김 영감은 바다에 나가면 고기가 만선이고 밭에 나가면 농작물이 풍년이었다. 또한 자손들도 번성하였다.
 이런 소문이 한양 조정에까지 들어가자 상시관에서 김 영감을 불러 첨지 벼슬까지 주게 되었다.
 동네 사람들도 이 소문을 듣고는 너도나도 이곳에 와서 자신들의 안녕과 풍어 풍년을 빌기도 했는데 진정 효험이 있어 동네 사람들로부터 봉제 받는 당신으로 모셔지게 되었다고 전한다.

 지금도 이 당신 앞에는 제를 올리는 음식물이 끊일 날이 없으며 특히 해녀들은 영동할매 내릴 때는 찾아오지 않은 이가 없다고 한다.

김녕 서문하르방

•돌 •어부 •저주 •제사

제주 북제주군 구좌읍 김녕리.

성산포로 가는 국도를 따라가다 김녕리로 들어가는 삼거리에서 바다 쪽으로 100여 미터를 내려가면 밭의 한가운데 50여 평의 부지에 담을 쌓고 그 안에 1m 남짓한, 앉은 사람 모양의 까만 돌을 모셔 놓은 곳이 있다. 이곳 사람들은 이 돌을 서문하르방이라고 부르며 극진히 모시고 있다.

옛날 이 마을에 바다에서 낚시로 고기를 잡아 생계를 이어 가던 윤 씨 성을 가진 착실한 어부 영감이 살았다.

어느 날, 그날도 여느 날과 같이 긴 낚싯줄을 감아 들고 뗏목을 저어 먼 바다로 낚시를 나갔다. 그런데 이상하게도 늘 낚시를 하던 곳에 낚싯줄을 내렸는데도 고기는 한 마리도 낚이지 않고 눈도 코도 없는 괴이한 까만 돌들만 자꾸 걸려 올라왔다. 자리를 옮겨 보았다. 그래도 역시 고기는 낚이지 않고 까만 돌들만 낚시에 걸려 올라왔다.

"이상한 일이네. 평생 낚시를 했지만 이렇게 괴상한 돌만 낚아 보기는 처음이네."

이렇게 혼잣소리를 하고는 낚싯줄을 걷었다.

결국 윤 영감은 고기는 한 마리도 잡지 못하고 까만 돌들만 배에 실은 채 부두로 돌아왔다. 부두에서 윤 영감은 배에 실려 있는 까만 돌들을 재수 없는 돌이라고 생각하고는 바닷물에 전부 넌져 버리고 집으로 돌아갔다.

그런데 바로 그날 저녁부터 집안에 우환이 생기기 시작했다. 밖에서 잘 놀던 애들이 갑자기 아파 드러눕는가 하면 지금까지 아무 탈 없이 잘되던 일들이 뒤틀리기도 하고 별것도 아닌 일에 이웃으로부터 욕을 얻어먹기도 했다.

윤 영감은 이런 일들이 아무리 생각해도 우연히 일어나는 일 같지 않았다. 그래서 점을 잘 친다는 사람을 찾아가서 문점을 해 보았다.

점치는 사람은 이리저리 점괘를 두 번 세 번 빼 보고는 고개를 갸웃거렸다.

"뭐, 이상한 일이라도 있습니까?"

"혹시 이상스러운 괴석을 주었던 일이 없습니까?"

윤 영감이 가만히 기억을 더듬어 보니 엊그제 바다에서 낚시에 걸려 온 까만 돌이 생각났다. 그래서 낚시에 걸려 올라온 까만 돌 이야기를 했더니 무릎을 치며 바로 그 돌이 당신네 집안에서 모셔야 할 조상이라는 것이었다. 그 돌을 잘 모셔야 당신네 집안에 우환이 없어지고 편안하며 집안이 잘될 것이라고 일러주었다.

윤 영감은 그 길로 부두로 내려가 재수 없다고 바다에 던져 버렸던 돌을 건져 내어 지금 돌을 모셔 놓은 곳에 담을 쌓고 정성 들여 모시고 제사를 지냈다. 그랬더니 그 이후로 윤 영감은 바다에 나가기만 하면 많은 고기를 잡았고 집안도 편안하였다. 마을에도 큰 변고가 없이 평화로웠다. 이 소문을 들은 마을 사람들이나 이웃 마을 사람들이 이곳을 찾아와 풍어와 어로작업의 안전을 비는 제사를 지냈다고 한다. 또한 자식이 없어 고민하는 부인네들은 이곳에 와서 빌기만 하면 자식을 얻을 수 있다고 하여 이 돌을 기자석이라고도 했다고 한다.

지금은 이 까만 돌을 서문하르방이라 부르며 있으며 이곳 윤씨 집안에서는 아직도 잘 모시고 있다. 어업을 하는 사람들은 지금도 이곳을 찾아와 풍어와 어로작업의 안전을 비는 제사를 지내고 있다고 한다. 이 서문하르방을 바다에서 처음 건져 올렸던 윤 영감의 묘소도 이 서문하르방에서 200여 미터의 거리에 있다.

서귀포 조롱이당

•어부 •형제 •섬 •귀신

　제주 서귀포시 서귀동 보목리.
　파라다이스 호텔에 인접한 아름답고 한적한 어촌이다. 이 동네는 입구에 동네를 감싸고 돌아가는 하천이 있다. 이 하천을 따라 500여 미터를 올라가면 사철나무와 보리수 숲이 우거진 언덕 밑에 노인신을 모신 조롱이당 또는 조노궤라는 당이 있다.

　옛날 이 마을이 제대로 형성되기 전 고기잡이로 생계를 이어가던 일곱 형제가 있었다. 어느 날 이 일곱 형제는 같이 배를 타고 먼 바다에 고기를 잡으러 나갔다. 한참 고기를 잡고 있었는데 갑자기 짙은 안개가 끼면서 바다가 일렁이기 시작했다. 더 이상의 고기잡이는 어렵다고 보고 집으로 돌아간다고 한참을 노를 저어 갔는데 도착한 곳은 엉뚱하게도 집이 아니라 난생처음 와본 섬이었다.
　이 섬은 제주도 멀리 떨어진 외눈백이섬이라는 곳이었지만, 이들 일곱 형제에게는 처음 와본 곳이었던 것이다. 모두 당황하였지만, 너무 피곤하고 시장하기에 일단 쉬었다 가기로 하고 인가를 찾았다. 그러나 인가는 쉽게 눈에 띄지 않았다.

　무인도일지도 모른다는 불안한 마음으로 이리저리 인가를 찾아 헤매나 사람의 발사국을 발견하고는 그 발자국을 따라가다 오후 늦게 겨우 초가집 한 채를 발견하고 찾아들었다. 초가에는 노파 한 사람이 있었다. 일곱 형제는 자기네들의 딱한 전후 사정을 이야기하고 하룻밤 유숙할 것을 간청하였다.

노파는 이들을 유심히 살펴본 뒤 이상한 미소를 흘리며 흔쾌히 승낙하고 이들을 뒷방으로 안내하였다.
　방으로 들어온 형제들은 너무나 피곤하여 모두 쓰러져 잠이 들었지만, 막내만은 어쩐지 잠이 오지 않았다. 얼마 후 노파가 요기나 하라면서 밥과 국을 들여왔는데 형제들은 시장했던 터라 자다가 일어나 눈을 비비며 허겁지겁 맛도 모르고 먹었지만, 막내는 아무래도 그 국에 들어있는 고기 맛이 이상하다고 느꼈다. 뿐만 아니라 노파의 미소도 그렇고, 꼭 집어 말할 수는 없지만 집안 분위기도 뭔가 모르게 자꾸만 신경을 건드렸다. 그래서 처음부터 피곤하면서도 잠이 오지 않았던 것 같았다.

　다른 형제들은 요기를 하자마자 전부 깊은 잠에 곯아떨어졌다. 그때 바깥에서 인기척이 났다. 이 집 할아버지인 듯 한 사람이 외출에서 돌아온 것 같았다.
　"영감 이제야 오시네요."
　"오늘은 재수가 없는 날이오. 사냥도 못 하고."
　"나는 오늘 집에 가만히 있으면서도 일곱 마리나 잡아 놓았소."
　"어디에 잡아 두었는데?"
　"뒷방에 가두어 두었소."
　막내는 노파와 할아버지의 말소리를 듣고는 정신이 아찔하였다. 저들은 분명 우리를 두고 하는 말이 아닌가. 그럼 저들은 사람을 사냥한다는 말인데 그렇다면 저들은 사람이 아니지 않는가!
　막내는 살며시 방문을 열어 보았다. 방문은 밖으로 굳게 잠겨 있었다. 이제 우리 형제들은 다 죽게 되었구나. 이렇게 생각하자 마음이 급했다.
　급히 형제들을 깨웠다. 영문을 모르는 형제들은 어리둥절하였지만, 노파와 할아버지의 대화를 이야기하고 빨리 이곳을 빠져나가지 않으면 잡혀 죽을지 모른다고 말했다. 모두 벌벌 떨었다. 그러나 막내는 침착했다.

"이미 방문은 잠겨 있어 방문으로 나가기는 틀렸으니 가지고 있는 연장으로 소리가 나지 않게 가만가만 벽을 깨고 구멍을 내어 속히 빠져나가도록 합시다."

밖에서는 할아버지가 도끼를 가는지 소리가 서걱서걱 들려 왔다.

벽에 겨우 한 사람이 빠져나갈 구멍이 생기자, 일곱 형제는 차례대로 도망쳐 나왔다. 그러나 배가 있는 곳으로 가야 하는데 어느 쪽으로 가야 할지 도무지 알 수가 없었다. 무작정 한참을 도망가다 보니 길가에 웬 백발노인이 앉아 있었다.

"노인 어른 말씀 좀 묻겠습니다."

노인은 말없이 일곱 형제를 물끄러미 쳐다보았다.

"우리는 제주도에서 고기잡이를 왔다가 풍랑과 안개를 만나 이 섬에 피해 왔는데 길을 잃고 말았습니다. 우리가 배를 묶어 놓았던 자리를 알 수가 없습니다."

그때 먼 곳에서 말발굽 소리가 났다. 필시 일곱 형제를 쫓는 그 할아버지일 것이라 생각을 했다. 사태가 급했다.

"노인 어른, 우리를 좀 도와주십시오. 우리는 쫓기고 있습니다."

노인은 우리들의 사정을 묻지도 않고 큰 바위를 굴러 일곱 형제를 숨겨 주었다. 곧이어 말을 탄 그 할아버지가 개를 데리고 나타났다.

"조금 전 일곱 사람의 젊은이를 보지 못했소?"

"보지 못했소이다."

할아버지는 이상하다는 듯 고개를 갸웃거리며 개와 같이 몇 번이나 주변을 찾다가 돌아갔다. 할아버지가 돌아가자 노인은 큰 바위를 다시 굴러 내어 일곱 형제를 나오도록 했다. 형제들은 고맙다는 인사를 하고 지금까지의 일들을 전부 이야기하였다.

노인은 이야기를 듣고 고개만 끄덕거리며 두말하지 않고 배가 있는 바닷가 길을 가르쳐 주었다. 그러고는 주의를 주었다.
 "배를 타면 절대 집에 갈 때까지 뒤를 돌아보거나 말을 해서는 아니 된다. 만약 이를 어기면 다시 배가 이 섬으로 되돌아오게 되니 명심하도록 하여라."
 "어르신 말씀 명심하겠습니다."
 형제들은 노인이 가르쳐 준 대로 길을 찾아 배를 타고 보목리 집으로 향하였다. 안개가 걷히면서 멀게만 생각했던 보목리 고향마을이 바로 눈앞에 나타났다. 그런데 그때 제일 큰 형이 그만 반가움에 말을 하고 말았다.
 "아이고, 이제야 살았구나."
 형의 말이 떨어지자마자 눈 깜짝할 사이에 배는 안개에 싸이더니 다시 그 섬 앞에 와 있었던 것이다.
 기가 막힌 형제들은 기억을 더듬어 다시 그 노인을 찾아갔다.
 그 노인은 그 자리에 그대로 있었다.
 "왜 말을 함부로 듣지 않느냐."
 노인은 이렇게 말을 하고는 일곱 형제를 보호하기 위해 직접 같이 배를 타고 보목리까지 왔다. 무사히 집에 도착한 일곱 형제는 이 노인이 신이라고 생각하고 당을 짓고 노인을 모셨는데 이 당 이름이 조롱이당이다. 그 뒤 이 노인은 지금 보목리를 지켜 주는 신이 되어 매년 동민들이 제를 지내고 있다.

마라도 애기업개바위

•아기 •딸 •꿈 •저주

제주 남제주군 대정읍 마라리 마라도.

면적은 0.3km²이며 인구는 30여 호에 80여 명으로 1883년부터 사람이 살기 시작했다. 섬 전체가 천연기념물 제423호로 2000년 7월 19일 지정되었으며 육지인 대정읍 모슬포항에서 약 11km 떨어져 있다.

이 섬에는 세계의 해도에 나타나는 등대가 있고 파도에 의한 해식동굴이 군데군데 형성되어 있다.

옛날, 마라도에 사람이 살지 않을 때 모슬포에 살고 있던 이 씨 부인이 샘에 물을 길어가다가 어린아이의 울음소리를 들었다. 이상하게 생각하고 울음소리가 나는 곳을 찾아가니 태어난 지 얼마 안 된 어린아이가 수풀 속에서 울고 있었다.

아이의 부모를 백방으로 찾아보았지만 찾을 길이 없었다. 어쩔 수 없이 이 씨 부인은 이 어린애를 딸처럼 기르게 되었다. 이 어린애를 기른 지 몇 년의 세월이 흐른 뒤 이 씨 부인에게도 태기가 있어 첫 아이를 낳게 되었다. 자연 딸처럼 기르던 아이는 아기를 봐주는 '애기업개'가 되었다.

그러던 어느 봄날 모슬포 잠수들이 망종을 기해 마라도에 물질을 하러 갈 때 애기업개도 따라나섰다.

당시 사람이 살지 않았던 마라도는 금단의 땅이었다. 섬 주변에는 각종 해조류와 고기가 많았지만, 그것을 잡으면 바다의 신이 노해서 거친 바람과 흉작 등으로 화를 입는다고 여겨 평소에는 마라도 출입을 금했던 것이다. 그러나 매년 봄, 망종으로부터 보름 동안은 마라도에 가는 것이 허용되었다.

　바다 날씨는 좋았다. 전복, 소라 등 많은 해산물을 잡았다. 그러다 보니 계획했던 날짜가 다 가게 되어 식량이 떨어지고 말았다.

　"이번 물질은 잘도 푸진 게, 이제 그만하고 오늘랑 돌아갑주."

　잠수들이 섬을 떠날 채비를 하자 갑자기 바람이 불고 잔잔했던 바다가 거칠어졌다.

　"잔잔해지면 가야되큰게."

　그런데 바다 날씨가 참으로 이상했다. 떠날 것을 포기하고 배를 묶어 놓으면 바다가 잔잔하고 다시 떠날 채비를 하면 언제 그랬냐는 듯이 다시 바다가 거칠어졌다.

　"틀림없이 바다 신이 노한 거라. 이제 살아 돌아가긴 틀린 것 같수다."

　물이고 양식이고 다 바닥이 나서 이제 더 이상 마라도에 있을 수가 없어 죽을 각오로 모슬포로 가야 한다고 작정한 날 아침, 가장 나이가 많은 잠수가 선주에게 지난밤 꿈 이야기를 조심스럽게 했다.

　"어젯밤 꿈에 엔 노인이 나타나 이르기를 애기업개 두고 가야지 데리고 가면 모두 물에 빠져 죽는다. 어멍도 아방도 없는 아이니 두고 가야쿠다."

　신기하게도 선주 역시 똑같은 꿈을 꾸었다고 했다. 일행들은 의논 끝에 애기업개를 마라도에 두고 가기로 결정했지만, 혹시나 하는 마음에서 애기업개가 배에 오르는 것을 그냥 보고 있었는데 역시 잔잔하던 바다가 다시 거칠어지기 시작하는 것이었다.

　선주는 어쩔 수 없이 애기업개를 두고 가기로 마음을 먹고 애기업개에게 심부름을 시켰다.

　"아이고, 얘야 아기 기저귀 널어놓은 것을 잊어버리고 안 걷어 왔구나. 얼른 가서 좀 걷어 오너라."

애기업개가 기저귀를 가지러 배를 내려가자 다시 바다는 잔잔해졌다. 그사이 배는 마라도를 떠나고 말았다. 뒤늦게 뱃머리로 나온 애기업개는 목이 터져라 울부짖었다.

"나도 데려가 줍서! 제발 데려가 줍서!"

선주와 잠수들은 마음이 약해질까 봐 뒤도 돌아보지 못하고 찢어질 듯이 아픈 가슴만 안고 모슬포로 돌아왔다. 그 뒤 3년 동안 사람들은 죄책감과 무서움에 마라도에 가지 못했다.

3년이 지난 후 마라도에 들어간 잠수들은 모슬포로 향한 바위 위에 죽은 애기업개의 옷과 뼈가 그대로 남아있는 것을 발견하고는 이를 거두어 그 자리에 곱게 묻어 장례를 치렀다. 이 이후 마라도에서 잠수들이 물질을 할 때는 꼭 이곳에 들려 고사를 지낸다고 한다.

 연평도

인천

- Ⓐ 강화도 보문사 전설
- Ⓑ 연평도 충민사

강화도 보문사 전설

・꿈 ・어부 ・돌 ・불상 ・동자승

인천 강화군 삼산면 매음리.

강화도 외포리 선착장에서 배를 타고 10여 분가면 석모도에 도착한다. 여기서 다시 해안도로를 따라 10여 분 차를 타고 가면 매음리가 나오고 이 매음리 뒷산인 석가산 기슭에 신라 27대 선덕여왕 4년(635년)년에 회정대사가 창건했다는 유명한 보문사가 있다. 이 보문사에는 천년 동굴을 이용하여 입구에 세 개의 무지개 모양을 한 홍예문을 만들고 동굴 안에 감실[43]을 설치하여 석가모니불을 비롯한 미륵보살과 나한상을 모셔 놓은 굴 법당이 있다. 이 굴 법당은 지방문화재 제57호로 석굴 면적이 320m^2, 높이는 8척이고, 내부에는 반월형 좌대를 마련하고 탱주를 설치하였으며 그 사이에는 23개 감실이 있다. 이 감실에 모셔진 나한님과 석불은 어부들이 바다에서 건져 올린 불상들이라고 전하여 온다.

강화도 보문사 아랫마을 매음리 어부들은 겨울 어한기를 지내고 봄 성어기를 맞아 부지런히 어망과 어선들을 손질하여 부푼 마음으로 첫 출어를 하였다.

바다는 호수같이 잔잔하여 작업하기에 안성맞춤이었다. 틀림없이 많은 고기가 잡힐 것이란 기대를 하면서 그물질을 하였다. 과연 그물은 묵직하게 끌렸다. 어부들은 신명이 나서 그물을 끌어 올렸다. 그러나 그물에 걸려 올라온 것은 펄떡펄떡 뛰는 고기가

---

43 성체를 보관하는 용기

아니라 22개나 되는 인형 같은 돌덩이였다. 어부들은 실망하여 이 돌덩이들을 바닷속에 쏟아 버리고는 다시 그물질을 했다. 그러나 이번에도 첫 번과 같이 인형 같은 돌덩이 22개만 그물에 싸여 올라왔다.

어부들은 이상한 생각이 들었다. 이는 필시 좋지 않은 징조라 생각하고 그물을 걷어 서둘러 집으로 돌아왔다. 집으로 돌아온 그날 밤 고씨란 성을 가진 어부의 꿈에 하얀 수염의 노스님이 나타났다.

"그대는 어찌하여 귀중한 것을 두 번씩이나 바다에 던졌느냐."

노스님은 크게 책망하였다. 그러고는 엄숙하게 말을 이었다.

"내일 다시 그물을 치면 그 돌덩이들이 또 올라 올 것이니, 그것을 명산에 잘 보관하라. 그러면 반드시 길한 일이 거듭될 것이니라."

이렇게 말을 하고는 홀연히 사라졌다.

이튿날 고 씨 어부는 이상이 생각하고는 꿈 이야기를 다른 어부들에게 하였다. 그런데 다른 어부들도 꼭 같은 꿈을 꾸었다는 것이다. 이들은 서로 예사롭지 않은 꿈이라고 판단하고 기대 반 우려 반으로 어제 그물 작업을 했던 장소로 가서 그물질을 했다. 예상대로 그물에는 어제와 같이 22개의 인형 같은 돌덩이가 올라왔다.

어부들은 노스님이 일러준 대로 그 돌들을 신령스러운 산에 봉안[44]하기 위해 정성껏 마을로 모셔 왔다.

이곳 마을에서는 보문사가 있는 낙산사를 가장 명산으로 알고 있기에 어부들은 돌을 가지고 낙산사로 올라갔다. 낙산사로 가는 도중 숨이 차 보문사 앞 석굴 부근에서 잠시 쉬었다. 얼마간 쉬고는 다시 일어서려는데 갑자기 돌이 무거워진 듯 꼼짝을 하지 않았다. 그래서 어부들은 여기가 바로 명당이라고 생각하고는 바로 옆

---

44 신주나 화상을 모심

석굴에 돌을 모시기로 하고 돌을 들자, 그제야 돌이 가뿐히 들렸다고 한다.

이렇게 해서 22개의 인형 돌덩이를 굴속에 봉안하니 이들이 바로 오늘까지 현존하는 보문사 굴법당 3 존과 18 나한, 그리고 나반존자이다. 그 후 이 돌덩이를 봉안한 어부들은 모두 부자가 되었다고 하며 또한 이 석굴법당은 많은 신통스런 영험이 있었다 하여 일명 신통굴이라고도 불린다.

어느 해 동짓날 보문사에서 팥죽을 쑤어 부처님께 공양을 드리려고 보니 아궁이에 불이 꺼져 있었다. 부싯돌도 찾을 수 없고 눈이 하도 많이 와서 마을에 내려가 불씨도 가져올 수 없는 딱한 처지에 놓여 있었다. 이때 보문사 아랫마을에 불상을 건진 후손 중의 한 사람인 고재원 씨 댁에 어린 동자 하나가 맨발로 들어서더니 보문사에서 왔다면서 불씨를 얻으러 왔다고 하였다.
  고 씨는 이 추운 날 맨발로 불씨를 얻으려고 여기까지 온 동자승이 너무나 불쌍하여 따뜻한 팥죽 한 그릇을 먹인 후 불씨를 주어 보냈다. 그리고 이 추운 날 어린 동자승을 맨발로 보낸 것에 대해 다음에 주지 스님을 만나면 한번 따끔하게 말을 해야 하겠다고 생각했다고 한다.
  고 씨 댁에서 동자승이 불씨를 얻어 가지고 간 후 과연 보문사 아궁이에서는 꺼졌던 장작불이 활활 타오르고 있었다. 영문을 모르는 스님들은 어리둥절했지만, 그 까닭은 나중에 알아보기로 하고 우선 팥죽을 쑤어 부처님께 공양하고 자기네들도 오랜만에 배불리 먹었다.
  며칠 뒤 눈이 녹아 마을로 출입이 될 때 주지 스님이 마을에 볼일이 있어 내려갔다가 고 씨를 만나게 되었다. 고 씨는 주지 스님을 보자 동짓날 동자승 생각이 나서 어린 스님을 그렇게 할 수 있느냐고 꾸중하였다. 주지 스님은 보문사에는 동자승이 없기 때문에 그런 일이 없다고 해명하였지만 아무리 생각해도 이상하였다. 그러다 절에 돌아와 동짓날 불씨가 없어 부처님에 공양하다가 갑자기 아궁이에서 장작불이 타던 것을 생각하고는 나한전의 작은 동자 불상들을 살펴보았다. 그랬더니 제일 가장자리에 있던 동자 불상 입에 팥죽이 묻어 있는 것을 발견하게 되었던 것이다.

그 후로 보문사 스님들은 나한이 영험하다는 사실을 알고 더욱 정성을 다해 불도를 닦았다고 한다.

연평도 충민사

• 조정   • 어부   • 장군

인천 옹진군 연평면 연평리 산 9-1번지.

바다가 한눈에 내려다보이는 언덕 위에 조선 중기의 명장 임경업 장군을 모신 충민사라는 사당이 향토 유적 제3호로 지정되어 서 있다.

이 사당에 모셔진 임경업 장군은 어업인들에게는 연평도에서 처음으로 조기 잡는 법을 가르쳐 주었다 하여 '어업의 신' 혹은 '조기의 신'이라 불렸다는 전설이 내려오고 있다.

조선 인조 14년 병자년에 치욕적인 병자호란이 일어나 소현세자와 봉림대군 두 왕자가 청나라의 심양에 볼모로 잡혀가게 되었다. 당시 평안도 병마절도사 겸 안주목사로 있던 임경업 장군은 인조의 밀명으로 볼모로 잡혀간 두 왕자를 구하기 위하여 비밀리에 뱃길을 나섰다고 한다.

당시 조정에서는 당파 싸움이 심할 때라 정적들을 따돌리고, 청나라에도 이 소문이 들어가지 않게 하기 위하여 임장군은 무역업자로 가장하여 황해도 해성강 하류 백난도 포구에서 마포로 쌀을 싣고 가는 상선에 편승을 했다.

배가 출항 후 임경업 장군에 의해 뒤늦게 자기네들 배가 세자를 구하기 위하여 청나라로 가야 한다는 것을 알게 된 선원들은 그 위험한 뱃길에서 벗어나기 위하여 배에 싣고 있던 쌀과 식수를 몰래 바다에 버리고는 쌀과 식수가 부족하여 도저히 청나라까지 갈 수 없으니 되돌아가야 한다고 건의하였지만, 장군은 이를 무시하고 강행했다. 배가 어느 바다에 이르렀을 때 식수는 바닥이 나고 말았다. 선원들은 갈증을 이기지 못해 모두 지치고 말았는데 이때 장군은 바다 한가운데를 가리키며 "이 물을 길어 보라"고 명령했다. 그대로 물을 긷자 놀랍게도 그 물은 바닷물이 아닌 담수로 변했다. 이렇게 식수를 해결하고 배가 연평도 당섬에 이르자 또 식량이 떨어지고 말았다. 장군은 배를 섬에 정박시키고는 선원들을 시켜 섬 전체를 덮고 있는 은가시나무를 꺾어오도록 했다. 그러고는 그 은가시나무를 살가지[45]에 쭉 꽂고는 물이 빠질 때, 즉 썰물을 기다리라 했다.

선원들은 장군이 시키는 대로 물이 빠질 때까지 기다렸더니 은가시나무 가시마다 조기가 하얗게 걸려있고 미역이 켜켜이 쌓여 있었다고 한다. 이때부터 연평도에서 조기를 잡는 시초가 되었다고 전해지고 있으며 어업인들은 이를 계기로 임경업 장군을 어업의 신 또는 조기의 신으로 모시게 되었다고 한다.

그 후 임경업 장군이 김자점 등의 모함으로 역모 사건에 휘말리면서 억울한 죽음을 당하자, 이곳 사람들은 이곳에 사당을 짓고 어업의 수호신으로 모시면서 매년 전 주민이 참여하여 풍어를 기원하는 제사를 지냄은 물론 출어할 때나 귀향할 때도 꼭 이 사당을 찾아 참배를 올리며 풍어와 항해의 안전을 빌었다고 한다.

이 전설은 역사적인 문헌 기록이 있을 것 같으나 찾을 길이 없고 일부 지역민들은 어쩌면 억울하게 죽은 임 장군을 동정하고 숭모하여 이런 전설로 미화했을지도 모른다고 말했다

---

45 갯가의 볼록한 부분

경기

- **A** 안산 잿머리 서낭당
- **B** 안산 별망성
- **C** 김포 손돌 전설
- **D** 화성 처녀 총각바위

안산 잿머리 서낭당

· 저주 · 꿈 · 귀신

경기 안산시 단원구 성곡동 산 77번지.
반월공단과 시화공단 사이에 큰 왕릉 같은 야산의 정상에 시화호를 내려다보며 서 있는 서낭당이 있다. 이 서낭당이 안산 향토유적 제1호로 지정된 잿머리 서낭당이다. 옛날에는 주위가 전부 바다였기 때문에 중국으로 오고 가는 배들이 지금 서낭당이 있는 바로 밑 성두해안을 이용했다고 한다.

고려 성종 2년(982년), 내의성 시랑인 서희가 10년간이나 두절되었던 송나라와의 국교를 회복하기 위하여 사신으로 가게 되었다. 서희는 송나라로 가기 위해서는 지금의 안산 성두 해안에서 배를 타고 가는 것이 가장 빠른 길이기에 일행을 이끌고 성두 해안으로 내려갔다.
서희 일행이 성두 해안에 도착했을 때는 날씨가 쾌청했다. 그래서 당장 뒷날 배가 떠나도 아무런 지장이 없겠다고 생각하고 모든 준비를 마친 뒤 마음 놓고 숙소에 들었다. 그러나 뒷날 배를 타기 위해 바닷가로 나갔을 때 갑자기 폭풍우가 휘몰아치기 시작했다. 이런 상태로서는 도저히 배가 출항할 수 없었다. 어쩔 수 없이 서희 일행은 뱃길의 장도를 비는 제를 지내고 숙소로 돌아와 폭풍우가 가라앉을 때까지 기다리기로 하였다.
숙소로 돌아온 그날 저녁 서희가 잠을 자는데 꿈에 소복단장을 한 두 여인이 슬픈 얼굴을 하고 나타났다.
"저희는 다른 사람이 아니라 신라의 마지막 임금인 경순왕의 비, 홍 씨와 어머니 안 씨입니다."

여인들은 이렇게 자기네들을 소개하고는 다소곳이 고개를 숙이고 한발씩 뒤로 물러섰다.

"그래. 무슨 일로 먼 길을 떠나는 대장부 앞에 여인네가 나서는 것이오."

"저는 김부대왕과 결혼한 첫날 밤에 소박을 맞았답니다. 친정에 돌아와 눈물로 세월을 보내다 중병을 얻어 회생치 못하고 그만 청상[46]으로 죽게 되었습니다. 저희 어머님은 딸의 죽음을 애통해하다 역시 화병으로 돌아가시니 이 얼마나 원통하게 죽은 것입니까. 우리 모녀가 이렇게 원통하게 죽은 것이 한이 되어 모녀 혼령으로 지금까지 떠돌아다니게 되었답니다."

이들은 이렇게 말을 하고는 북받치는 서러움을 참지 못하는지 한참을 울먹이다가 다시 말을 이어 갔다.

"자손을 두지 못했으니, 누가 이 혼령의 지노귀[47]를 하여 주며 젯날인들 제상을 마련하겠습니까. 의지할 마땅한 곳을 찾아 헤매던 중 담략가이신 내의성 시랑께서 중국 송나라의 사신으로 건너간다는 것을 알고 거처할 곳이라도 얻을까 하여 이렇게 바다에 풍파를 일으켰으니 용서하십시오."

모녀 혼령의 한 서린 사연을 들은 서희는 옷깃을 여미고 꿇어앉아 공손히 머리를 숙였다. 그리고는 그들의 부탁을 들어 줄 것을 약속하였다.

모녀 혼령은 이에 고맙다는 말을 하고는 자욱한 운기 속으로 사라졌다.

서희는 뒷날 날이 밝기가 바쁘게 수행원에게 지시하여 풍광이 좋은 뒷산에 성을 쌓고 아담한 사당을 짓도록 했다. 그리고는 화공을

---

46 처녀
47 혼령이 가는 길을 알려주다

시켜 꿈에 본 두 여인의 모습을 일러주며 그리게 하여 그린 영정을 사당에 모시고 성대하게 위령제를 지내 주었다.

그 후 무섭게 몰아치던 폭풍우는 씻은 듯이 사라지고 잔잔한 바다에서는 물새 소리만이 한가롭게 들려 왔다. 그리하여 서희 일행은 아무 탈 없이 송나라를 다녀올 수 있었다.

그로부터 중국을 드나드는 사신이나 배를 가지고 어업을 하는 어부들은 바다에 나갈 때 반드시 이 사당에 제물을 차려 놓고 극진히 정성을 들였다고 한다. 그래서 이 사당에는 정성을 들이는 징 소리와 장구 소리가 끊이지 않았으며, 이것이 수백 년 흘러와 와 지금은 안성의 향토 문화제로 발전하게 되었다.

안산 별망성

· 부부 · 어부 · 비극 · 열녀

　경기 안산시 단원구 초지동 656번지 별망성지.
　안산시청에서 안산 공과대학이 있는 동남쪽으로 4km 정도 떨어진 곳의 별망로에 있는, 참나무가 우거진 조그만 야산이다. 옛날에는 이 산의 앞과 주변이 전부 바다였지만 지금은 반월공단이 들어서 바다는 멀리 내려다보이고 작고 큰 공장들만 주위를 에워싸고 있다.
　이 산에는 경기도 기념물 제73호인 별망성이 있다. 길이가 225m이고 높이가 1.45m인 초라한 성이지만 조선 초기 이곳에 수군만호가 있었다고 한다.
　이 산은 이 성이 있기 이전, 이곳 사람들 사이에는 남편을 기다리면서 바다를 바라보는 산이란 뜻에서 '별망산' 또는 '별망뿌리'라 불렀다고 한다.

　옛날 이 산 아래쪽 마을에 단란하게 살던 어부 내외가 있었다. 남편은 성실하고 건장하여 마을의 어부중에서 제일로 인기가 있었다. 그래서 그는 어부들이 다 부러워하는 먼 바다로 나가는 큰 배를 탔다. 그러나 고기는 많이 잡아 남보다 생활은 넉넉하였지만 먼 바다에 나가 며칠씩 걸려서 돌아오기 때문에 아내는 항상 불안하였다. 그래서 남편이 바다에 나가면 돌아올 때까지 먼 바다가 보이는 뒷산에 올라 남편을 기다리곤 하였다.

　그러던 어느 해 설밑이었다. 설 대목을 한번 보자고 선주와 선원들이 의견을 모아 서해의 먼 바다로 고기잡이를 나가게 되었다. 그런데 이때 며칠간 계속해서 계절풍이 강하게 불었다. 아내는 불안하여 매일 같이 산에 올라 먼 바다를 바라보며 남편이 돌아오기를 기다렸다. 그리고 천지신명에 빌었다.

"우리 남편이 무사히 돌아오게 해 주십시오. 빈 배로 돌아와도 좋으니 무사히만 돌아오게 하여 주십시오."

그러나 돌아올 날짜가 넘었는데도 남편은 돌아오지 않았다. 하루가 가고 한 달이 가고 일 년이 갔지만, 남편은 끝내 돌아오지 않았다.

그러나 아내는 매일 같이 이 산에 올라 먼 바다를 바라보며 남편을 애타게 기다리다 결국 이곳에서 죽고 말았다.

이때부터 마을 사람들은 이 산을 이별한 남편을 기다리면서 바다를 바라보는 산이란 뜻에서 별망산 또는 별망뿌리라 불렀다고 한다.

지금 별망산은 애달픈 여인의 전설을 안은 채 공단들의 매연 속에서 썩어 가는 시화호[48]를 바라보며 고고히 서 있다.

---

48 경기도 시흥시, 안산시, 화성시에 둘러싸인 간척호수

김포 손돌 전설

• 조정　• 사공　• 누명

경기 김포시 대곶면 신안리.

김포에서 강화도로 들어가는 강화초지대교를 500m쯤 못 가서 오른편으로 1.5km쯤 들어가면 덕포진이 있다. 이 덕포진 주차장에 차를 두고 산등성이 길을 따라 오르면 덕포진 돈대터[49]가 나오고 이어 파수청 터가 나오는데 이 파수청 터 바로 위쪽, 강화 해협이 한눈에 내려다보이는 등성이에 주사손돌공지묘(舟師孫乭公之墓)란 비석이 서 있는 묘가 있다.

이괄의 난으로 강화도로 피난길에 오른 인조는 강화해협을 건너기 위하여 한강에서 가장 뛰어난 나룻배 사공인 손돌로 하여금 나루를 건네게 하였다. 그러나 나룻배가 강화해협의 가장 좁고 급류가 흐르는 곳에 이르자 인조는 불안하였다. 바로 앞에 바닷물이 용솟음치며 빙빙 돌고 있는데도 사공은 자꾸 그쪽으로 가고 있었기 때문이다. 인조는 생각지도 않은 반란으로 배를 타고 피난길에 나서게 되어 마음에 평정을 잃고 있는 상태이다 보니 조그만 일에도 의심을 하게 되고 과격해질 수밖에 없었다. 더군다나 뱃길에 생명을 맡기고 있는 실정이니 사공의 행동 하나하나에 더욱 예민해지기 마련이었다.

"이곳에서는 제일가는 사공이라 했는데 왜 자꾸만 위험한 곳으로 들어가고 있는가! 아무래도 이상하지 않은가? 혹시 반란을 일으킨 이괄의 한패가 아닐까!"

49　평지보다 높직하게 두드러진 평평한 땅

인조는 이렇게 생각하면서도 꾹 참고 가까이 있는 신하에게 물었다.
"저 물살은 여울이 아닌가?"
"예, 그러하옵니다."
"그렇다면 위험하지 않은가?"
옆에 있던 신하는 사공에게 물었다.
"사공! 눈앞의 물살은 위험한 물살이 아니냐? 이대로 가도 좋은가?"
"예, 나는 잘 알고 있습니다. 걱정 마십시오."
손돌 사공은 이렇게 말하며 태연하게 용솟음치는 물살을 향해 노를 저어 나갔다.
왕은 용솟음치는 물살을 보자 다시 마음이 불안하여 견딜 수가 없었다. 왕은 다시 한번 옆에 있는 신하에게 뱃사공에게 주의를 주도록 했다. 그러자 신화도 손돌에게 다시 주의를 주었다.
"임금님의 행차이시다. 물길을 잘 살펴 노를 젓도록 하라."
"주의하고 있습니다."
손돌은 이렇게 말을 하고는 급류를 따라 화살같이 내려갔다. 배가 급류를 타다 보니 한쪽으로 쏠리며 기우뚱거렸다. 그러자 왕의 의심은 극에 달하였다. 이는 필시 사공이 이괄과 내통하여 나를 죽이려 한다고 판단하고는 옆에 신하에게 명령하였다.
"아무래도 저 사공이 수상하니 목을 쳐라."
명령받은 신하는 칼을 빼어 들었다. 이에 손돌은 왕 앞에 공손히 무릎을 꿇고 앉았다.
"폐하 어찌 믿지 못하십니까. 아무쪼록 믿어주십시오. 나도 이 나라 백성인데 어찌 임금님의 은혜를 잊으리까. 이 여울목을 무사히 건너도록 하겠습니다. 그 후에 잘못이 있으면 어떠한 벌이라도 기꺼이 받겠습니다."
그러나 왕의 의심은 풀리지 않았다.

"이 여울목은 피할 수가 없다는 말인가?"
"예, 이 수로만이 있어 이 여울을 피할 길은 없습니다."
왕은 더 이상 의심의 여지가 없다고 판단하였다.
"그러면 빨리 사공의 목을 쳐라."
손돌은 임금의 마음을 돌리기가 어렵다고 판단하고는 단념하게 되었다.
"폐하, 이 사공을 끝내 믿지 못하시겠다면 목을 쳐 주십시오. 그러나 지금까지 모시고 왔으니 죽기 전에 한 말씀 드리고자 합니다. 제가 죽고 나면 앞에 있는 뱃길을 제대로 볼 수 없게 될 것입니다. 그럴 때엔 이 바가지를 물에 띄워 주십시오. 바가지가 물에 흐르는 대로 배를 가게 하면 반드시 무사하게 섬에 도착하게 될 것입니다."
손돌은 이렇게 말하며 배 밑에서 바가지 하나를 꺼내 놓고 죽고 말았다. 손돌이 죽고 나자 같이 왔던 서툰 사공이 노를 잡았는데 여울을 피할 수 있는 뱃길을 알 수가 없어 배는 자꾸만 기우뚱거리며 빙글빙글 제자리에서 돌기만 했다. 뿐만 아니라 지금껏 맑았던 하늘에 갑자기 먹구름이 몰려오더니 날씨가 추워지면서 세찬 바람이 불고 파도가 거칠어졌다. 왕은 더욱 불안해했고 사공은 손에 익지 않은 물길이라 벌벌 떨기만 했다.
그제야 왕은 손돌이 죽으면서 한 말이 생각났다.
"빨리 저 바가지를 물에 띄워 안전한 물길을 찾도록 하라."
신하는 재빨리 바가지를 물에 띄웠고 사공은 이 바가지의 흐름을 쫓아 배를 저어 무사히 강화도에 도착했다.
왕은 이때 비로소 손돌의 진실을 알게 되어 그 죽음을 불쌍히 여기게 되었다.

이괄의 난리가 평정되어 대궐로 돌아간 왕은 곧바로 대신들을 모아놓고 자기가 손돌을 죽이게 된 것을 탄식하게 되었다.

"짐은 강화도에 난리를 피해 내려갔을 때 긴박하고 초조한 마음에 손돌이란 착한 사공을 죽게 했다. 정말 잊을 수가 없구나. 이제 살려낼 수도 없으니 가슴이 아프기만 하다. 강화섬에 사당을 세워 매년 그날을 지정하여 제사를 지내 손돌의 원혼을 위로토록 하라."

엄한 왕의 명령이 떨어졌다.

이렇게 하여 매년 손돌이 죽은 음력 10월 20일에 손돌의 제사를 지내 원혼을 위로하였는데 이상하게 이때만 되면 거센 바람이 불어 추워졌고, 바다에는 파도가 높아 배를 타려는 나그네들은 배질하기 전에 사당에 가서 손돌의 원혼을 달래야 했다고 한다. 뒤에 사람들은 이때 부는 세찬 바람은 손돌이 탄식하는 숨소리라고 하여 이를 손돌바람이라 하고 손돌이가 죽은 여울을 손돌목이라 부르게 되었다.

세월이 지나며 따라 당시 세웠던 사당이나 비석은 자취를 감추었으나 해방 후 복원하여 유서를 남기고 있다.

손돌의 기념은 김포에서 성대히 치르는데 현재의 비와 봉분[50]은 손돌의 추모 제744주기(1977년)를 맞아 김포시에서 세우고 중수하였다.

---

50 흙을 둥글게 쌓아 만든 무덤

화성 처녀 총각바위

• 사랑 • 비극

경기 화성시 서신면 궁평리 오야마을.

화성시청이 있는 남양에서 차를 타고 서신을 거쳐 30여 분 달리면 궁평리가 나온다. 이 궁평리는 화성팔경 중의 하나인 궁평낙조[51]로 유명한 곳인데 이 해안의 오른쪽으로 가면 오야마을이란 곳이 나온다. 이 마을에는 지방 민속자료 제125호인 정용래 씨의 99칸짜리 집이 있는데, 이 집 앞을 돌아나가면 바로 질펀한 갯벌이 널려 있다. 그 갯벌 너머 오른편으로 바다 가운데 외로이 솟아 있는 약간 노란 색상을 띈 바위를, 그리고 왼편으로는 갯벌에 묻혀가고 있는 바위를 만날 수 있다. 이 바위들은 총각바위와 처녀바위라 불리고 있다.

옛날 이 마을에는 바닷가에서 조개를 잡거나 굴을 따면서 살아가던 예쁜 처녀와 바다에서 고기를 잡으며 살아가던 건강한 총각이 있었다. 이들은 서로 마음이 맞아 사랑하게 되어 결혼까지 약속하게 되었다.

어느 날 총각은 자기가 잡은 고기를 팔기 위해 장에 가게 되었다. 가는 길에 처녀에게 무언가 필요한 물건을 사다 주고 싶어서 뭐가 필요하냐고 물었더니 처녀는 예쁜 노란 댕기를 가지고 싶다고 하였다. 그는 그러겠노라 약속을 하고 고기를 지고 장으로 갔다.

총각이 장으로 간 사이 처녀는 다른 날과 같이 바다로 굴을 따러 나갔다. 그러나 굴을 따는 일보다 노란 댕기를 사 올 총각 생각에 정신을 빼앗겨 밀물에 바닷물이 들어오는 줄도 몰랐다.

---

51 화성의 8가지 볼거리

물이 장딴지까지 차오른 후에야 정신을 차렸지만 이미 너무 늦고 말았다. 총각의 이름을 부르며 안간힘을 다하여 허우적거렸지만 역부족이었다. 결국 처녀는 바닷물 속으로 사라지고 말았다. 한편 이러한 사실을 알 리 없는 총각은 서둘러 고기를 팔고 시장 이곳저곳을 기웃거린 후 제일 예쁘다고 생각되는 노랑 댕기를 골라 샀다.

집에 돌아온 총각은 바쁘게 노랑 댕기를 들고 처녀가 얼마나 기뻐할까를 상상하며 처녀 집으로 달려갔다. 그러나 처녀가 없었다. 그래서 처녀가 아직도 굴을 따고 있겠거니 하며 바닷가로 나갔다. 그러나 그곳에도 보이지 않았다. 불안해진 총각은 이곳저곳으로 찾아다녔지만, 그녀를 본 사람은 없었다. 결국 처녀가 죽었다는 것을 알게 되었다. 총각은 그날부터 낙심하여 울부짖으며 시신이라도 건지면 노랑 댕기를 매어 주겠다며 매일 같이 노랑 댕기를 들고 미친 사람처럼 바닷가를 헤매고 다녔다. 하지만 그녀의 시체는 끝내 떠오르지 않았고 지칠 대로 지친 총각도 결국 병이 들어 죽고 말았다.

그 뒤 이 바다에 바위가 둘 생겨났다. 하나는 처녀가 죽어서 된 바위요, 하나는 총각이 죽어서 된 바위라고 한다. 총각이 죽어서 된 바위는 노란색을 띠고 있는데 이는 총각이 노란 댕기를 들고 죽었기 때문이라고 한다.

충남

- **A** 보령 외연도 상록수림과 동백꽃
- **B** 보령 쌍오도
- **C** 서천 쌍도
- **D** 서천 곡성바위
- **E** 태안 삼형제 바위
- **F** 태안 삼봉바위
- **G** 태안 떡바위
- **H** 태안 안면도의 할미할아비바위
- **I** 태안 안면읍 선바위
- **J** 태안 안면도 뱀사당

보령 외연도 상록수림과 동백꽃

· 딸 · 피난 · 나무 · 가족 · 기적

충남 보령시 오천면 외연도리.
대천연안여객선터미널에서 바닷길로 2~3시간 정도 가야 만날 수 있는, 백 호 남짓한 집이 모여있는 섬이다. 바람이 잔잔한 새벽이면 중국에서 닭 울음소리가 들린다는 중국과 가장 가까운 섬이기도 하다. 이 섬은 상록수림과 동백나무가 울창하여 서해에 떠 있는 풍선처럼 보이는 섬으로 이 상록수와 동백나무에 대한 애달픈 전설이 있다.

옛날 중국 유방이 제나라를 평정하자 왕이었던 전횡왕이 쫓기는 몸이 되어 그를 따르는 500명의 군사와 함께 집을 비워야 했다. 전횡왕에게는 어여쁜 두 딸이 있었다. 아들이 하나도 없는 그는 딸 둘을 아들보다 더 귀하게 키웠으며 딸들 또한 총명했다. 그래서 지금 쫓기는 길에 딸들을 데리고 가다가 잡히는 몸이 되면 후예가 끊기는지라 작은딸은 데리고 가고 큰딸은 중국 내륙의 항주로 피난을 보내면서 뜰에서 자라는 상록수 뿌리와 동백을 캐 서로 나누어 가졌다.
"어디를 가든지 네가 정착하는 곳에 이 상록수와 동백꽃을 심어라. 아버지가 보고 싶으면 상록수를 바라보고 어머니나 동생이 보고 싶으면 동백꽃을 보아라. 우리도 가는 곳에 이 나무를 심고 네가 보고 싶으면 이 나무들을 보겠다."
이렇게 말을 마치고 딸을 마차에 태워 보냈다. 장군들의 독촉을 받은 전횡왕도 이들이 급히 마련한 배에 올라 도망길에 올랐다. 그들이 선창을 떠난 지 얼마 안 되어 그들을 잡으러 온 군사들로 그의 집은 불길에 휩싸였으며 선창까지 쫓아온 군사들은 배를 타고 그들 일행을 추격하기 시작했다.

전횡왕은 우선 몸을 피하는 것이 위기에서 벗어나는 길이라 생각하고, 군사들을 독촉하여 넓은 바다로 나왔다. 그날따라 몹시도 거센 바람이 불었다. 배는 낙엽처럼 흔들렸으며 나갈수록 파도는 더욱 심해졌다. 배 위에서 바람과 파도와 싸우던 500명의 군사는 그 거센 파도를 이겨낼 수 없었다.

전횡왕이 타고 있는 배도 위태로웠다. 이때 뱃멀미에 시달리던 작은딸은 선창 밖으로 나왔다가 배가 흔들리는 바람에 몸의 중심을 잃었다. 가까이 있던 집에서 캐 온 동백나무를 붙잡았으나 그녀는 그만 그 동백나무와 함께 바다에 떨어지고 말았다. 간신이 동백나무에 의지하여 생명을 구했으나 배와는 점점 멀어져 갈 뿐이었다. 늦게야 딸의 실종을 알게 된 전횡왕은 이를 몹시 슬퍼했으나 어쩔 수 없었다.

사흘간 풍랑과 싸우던 전횡왕은 한 섬에 도착했다. 전횡왕은 섬에 상륙하자 곧 산 중턱에 상록수를 심고 신당을 지은 후 풍랑에 죽은 사람들의 영혼을 위로하고 나머지 사람들에게는 생업에 종사하도록 했다.

부모와 헤어진 큰딸은 항구로 가서 한적한 골짜기 아래 주거를 정하고 상록수와 동백을 심었다. 또한 풍랑으로 바다에 떨어졌던 작은딸은 파도에 밀려 근 이틀을 표류하다가 어청도라는 섬에 상륙했고 그날로 해변에 동백을 심었다.

그러던 어느 날, 항주 두메에 사는 큰딸이 동백나무가 시들고 있는 것을 보게 되었다. 큰딸은 어머니와 동생이 변을 당한 것이라 생각하여 몹시 불안해하다가 가족을 찾기 위해 길을 떠났다.

그녀는 먼저 고향으로 가서 가족들이 배를 타고 동쪽으로 흘러갔다는 소식을 접하고 산동으로 나와 배를 한 척 구해 동쪽으로 갔다. 그녀를 태운 배는 외연도 앞 바다에서 갑자기 풍랑을 만나 파선되는 바람에 돛대를 붙잡고 표류하다가 어청도에 발을 디디게 되었다. 그리고 거기서 기적적으로 동생과 상봉하게 되었다. 그들은 부모님을 찾아야겠다는 결심을 하고 먼저 맑은 날씨면 멀리 보이는 섬으로 가 보기로 했다. 배를 몰고 그 섬으로 가던 중 다시 풍랑을 만나 배가 낙엽처럼 흔들리고 뒤집어질 것 같았지만 그들은 포기하지 않고 필사적으로 노를 저어 결국 목적지에 도착했다. 그 섬이 바로 외연도였다.

그들은 그곳에서 꿈에도 그리던 가족을 만나게 되었다. 그들은 그 후 외연도에 살면서 아버지의 분부대로 큰딸은 산에서 뿌리는 내리는 상록수 키우기에 정성을 바쳤으며, 작은딸은 해변에 뿌리를 내리는 동백 키우기에 열중하여 오늘과 같은 외연도를 만들었다고 한다.

그리하여 외연도의 장군당은 이 섬에서 좋은 일을 하다 죽은 전횡왕을 모신 곳이라 한다.

보령 쌍오도

・사랑 ・비극 ・재해 ・남장

충남 보령시 오천면 소성리.

조선시대 수군절도사가 있었던 곳이다. 이 마을에서 부두로 나와 강물이 휘어들어 가는 광천 쪽을 바라보면, 큰 소나무를 하나씩 기우뚱하게 세워둔 채 마주 보고 있는 두 섬을 발견할 수 있다. 하나는 오천면에 소속되어 있는 섬이고 다른 하나는 천북면에 소속되어 있다. 이 두 섬을 쌍오도라 불러온다.

지금부터 500년 전 한양에 이 대감과 김 대감이 살고 있었다. 김 대감에게는 머리가 좋은 아들이 하나 있었고 이 대감에게는 귀여운 딸이 하나 있었다. 그들의 부친은 앙숙이라 동석하는 것조차 꺼렸지만, 이들은 서로 집안의 눈을 피하면서 뜨거운 정을 나누고 있었다.

그러던 어느 날, 김 대감은 아들을 불러 놓고 쌍오도에 가서 과거 준비를 하도록 하였다. 그의 아들은 아무리 과거 준비라도 이 대감의 딸을 두고 한양을 떠나 머나먼 쌍오도까지 간다는 것이 싫었지만, 아버지의 말씀이라 거역하지 못하고 책을 싸 들고 쌍오도에 가서 글을 읽었다. 그러나 휘영청 달이 뜨는 저녁이면 북쪽 하늘을 보며 한숨지었고, 바위에 부디 치는 파도 소리에 그리운 마음을 달래곤 했다.

이때 한양에서는 정변이 일어났다. 이 대감이 권력을 잡은 대신 김 대감은 역적으로 몰려 삼족이 멸하는 멸문지화를 입었다. 자연 김 대감의 아들까지 찾아 나서게 되었다. 전국에 수소문한 끝에 쌍오도에 있다는 것을 알아낸 이 대감은 군선을 보내 그를 잡아 오게

했다.

    이 소식을 들은 이 대감의 딸은 군선이 떠나기 전날 남장을 하고 한양성을 떠났다. 자기가 사랑하는 김 도령을 살리기 위해 오천 땅을 찾은 것이다. 그녀는 배를 타고 김 도령이 있다는 쌍오도의 한 섬에 도착했으나 공교롭게도 김 도령은 건너편 쌍오도에 있었다. 그녀는 다시 배를 띄우려 했으나 물살이 급해 당장 건널 수가 없었다. 이때 군선이 먼저 왔다. 돛대엔 군기를 달고 북소리도 우렁차게 김 도령이 있는 섬을 향해 오는 중이었다. 그녀는 바위 위에서 소리쳤다.

    "도련님, 도련님!"

    "낭자!"

    그녀의 목소리를 알아들은 도령은 방을 뛰쳐나와 바위 위에서 소리쳤다.

    "도련님, 군선이에요, 도련님을 잡으려고 와요, 어서 피하세요!"

    "낭자, 나만 피하면 안 되오, 그 배로 이쪽 섬으로 오시오."

    그러나 배를 움직일 수 없는 것이 그에게는 너무 안타까웠다. 군선은 점점 가까이 오고 있었다. 도령은 물속으로 뛰어들었다. 그리고 낭자의 이름을 부르며 낭자가 있는 섬으로 헤엄쳐 오기 시작했다. 그때 하늘에 번개가 치며 천둥소리가 요란하게 울리고 비가 내리기 시작했다.

    서로 애타게 부를 때마다 천둥은 더욱 크게 울렸다. 낭자도 물에 뛰어들었다. 그들이 점점 가까이 가는데 군선이 그들 사이를 가로막았다. 이때였다. 그들의 부르는 소리에 따라 크게 벼락이 쳐 군선이 날아가 버리고 하늘에서 두 줄기의 먹구름이 선을 그으며 내려왔다.

    그 둘이 물줄기를 타고 올라가는 동안 "도련님!", "낭자!"하고 서로를 부르는 소리가 하늘에 진동했다.

    그 소리가 사라지자, 쌍오도의 양 섬에 소나무가 하나씩 서로 마주 보고 우뚝 솟았다. 그 후 삼월 삼짇날이면 소나무 아래에서 두 뱀이 바다 한 가운데서 만난다고 하는데 여기 사람들은 그 뱀을 못된 이무기라 여기고 해신으로 섬기며 제사를 지낸다고 한다. 그리고 삼월 삼짇날 고사를 지낼 때 쌍오도에 먹구름이 덮이면 그 해는 풍어라고 어민들은 기뻐한다고 한다.

서천 쌍도

• 어부 • 비극 • 가족

충남 서천군 비인면 선도리 용수마을.
한적한 어촌인 이곳 서쪽 바다 입구에 분묘 같은 두 개의 조그마한 섬이 나란히 서 있다. 이 섬을 쌍도라 부르고 있다.
옛날 쌍둥이 아들을 둔 한 가난한 어부 내외가 이곳 용수마을에 살았다. 남편은 바다로 나가 부지런히 고기를 잡았고 아내는 아이들을 돌보며 바닷가에 나가 조개를 잡거나 해조류를 뜯으면서 힘겹게 살았다. 그러나 어떻게 하든지 자식들에게는 가난을 물려주지 않기 위하여 부부는 밤낮없이 뼈가 빠지게 일을 하고 허리띠를 졸라매며 돈을 모았다.

그러나 사람의 운명이란 인력으로 할 수 없는 것인지 어느 해 여름에 아내가 시름시름 앓더니 그만 죽고 말았다. 가난한 집안을 일으켜 보겠다고 몸부림치던 아내의 죽음은 남편에게 너무나 큰 충격이었다. 죽은 아내를 안고 실신했다 간신히 정신을 차린 남편은 아내를 자기 집이 보이는 뒷산 양지바른 곳에 묻고 어린 자식들을 위해서 이를 악물었다. 죽은 아내를 위해서라도 아이들을 훌륭히 키워야 한다는 일념으로 이제 겨우 걸음마를 하는 아이들을 이웃집에 맡기고 다시 바다로 나갔다. 그러나 죽은 아내 생각과 이웃집에 맡긴 자식 생각에 고기잡이가 제대로 될 리가 없었다. 뒷날도 그 뒷날도 마찬가지였다. 며칠이 지나자 꿈에 죽은 아내가 나타나 방 윗목에 앉아 머리를 숙이며 몇 번이나 미안하다는 말을 남기곤 사라졌다. 남편은 이런 아내가 아이들을 잘 돌보라는 뜻으로 알고 뒷날부터는 바다에 나가지 않고 집 가까이 애들을 돌보며 일할 수 있는 자리를 찾았다. 그러나 아무리 찾아도 그런 일자리는 없었다. 어쩔 수 없이 남편은 다시 바다로 나가지 않으면 안 되었다.

어느 날 아침, 날씨는 좀 쌀쌀했지만, 물때가 좋아서 이웃에 아이들을 부탁하고 바다에 나갔다. 예상대로 고기가 많이 잡혔다. 오후가 되면서 풍랑이 일기 시작했다. 그러나 고기가 잘 잡혀 이왕 나온 김에 한 손 더하고 간다는 것이 좀 늦어지고 말았다.

그제야 풍랑이 심상치가 않다는 것을 깨닫고 어구를 챙겨 부랴부랴 집으로 향했지만 이미 때는 너무 늦었다. 있는 힘을 다해 노를 저었지만, 파도는 사정없이 배와 남편을 삼키고 말았다. 아들의 이름을 부르며 살아야겠다고 몸부림을 쳤지만, 그는 끝내 물속으로 사라졌다. 그것도 모르는 어린아이들은 아버지를 기다리다 지쳐 바닷가로 걸어 나왔다. 모래밭에서 바람을 맞으며 기다려도 아버지가 오지 않자 아빠를 부르며 울다가 지쳐서 쓰러지고 말았다. 무심한 파도는 밀물을 타고 이런 아이들을 바닷속으로 쓸어 가고 말았다.

이때 하늘에서는 번개와 천둥이 치면서 아버지와 어머니의 아이를 부르는 소리가 나더니 두 개의 섬이 앞 바다를 가르며 솟구쳤는데 이 섬이 지금의 쌍도라 한다.

지금도 이 섬에 찬 바람이 불어올 때는 육지에서 남편을 부르는 소리가 들리고 바다에서는 아내와 아이들을 부르는 남편의 목소리가 들리며 두 섬에서는 아버지를 부르는 소리가 들린다고 한다.

서천 곡성바위

• 어부 • 부부 • 자식 • 비극 • 남장

충남 서천군 마서면 한성리.

장항선 서천역에서 서쪽으로 4km쯤 가면 마서면 한성리가 나온다. 여기서 다시 서쪽으로 1.5km 정도를 더 들어가면 갈목이라는 한적한 어촌이 있는데, 이 어촌의 앞바다 1km의 거리에는 형제 바위라는 큰 바위가 솟아 있고 그 뒤쪽에 해마다 음력 팔월 보름날 밤에만 나타난다는 바위가 있다. 이 바위를 곡성바위 또는 적바위라 부르고 있다.

옛날 갈목마을에 유달리 금실이 좋은 박 씨 부부가 고기잡이를 하며 단란하게 살았다. 그러나 그들에게는 불행하게도 자식이 없었다. 딱하게 생각한 이웃 사람들이 백일기도를 한번 드려 보라고 권유했다. 박 씨 부부는 설마 하면서도 따로 별다른 방법이 없는지라 이웃이 권하는 대로 백일기도를 드리게 되었다.

백일기도를 드린 마지막 날 밤이었다. 부인은 용마[52]가 자신을 납치하여 하늘로 올라가는 꿈을 꾸었다. 너무 흉측하고 이상한 꿈이라 남편에게 이야기했더니 남편은 그 꿈은 비범한 자식을 가질 태몽이라고 기뻐하였다. 과연 그 뒤에 태기가 있어 열 달 만에 부인은 딸아이를 낳았는데 달덩이처럼 환하고 꽃처럼 아름다웠다. 그러나 이런 딸아이를 가진 기쁨도 잠시였다. 부인은 딸아이를 출산한 지 스무날 만에 그만 병으로 죽고 말았다. 부인을 잃은 슬픔은 하늘이 무너지는 것 같았지만 어린 딸의 귀여움으로 슬픔을

---

52 뛰어나게 좋은 말

달래며 그날그날을 살아갔다.
 딸은 어느덧 16살이 되었다. 이제 옛날 아내가 하던 집안일들을 맡아 하기도 하고 아버지가 배를 탈 때나 내릴 때는 뱃머리에 나와서 배웅도 하고 잡아 온 고기를 받아 내리기도 했다.

 어느 날이었다. 아버지가 바다에 나가기 위해 어구를 챙기고 있는데 딸아이가 다가왔다.
 "아버지, 오늘은 바다에 나가지 마십시오."
 "왜 그러냐? 무슨 일이라도 있느냐?"
 "어쩐지 오늘은 날씨가 좋지 않을 것 같습니다."
 아버지는 하늘을 한번 쳐다봤다.
 "아무렇지도 않은데 왜 그러냐?"
 "어제저녁 달무리도 지고 어쩐지 마음이 불안해요."
 "염려 말아라. 내가 바다 생활을 한 해 두 해 했느냐?"
 딸아이의 전에 없는 만류에도 아버지는 껄껄 웃으며 귀여움으로 받아들일 뿐 개의치 않고 바다로 나갔다. 그러나 오후가 되면서 딸아이가 염려했던 대로 바람과 파도가 일더니 점점 심해져 갔다. 딸아이는 마음이 불안하고 초조하여 가만있지를 못했다. 바닷가와 집을 수 없이 들락거리면서 아버지가 무사히 돌아오기만을 기다렸다. 그러나 아버지는 끝내 무사히는 돌아오지 못했다. 배가 파선되어 간신히 널빤지에 몸을 의지하여 표류하다 만신창이가 된 채 해안에 밀려왔던 것이다. 딸아이는 이런 아버지를 집으로 업고가 정성을 다했지만, 너무 큰 상처였기에 치료가 오래 걸렸다. 자연 식량도 떨어지고 약값도 문제였다. 뿐만 아니라 추석이 다가왔는데 어머니 제사상에 떡도 한 그릇 올리지 못할 형편이었다. 아버지는 이를 눈치채고 아직 성하지도 않은 몸으로 바다에 나가겠다고 자리에서 일어나려고 했다.

"애야, 이제 움직일 만하다. 내일 모래가 추석인데 바다에 나가 봐야 되겠다."

"아버지, 무슨 말씀을 하십니까? 아직 아니 되십니다."

"움직일 만하다니까 그러는구나."

딸아이는 이런 아버지를 만류하고 자기가 배를 타야겠다는 생각으로 아버지에게 거짓말을 하였다.

"아버지! 지난번에 앞섬에 돈을 좀 빌려줬는데 내일은 그 돈 받으려 다녀와야겠습니다."

딸은 이렇게 거짓말을 하고 남장을 한 모습으로 집을 나서 이웃 마을의 배를 탔다. 그런데 그날따라 딸아이가 탄 배는 많은 고기를 잡았다. 어부 모두가 힘이 나서 선왕기를 달고 노래를 부르며 힘차게 노를 저어 형제 바위 가까이 까지 들어왔다. 그러나 그곳에서 생각지도 못한 암초에 부딪혀 배는 침몰되고 말았다.

딸은 아버지를 애타게 부르며 있는 힘을 다해 허우적거렸지만, 끝내는 바닷속으로 잠겨 버리고 말았다.

이날이 팔월 보름날이었다. 이때부터 이 암초는 일 년 내내 바닷속에 잠겨 있다가 팔월 보름만 되면 벌건 해초를 덮고 물 위로 나타나 슬픈 소리를 내며 운다고 한다. 그래서 이곳 사람들은 이 암초를 곡성바위라 부르고 있다.

태안 삼형제바위

• 어부 • 가족 • 형제 • 재해 • 비극

충남 태안군 근흥면 용신리 2구.

근흥면 면사무소에서 채석포 쪽으로 10여 분간 차를 타고 들어가다 보면 왼편으로 유난히 흰 백사장이 나타난다. 이 백사장이 옛날 원안해수욕장이다. 이 백사장의 오른쪽 바다에 숲이 우거진 길이 20여 미터에, 높이 약 8m에 달하는 세 개의 바위 봉우리를 가진 조그만 섬이 있다. 이 섬을 삼형제바위 또는 삼형제섬이라 부르고 있다.

옛날 이곳 용신리에 아들 삼형제를 가진 어부 내외가 비록 가난하고 고달픈 어부 생활이기는 하지만 단란하게 살고 있었다. 설이 가까워져 오는 어느 겨울날 계속되는 계절풍으로 인하여 며칠째 날씨가 좋지 않았다.

"큰일이네. 날씨가 이래서 설을 거꾸로 쇠겠군."

"글쎄, 말입니다. 설에 애들 양말이라도 한 켤레씩 사 신겨야 할 텐데."

"어지간하면 내일은 나가 봐야겠어. 더 이상 날짜가 없으니까."

뒷날 남편은 무리하게 먼 바다로 고기잡이를 나갔다. 아내는 날씨가 아무래도 마음에 걸려 다른 때 같으면 말렸을 것이나 설 대목이라 말리지 못한 것이 마음에 걸려 바닷가에 나가 초조하게 남편을 기다렸다.

여느 때 같으면 돌아올 시간이 되었지만, 남편은 돌아오지 않았다. 아내는 불안한 마음에 뜬눈으로 밤을 지새운 후 날이 밝기가 바쁘게 남편을 찾아 배를 빌려 타고 바다로 나섰다. 그러나 망망대해 어디서 남편을 찾을 것인가. 설상가상으로 날씨마저 더욱 험악해지기 시작했다. 검은 구름이 일고 바람이 세차게 불면서 파도가 높아져 갔다. 겨울 바다라 걷잡을 수 없었다. 아내는 부득이 눈물을 머금고 돌아오지 않을 수 없었다. 그러나 남편을 찾겠다는 일념에서 앞뒤 가리지 않고 너무나 멀리 나갔기에 돌아오는 길이 쉽지 않았다. 안간힘을 쓰면서 노를 저었지만 파도는 더욱 높아 결국 배는 전복되고 아내마저 바다에 빠져 죽고 말았다.

한편 집에서 부모를 기다리던 세 아들은 해가 저물고 날씨마저 나빠 오자 가만히 앉아만 있을 수가 없어 바닷가로 나갔다. 그러나 날이 어두워도 부모님의 모습은 보이지 않았다. 삼형제는 나란히 서서 멀리 수평선을 바라보며 큰 소리로 부모님을 불러 보았다. 그러나 대답이 없었다. 목청이 터져라 수십 번 불렀지만, 메아리도 돌아오지 않았다. 밤이 되면서 날씨는 더욱 춥고 바람은 한층 거칠어져 갔다. 하지만 삼형제는 부모 걱정에 돌아갈 생각을 잊고 그 자리에서 서로 부둥켜안은 채 부동자세로 서서 저 멀리 사나운 바다만 바라보고 또 바라보다가 그대로 얼어 죽고 말았다. 이렇게 죽은 삼형제의 시체는 그 자리에서 세 개의 돌로 변하였다.

그 후 이곳 마을 사람들이 이 바위를 삼형제바위라 불렀던 것이 오늘날까지 전래되어 오고 있다. 이 삼형제바위는 만조 시에는 섬이지만 간조 시에는 걸어 들어갈 수 있는 육지가 된다. 이 섬의 바로 앞에는 반달 모양의 백사장이 500여 미터나 아늑하게 뻗어 있고 그 뒷면으로 소나무 숲이 울창하여 그 풍광이 빼어나다. 얼마 전까지만 하더라도 이곳은 수심이 낮고 파도에 밀려온 하얀 조개껍질로 인하여 해변이 아름다워 여름철이면 해수욕객들이 붐볐던 원안해수욕장이었다. 그러나 지금은 바로 앞 바다의 바지락과 굴 양식장을 보호하기 위하여 해수욕장을 폐쇄하였다고 한다.

태안 삼봉바위

· 어부 · 꿈 · 욕심 · 비극 · 가족

충남 태안군 안면읍 창기리 삼봉해수욕장.

태안군청에서 603번 지방도를 타고 한 시간 정도 가면 안면읍을 들어가기 전에 창기리란 동네가 나타나고 이어 삼봉해수욕장이란 안내판이 보인다. 넓은 백사장과 우거진 방풍림을 보면 여름철 피서로 이만한 곳이 없을 듯싶다. 뿐만 아니라 이곳은 서해안의 대하 집산지로 대하 철인 봄과 추석 무렵이면 경향 각지의 미식가들이 모여드는 곳이기도 하다. 이 삼봉해수욕장의 오른편 끝으로 해수욕장을 막고 서있는 세 개의 바위산이 있는데 이 산을 삼봉이라 불러오고 있다.

옛날 이곳에 딸만 세 자매를 둔 어부 내외가 살고 있었다. 이 내외는 돌살[53]로 고기를 잡으며 생계를 유지해 나갔는데, 그 남편이 어찌나 구두쇠인지 아무리 고기를 많이 잡아도 이웃은 물론 친척 집과도 멸치 한 마리 나눠 먹지 않았고 돈을 벌면 버는 족족 한 푼도 쓰지 않고 비밀리에 땅속에 묻어 두기만 하였다. 부인은 이런 남편을 나무랐지만 막무가내였다.

하루는 부인이 꿈을 꾸었다. 험상궂은 괴물이 묻어 둔 돈을 꺼내려고 땅을 파헤치는 꿈이었다. 깜짝 놀란 부인이 꿈에서 깨어나 남편에게 꿈 이야기를 하자 남편은 소스라치며 허둥지둥 문을 박차고 나가 돈을 묻어 둔 곳으로 쏜살같이 달려갔다. 하지만 돈 묻어 둔 곳은 아무런 이상이 없었다. 그런데 그때 구름 한 점

---

53 조간대에 돌을 쌓아 만든 전통 어법. 조차를 이용해 설치함

없던 하늘에 갑자기 먹구름이 뒤덮이면서 번개와 천둥이 천지를 진동하는 것이었다. 두렵고 무서웠지만 꿈에 놀란 이들 부부는 돈을 지키기 위해 돈 묻은 곳에서 밤새 떠나지를 못했다.

  날이 밝은 후에야 마음을 놓은 부부는 돌살로 고기를 건지러 갔다. 그런데 어찌 된 일인지 돌살은 전부 허물어져 있었다. 이들은 돌살이 생계 수단인지라 서둘러 개축을 하였다. 그러나 개축한 돌살은 바닷물이 들어오자 그만 힘없이 무너져 버리는 것이었다. 이상한 일이라고 생각하고는 다시 개축했지만 역시 마찬가지였다. 생각다 못한 부인은 남편에게 고사라도 지내보자고 간곡히 말해봤지만, 남편은 고사에 들어가는 돈마저 아까워서 이를 받아들이지 않았다. 부인은 마음이 꺼림칙했지만 남편의 고집을 꺾을 수 없었다.

  이때부터 부부의 꿈자리가 사나워지더니 세 딸이 병으로 자리에 눕게 되었다. 참다못한 부인은 남편이 이웃 동네 잔칫집에 간 사이 간단한 음식을 장만하여 고사상을 차리고 고사를 지내려고 했다. 마침 그때 이웃에 갔던 남편이 돌아와 이 광경을 보았다. 화가 난 남편은 몽둥이로 아내를 때리려 하자 갑자기 뇌성벽력이 치면서 바닷물이 치솟아 아내와 흙과 모래를 휘몰아서 돈을 묻어둔 곳을 덮어버렸다. 이를 본 남편은 돈이 아까워 고함을 지르며 몽둥이를 휘둘렀다. 그랬더니 앞산이 무너져 내리면서 또다시 돈과 아내를 묻어버렸다. 아내보다 돈 걱정이 앞선 남편은 매일 이 흙더미와 돌들을 미친 듯이 파내다가 결국 지쳐 죽고 말았고 딸들도 돌봐주는 이가 없자 죽고 말았다.

  그 후 이 바닷가에는 난데없는 세 개의 바위산이 솟아났는데 이는 돈밖에 모르는 아버지를 원망하며 죽은 세 자매의 무덤인 삼봉이라고 한다.

태안 떡바위

• 비극 • 사공

충남 태안군 남면 몽산리.
몽산리 앞바다 2km 정도 되는 거리에 밀물 때는 물에 잠겼다 썰물 때는 드러나는 펑퍼짐한 바위가 있다. 이 바위를 떡바위라 하는데 굴과 고둥이 많아서 몽산리 아낙네들은 썰물 때만 되면 여럿이 어울려 배를 타고 이곳에 가서 굴을 따고 고둥을 잡다가 밀물 때가 되면 돌아오곤 한다.

어느 봄날, 이날도 물때가 좋아 몽산리 아낙네들은 어선 한 척을 빌려 굴을 따고 고둥을 잡으러 떡바위로 갔다. 떡바위에 도착한 사공은 다른 날 같으면 아낙네들을 내려놓고 배에서 낮잠을 자거나 낚시질을 하며 아낙네들이 갯일을 마칠 때까지 기다릴 텐데 이날은 건너편에 있는 거아도 쪽으로 노를 저어 갔다.
"거아도에 좀 갔다 올 테니 아점씨들 굴 많이 따고 있으시오."
"거아도는 왜요?"
"친척 집에 혼사가 있어서 잠시 다녀오려고요."
"그럼 밀물이 나기 전에 와야 해요. 괜히 늦어서 애타게 하지 말구요."
"염려 마세요. 내 올 때 떡이나 한 보따리 싸가지고 오겠소."
"참말이지요? 그때쯤 배도 고플 텐데 정말 잘됐네."
아낙네들은 불안했지만, 밀물이 오기 전에 돌아오겠다고 찰떡같이 약속할 뿐 아니라 돌아올 때는 떡까지 얻어 오겠다는 말에 혹해지고 말았다. 사공이 떠난 후 아낙네들은 정신없이 굴을 따고 고둥을 잡았다. 밀물이 오기 전 짧은 시간 내에 작업을 해야 하기 때문이기도 했지만, 나중 각기 배에 올랐을 때 서로 고둥이나 굴을 딴 양으로 그 집 며느리와 딸의 능력을 평가했기 때문이기도 했다.

　아낙네들의 부지런한 손놀림으로 바구니에 굴과 고둥이 거의 가득 찰 무렵 밀물이 오기 시작했다. 모두 바구니와 굴 따는 도구를 챙기며 돌아갈 채비를 했다. 그런데 어찌 된 일인지 배가 오지 않았다. 밀물은 자꾸만 바위를 야금야금 덮어 오고, 파도는 그녀들의 발목을 때렸다. 모두 바위 위쪽으로 몰려서서 거아도 쪽으로 목을 빼고 배를 기다리고 있었다.
　한편 친척 잔칫집에 간 사공은 오랜만에 만난 친척들과 그동안의 이야기를 나누고 서로 술을 권하느라 시간 가는 줄을 모르고 있다가 뒤늦게 떡바위 아낙네 생각이 났던 것이다.
　부랴부랴 있는 힘을 다하여 노를 저어 갔지만 때마침 불어오는 앞바람과 밀물에 받친 배는 더디기만 하였다. 더군다나 친척들이 권하는 술을 생각 없이 많이 받아 마신 것이 화근이 되어 정신이 몽롱하고 팔다리에 힘이 빠져나갔다. 이러다간 큰일인데, 큰일인데 하면서도 어쩔 수가 없었다.

　떡바위에 있던 아낙네들은 자꾸만 물이 차오자, 죽음을 각오하고 치마폭을 뜯어 서로를 묶었다. 시체가 되더라도 떨어지지 말고 같이 다니자는 뜻이었다.
　이렇게 묶은 아낙네들은 물이 목에까지 차오르자 서로 부둥켜안고 몸부림을 쳤지만 무심한 파도는 이들을 사정없이 삼켜 버리고 말았다.
　뱃사공이 사력을 다해 떡바위에 도착했을 때는 이미 아낙네들은 없고 갈매기들만 물속에 잠겨 버린 떡바위 위를 빙빙 돌고 있었다. 뱃사공은 정신을 잃고 배 바닥에 퍼져앉아 장탄식을 했지만, 죽은 아낙네들이 돌아올 리 없었다.
  뱃사공은 내가 이렇게 많은 사람을 죽이고 어찌 살아남을 수 있는가 하며 실성한 사람처럼 흐느적흐느적 노를 저어 가다 바다에 뛰어들어 죽고 말았다.
  이후 사람들은 이 바위를 떡바위 라고 불렀다. 떡을 받으러 갔다가 사람을 죽게 했다고 해서 붙여진 이름이다.
  그러나 지금도 썰물 때는 동네 아낙네들이 굴을 따고 고둥을 잡기 위해 이 바위를 찾아가고 있다.

태안 안면도의 할미할아비바위

・부부 ・전쟁 ・비극 ・열녀 ・장군

충남 태안군 안면읍 승언리.

태안에서 안면읍으로 가다가 방포해수욕장 쪽으로 들어가면 풍광이 아름답기로 유명한 젖개해변이 나온다. 이 해변에 접해 있는 포구가 방포포구인데 이곳의 남쪽 바다 500m 지점에 할머니 모양의 꾸부정한 바위가 그림처럼 솟아 있다. 이 바위가 전설을 간직한 할미바위라 하고 그 맞은편에 그보다 크고 둥글게 솟아오른 바위를 할아비바위라 한다.

지금으로부터 약 1150년 전 신라의 제42대 왕 흥덕왕 때였다.

당시 바다를 주름잡고 있던 장보고는 청해진에 거점을 정하고 해상활동을 펴나가는 동시에 서해안의 견승포에도 해상 전진기지를 두었다. 이 전진기지에 이를 관장하는 책임자로 승언이라는 장수가 있었다.

이승언은 이곳의 울창한 숲과 은빛 모래, 그리고 푸른 바다가 너무 좋아 시간만 있으면 부인과 함께 숲과 바닷가와 백사장을 거닐었다. 전쟁터에만 돌아다녔던 그로서는 오랜만에 가정의 포근한 행복을 느꼈다. 가정이 안정되니 자연 자기 일에도 충실하게 되어 그가 관할하는 견승포 기지에는 아무런 사고도 없어 평화롭고 행복한 나날이 계속되었다.

"여보, 우리 이곳에서 이렇게 죽을 때까지 살아요."

"나는 군인인데 그렇게 될 수 있겠소."

이렇게 행복한 세월을 보내고 있던 어느 날 드디어 멀리 청해진의 본진으로부터 전령이 왔다. 군사들을 이끌고 북진하라는 명령이었다.
 그는 이런 아름다운 고장과 오랜만에 맛보는 포근한 가정, 그리고 사랑하는 아내를 두고 전쟁터로 간다는 것이 한없이 아쉬웠지만, 상부의 명령이라 어쩔 수 없었다.
 군비를 정비하고 군사들을 정리하여 출정 준비를 서둘렀다.
 "여보, 출정하지 않으면 안 돼요?"
 아내는 안 되는 줄 알면서도 억지를 부려 봤다.
 "명령인데 어찌 안 갈 수 있겠소. 곧 돌아올 테니 염려 말아요."
 출정 준비가 완료되자 승언은 아내를 위로하고 군선들을 이끌고 북쪽으로 떠났다. 떠나는 승언은 뱃전에서, 아내는 견승포의 바닷가에서 아쉬움에 서로 떠날 줄을 모르고 서 있었다.
 남편을 떠나보내고 집으로 돌아온 아내는 이전까지의 출정 때와는 다르게 쓸쓸하고 허전한 마음을 가눌 길이 없었다.
 너무 오래도록 남편과 같이 행복했기 때문인가. 아니면 그의 이번 출정이 불안했기 때문인가. 그러나 그의 건장한 몸과 곧 돌아오겠다는 굳은 약속을 믿으며 마음을 스스로 다스렸다.

 아내는 남편을 떠나보낸 후 그가 집에 있을 때와 같이 매일 집안과 몸단장을 단정히 하고 남편이 무사히 돌아오기를 기다렸다. 그러나 시일이 갈수록 마음은 자꾸만 불안해졌다. 그래서 그냥 집에 앉아서 남편을 기다릴 수가 없었다. 바닷가로 나가서 기다렸다. 그래도 마음이 초조하여 먼 바다까지 보이는 높은 바위에 올라가 기다렸다. 이렇게 매일 같이 남편을 기다리며 보낸 세월이 2년이 넘었다. 그래도 남편은 돌아오지 않았다. 뿐만 아니라 소식조차도 없었다.
 아내는 이제 식음마저도 전폐하다시피 하며 하루 종일 먼 바다만 바라보았다. 그러다 어느 날 바위섬에서 끝내는 죽고 말았다. 아내가 죽고 난 뒤 이 바위는 차츰차츰 아내가 남편을 기다리며 서 있던 모습으로 변하여 갔다. 그래서 후세 사람들이 이 바위를 할미바위라 부르게 되었던 것이다.

지금도 이 할미바위는 지나는 배들을 바라보면서 외롭게 서 있다. 전설을 아는 선원들은 집에 두고 온 부인들을 한 번쯤 생각한다고 한다.

지금 '승언리'라는 지명도 당시 '승언'이라는 사람의 이름에서 유래된 것이라고 한다. 할미바위와 마주하고 있는 할아비바위에 대해서는 아무 전설이 없는 것을 보면 이는 할미바위에 상대해서 붙인 이름인 것 같다.

이 할미바위와 할아비바위는 석양을 받으면 퍽 아름답기도 하고 애잔해 보이기도 한다.

태안군 안면읍 선바위

• 어부 • 부부 • 비극 • 열녀

충남 태안군 안면읍 창기리.

태안읍에서 남면을 거쳐 안면도로 들어가는 연육교를 500여 미터쯤 지나면 도로 아래쪽으로 숲이 우거진 아름다운 서쪽 바닷가에 외롭게 우뚝 솟아 있는 바위를 볼 수 있다. 이 바위가 선바위이다. 이 바위는 어촌 아낙네의 슬픈 운명적 전설을 가지고 있는 바위다.

옛날 안면도 북쪽 산기슭 바닷가에 한 어부 내외가 다정하게 살고 있었다. 그들은 비록 그날그날 바다에서 고기나 조개를 잡아 살아가는 가난한 어부 부부였지만 남달리 부부간의 정이 좋아 섬 안에서는 부러워하지 않는 사람이 없었다.

제법 쌀쌀한 바람이 불어오는 어느 늦가을 날이었다. 이때가 되면 이곳 사람들은 모두 홍어잡이 준비에 바빴다. 이 홍어잡이가 이곳 사람들에게는 일 년 중 가장 큰 어업이기 때문이다.

남편도 홍어잡이를 위하여 어구를 부지런히 정리하였다. 그러나 힘에 부치고 일손이 느려 생각 외로 시간이 오래 걸렸다. 옛날 같지 않아 자기가 늙었다는 것을 느꼈다. 그래선지 바다에서 잔뼈가 굵어 온 그로서도 어쩐지 먼 바다로 나가는 이번 홍어잡이는 자신이 없었다. 그러나 아내에게 실망을 줄까 봐 차마 말을 못 하고 아내가 중참으로 들고 온 막걸리를 받아 마시며 혼잣말처럼 한마디 하였다.

"이제 나도 힘이 달리는 가 봐, 아직도 이러고 있으니. 이번 홍어잡이를 끝으로 이제 홍어잡이는 그만두어야겠어."

아내는 당장 생계가 걱정이었지만 남편의 피곤한 모습을 보고는 그냥 있을 수가 없었다.

"그래요. 산 입에 거미줄 치겠습니까."

이렇게 말을 하며 측은한 표정으로 남편을 위로하였다. 곧이어 남편은 스스로를 추스르며 마지막 홍어를 잡으러 먼 바다로 나갔다.

남편을 바다로 내보낸 아내는 다른 날의 출어 때 보다 어째 불안한 생각이 들었지만, 별일이야 없겠지 하는 생각으로 집안일을 하면서 남편을 기다렸다.

그러나 해가 지고 남편이 돌아올 시간이 지났는데도 돌아오지 않았다. 불안해진 아내는 호롱불을 밝혀 들고 바닷가에서 밤을 꼬박 지새웠지만, 남편의 배는 돌아오지 않았다. 이틀, 사흘이 지나고 한 달, 두 달 석 달이 지나도 남편은 돌아오지 않았다. 동네 사람들은 모두 남편은 이미 죽었으니, 마음을 강하게 먹고 제사라도 지내 주라고 권했지만, 아내는 끝내 포기하지 않았다. 점쟁이를 찾아가 묻기도 하고 시체나 파선한 배의 조각이 이웃 섬이나 동네에 떠밀려 오지나 않았나 수소문하기도 하며 매일 바닷가에 나가 먼 바다를 보며 남편을 기다렸다. 그런지 3년이 되는 해의 어느 날이었다. 그날도 아내는 남편 생각에 제대로 먹지도 못하여 기력이 없는 쇠약한 몸으로 바닷가에 나가 남편을 기다렸다. 그러나 더 이상 버틸 기력이 없던 그녀는 그만 그 자리에서 쓰러져 죽고 말았다. 그러자 갑자기 하늘이 어두워지고 뇌성벽력이 치면서 쓰러진 아내를 향해 번개가 번뜩 이드니 죽은 아내가 그대로 바위로 변하는 것이었다.

부부의 정이 남달리 두터웠기에 끝내 죽고 나서도 망부석이 된 이 바위를 옛날 사람들은 선바위라 불렀다고 한다.

옛날에는 이 바위가 산언덕에 바로 붙어 있었으나 세월이 지나면서 파도가 산언덕을 깎아 지금은 바다 쪽으로 제법 나와 있어 썰물 때는 바위 밑 부분이 물에 잠긴다. 이곳 사람들은 이런 현상을 아내가 지금도 남편을 찾아 자꾸만 바다 쪽으로 가고 있다고 말하고 있다.

태안 안면도 뱀사당

•뱀 •어부 •꿈 •제사

충남 태안군 안면읍 황도리.
　태안군에서 태안반도인 안면읍으로 들어가는 길에서 4km 정도 전에서 왼손 편으로 들어가다 보면 다리가 나타난다. 이 다리를 건너면 바로 황도리라는 섬마을이 있다. 이 섬마을의 뒷동산 등성이에는 몇 그루의 고목이 서 있고 그 사이 백여 평의 대지에 세 채의 기와집 사당이 있다. 이 사당이 지금은 유명한 당제인 '황도붕기 풍어제'를 지내는 곳이지만, 옛날에는 뱀 신을 모시고 제사를 지냈던 뱀사당이다.
　옛날 무인도였던 이 황도리 섬에 나주 정씨와 해주 오씨가 처음 이주해 왔다. 이 두 씨족이 정착은 하였지만, 이곳이 섬이었기에 농토도 넉넉하지 못했고 그렇다고 어선이 있어 고기잡이를 할 수 있었던 것도 아니었다. 다만 바닷가에 나가 조개를 잡거나 해조류를 뜯어 근근이 생계를 이어 갈 수밖에 없었던 것이다.

　정 씨와 오 씨는 어떻게 하든 배를 만들어 고기를 잡아 육지에 나가서 팔아야 생활이 될 것 같았다. 그래서 그들은 산에 가서 나무를 베고 육지에 가서 연장을 빌려와 어렵게 조그마한 배 한 척을 만들고 낚시를 장만하여 바다로 나갔다.
　첫 출어의 설레는 마음으로 바다에 낚시를 던지자 그때까지도 잠잠하던 바다가 갑자기 큰 파도가 일어나더니 배를 덮쳐 버렸다. 배는 파도에 잠겨 버리고 사람들만 간신히 살아 돌아왔다.
　"왜 갑작스럽게 파도가 일었을까?"
　"글쎄, 그러나 배가 좀 더 컸더라면 괜찮았을 거야."

그들은 다시 합심하여 보다 더 큰 배를 만들어 바다로 나갔다. 그러나 역시 처음과 같이 어장을 시작하려 할 때 또다시 파도가 일어 배를 잃고 말았다.

두 씨족은 낙심하여 드러눕게 되었고 생계마저 이어 가기가 힘들게 되었다.

"이곳을 떠나도록 합시다."

"그럼 어디 가서 어떻게 산단 말입니까."

이렇게 서로 이 섬을 떠날 생각을 하다가 어느 날 마지막 한 번만 더 시도 해 보기로 합심하고 먼젓번 배보다 더 크고 견고한 배를 만들어 좋은 날을 가려 바다로 나갔다. 그런데 막 낚시를 던지는 순간이었다. 갑자기 배 앞으로 커다란 이무기 한 마리가 지나가면서 꼬리를 치는 것이 눈에 보였다. 그와 동시에 큰 파도가 일면서 배를 덮쳐 왔다. 어부들은 일제히 비명을 질렀다.

"뱀이다. 뱀의 농간이다!"

어부들은 그래도 배가 크고 견고한 탓으로 간신히 파도를 피해 빈 배만 몰고 돌아왔다.

그날 밤이었다. 이 마을에서 가장 나이가 많은 노인의 꿈에 백발노인이 나타났다.

"나는 바다에 사는 뱀들의 왕이요. 당신네한테 할 말이 있어 왔소."

노인은 용왕이라는 말은 들어봐도 뱀왕이란 말은 처음 들어 보는 말이라 의아해하며 다시 물었다.

"뱀왕이라 그랬습니까?"

"그렇소."

노인은 이상한 왕도 다 있다고 생각했다.

"그래, 할 말이 무엇입니까?"

"당신네들이 아무리 고기를 잡으려 해도 우리의 도움이 없으면

헛수고가 되고 말 것이오. 내 그것을 알리려 왔소."

"그렇다면 지금까지 세 번이나 바다에 나가 풍랑을 만났는데 그것이 전부 당신들의 장난이었단 말이오."

"그렇소."

"그럼 당신들의 도움을 받으려면 어떻게 하면 되오."

"그것은 간단하오. 뒷산 꼭대기에 당을 짓고 제사를 지내시오. 그러하면 우리가 가만히 있겠소."

"당제를 지내란 말이군요."

"그렇소. 당을 짓고 이것을 걸어 놓고 그 앞에서 제를 올리시오."

자칭 뱀의 왕이라는 노인은 소매 주머니에서 두루마리를 하나 꺼내 놓고는 표연히 사라졌다.

마을 노인은 두루마리를 펼쳐 보았다. 거기에는 큰 뱀의 그림이 그려져 있었다. 노인은 징그럽다고 생각을 하면서도 그림을 말아서 품속에 간직했다.

잠에서 깨어난 노인은 이상한 꿈이라고 생각하고는 혹시나 하고 품속을 더듬어 보았다. 그랬더니 꿈에 백발노인이 준 뱀의 그림이 품속에서 그대로 나왔다. 노인은 신비롭고 괴이한 일이라 즉시 동네 사람들을 불러 모아 꿈 이야기를 하고 뱀 그림을 내보였다. 모두 세 번이나 당했던 일이라 이는 예사롭지 않은 일이라고 생각하게 되어 다른 일은 제쳐두고 모두 사당을 짓는 데 적극 동참하여 빠른 시일에 당을 짓게 되었다. 그리고는 사당 안에 뱀의 그림을 걸어 놓고 제사를 지냈다.

그 후로 바다는 조용하게 되었다. 고기잡이 또한 순조로워 동네는 한층 번창하여 갔다. 동네 사람들은 이 모든 것이 뱀 왕이 보살펴 준 덕이라고 생각했다.

그러나 세월이 흐르고 젊은 세대들이 차츰 늘어나면서 이 사당에

대한 부정적인 시각이 커져 갔다. 어느 날 젊은이 몇 명이 미신타파를 외치며 사당의 뱀 그림을 떼어 내 불을 질렀다. 그러나 이상하게도 뱀이 그려진 부분에는 불이 붙지 않았다. 다시 불을 붙여도 역시 마찬가지였다. 그래서 마을 사람들은 이 그림이 영험이 있어 타지 않는다고 믿고 있다.

 얼마 전까지 음력 12월 15일부터 당주를 정하여 정월 초이틀 날 당제를 지내 왔는데 지금은 이것이 발전하여 전국에서도 유명한 황도붕기 풍어제가 되고 있다.

 * 뱀을 숭배하는 사상은 한때 송나라에 있었던 것으로 송나라와 교역이 많았던 서해안 지방에 전파된 민간 신앙이다.

전북

- A 군산 장자도 할매바위와 횡경도의 할배바위
- B 군산 선유도 오룡묘 왕비 이야기
- C 군산 어청도 치동묘
- D 군산 고군산열도 탄생설화
- E 군산 옥구 내초도 금돈시굴
- F 부안 위도 피동지 구멍
- G 부안 대리의 용왕당
- H 부안 변산반도 수성당

군산 장자도 할매바위와 횡경도의 할배바위

· 선비 · 부부 · 오해 · 바위 · 비극

전북 군산시 고군산면 장자도리.
이 섬은 가재미같이 생겼다하여 일명 가재미 섬이라 부르기도 한다. 군산항에서 43.2km 떨어져 있는데 고군산열도의 중심인 선유도와 무녀도, 대장도와 교량으로 연결되어 있다.
장자도에는 할머니가 포대기에 애를 업고 있는 듯한 할매바위가 있고 이곳에서 약 4km 떨어져 있는 횡경도란 무인도에는 두루마기에 상투를 하고 갓을 쓴 듯한 할배바위가 있는데 이에 따른 전설이다.

옛날 장자도에는 글 읽기를 좋아했던 선비가 살았다. 살림이 궁색한데도 글만 읽고 있어 아내 되는 사람의 고생은 이만저만이 아니었다. 그런데도 아내는 불평 하나 없이 밤낮으로 바다와 산을 오가며 남편을 지극 정성으로 섬겼다. 그러던 어느 날 남편은 과거가 있어 과거를 보려 서울에 올라가게 되었다.
아내는 남편이 급제하여 하루빨리 돌아오기만을 기다리고 있었지만, 돌아오겠다는 날짜가 지나가도 남편이 돌아오지 않았다. 불안한 생각에 매일 같이 어린애를 업고 장자봉에 올라 멀리 남편이 돌아오는 배만을 기다리고 있었다. 그러던 어느 날 남편이 돌아오는데 믿었던 남편의 뒤에는 예쁜 여자가 따라오고 있는 것을 먼발치에서 볼 수 있었다. 기가 막힌 부인은 낙심하고 돌아서자 등에 있던 아이가 '앙'하고 울고 말았다. 그와 동시에 아내는 그만 그 자리에서 돌이 되고 말았다고 한다. 부인이 돌로 변하는 것을 본 남편도 그 자리에서 돌로 변하고 말았다고 하는데 바위로 변한 할아버지는 할머니 등을 보고 후회하는 마음으로 약 4km 밖인 횡경도에서 지금도 오고 가는 선박의 길잡이 노릇을 하고 있다고 한다.

할매바위는 아이를 업고 있는 형상이어서 권 씨 할머니란 분이 해마다 흰 광목으로 포대기 띠를 둘러주고 매년 7월 초사흘과 정월보름날에 제를 지내주었는데 그분이 죽고 난 뒤에는 대전 어느 스님이 1년에 한 번씩 흰 광목을 둘러주고 제를 지내주고 있다고 전한다.

군산 선유도 오룡묘 왕비 이야기

• 딸 • 왕비 • 산신령

전북 군산시 옥도면 선유도리.

군산항에서 43.2km 떨어져 있는 고군산군도의 중심이고 3번째 큰 섬이다. 옛날 이곳에 군산진이 있었다 하여 옛날 군산이라는 뜻으로 고군산이라 불렀고, 주변 16개의 유인도와 47개의 무인도를 합쳐 고군산군도라 부르고 있다. 이 선유도에 망주봉이라는 높은 봉우리가 있는데 이곳에 오룡묘라는 당집이 있다. 이 당집은 고려시대부터 있었다고 하며 바다의 신에게 해양안전을 위한 제사를 지냈다고 한다. 지금 이 당집은 군산시 향토 문화유산 제19호로 지정되어 있다. 이 당집에 관한 전설이다.

옛날 망주봉 밑에 임씨 성을 가진 사람이 살았다고 한다. 어느 날 임 씨 부인이 임신을 하여 딸을 낳았는데 그 딸은 날 때 왼손을 펴지 않고 주먹을 꽉 쥐고 태어났다. 아무리 주먹을 펴려고 해도 펴지지 않고 울기만 하여 병신인 줄 알고 처녀가 되어 시집갈 때까지도 그냥 그대로 두었다. 시집갈 나이가 되자 부모는 병신 딸이라 혹시 시집을 못 갈까 봐 서둘러 혼사처를 찾았다. 다행히 인물이 예뻐 혼사처가 쉽게 나타나 급히 날짜를 정하고 말았다.

내일로 혼사 날짜가 다가 온 그날 밤이었다. 시집갈 처녀가 행방불명되고 말았다. 뿐만 아니라 혼사 때 쓰기 위해 키우던 돼지도 없어지고 말았다. 이상한 일이라고 생각하고 온 가족이 백방으로 찾았지만 찾지를 못했다. 육지 같으면 처녀가 마음에 있는 총각하고 눈이 맞아 돼지를 밑천 삼아 도망이라도 갔겠지

하고 생각이라도 할 수 있겠지만 이곳 섬에는 배 없이는 한 발짝도 밖으로 갈 수 없는데 정말 귀신이 곡할 노릇이었다. 혹시나 하고 마지막으로 찾아가 본 곳이 망주봉 밑에 있는 북두칠성과 산신을 모셔 놓은 오룡묘 신당이었다. 뜻 밖에도 그곳에 처녀와 돼지가 죽어 있었다. 그런데 죽은 처녀는 지금까지 꽉 쥐고 있던 주먹을 짝 펴고 있었는데 손바닥에는 왕비(王妃)라는 글자가 선명하게 새겨져 있었던 것이다. 이것을 본 부모는 왕비가 될 딸을 자신들이 무지해서 천민한테 시집보내려고 한 것을 한 없이 후회하며 신시도에서 딸과 돼지를 장사지내고 딸의 영혼은 편안하게 지내도록 오룡묘 신당에 모셨다고 한다.

그 뒤 이 오룡묘의 신당은 영검한 신당으로 이웃 섬에까지 소문이 났는데 어느 해 하도에서 청기와를 싣고 신당 앞바다를 지나다 태풍을 만나 피항을 하게 된 화물선이 있었다. 며칠이 있으면 바람이 자겠지 하고 기다리고 있었는데 며칠이 지나도 태풍이 잦아지지를 않았다.

애를 태우고 있던 어느 날 선두의 꿈에 산신령이 나타나 말하기를, 청기와 석 장만 오룡묘에 갖다 바치면 무사히 배가 갈 수 있다고 했다. 뒷날 선두가 좋은 청기와 석 장을 골라 산신령이 시키는 대로 오룡묘에 갖다 바쳤더니 거짓말같이 금방 파도가 잔잔해져서 무사히 항해를 할 수 있었다고 전하는데 그때 갖다 바쳤다는 청기와는 언젠가 없어져서 지금은 볼 수 없다고 한다.

군산 어청도 치동묘

• 왕

전북 군산시 옥도면 어청도리.

어청도는 군산항에서 서북쪽으로 72km 떨어진 곳에 있어 군산항에서는 가장 서쪽에 떨어져 있는 섬이다. 옛날부터 중국에서 새벽에 우는 닭 소리가 들린다는 이야기가 있을 정도로 중국과 가까운 섬으로 중국의 제나라의 왕이었다는 전횡을 모시는 사당인 치동묘가 여기에 있다.

고대 중국의 제나라 왕인 전횡은 초한 때 한신이 제나라를 쳐 나라가 망하게 되자 자기를 따르는 빈객 500여 명을 데리고 피난처를 찾다 안전하다고 생각한 어청도를 찾아들었다.

어청도에서 자리를 잡은 전횡왕은 지나가는 배들을 유인 탈취하여 해상권을 장악하며 세력을 키워갔다.

한의 고조 유방은 이 소식을 전해 듣고 전횡이 반란할 것을 두려워하여 사자를 보내 전횡의 죄를 용서한다는 감언이설과 협박으로 불러들였다.

전횡은 어쩔 수 없이 빈객 2명을 거느리고 낙양으로 향했다. 그러나 가는 길에 같은 왕이었던 처지에 이제 유방은 한나라의 천자가 되어 섬겨야 한다는 치욕에 그만 낙양에 가기 전에 자신의 목숨을 끊고 말았다. 그 후 수행한 빈객도 자살하고 말았고 그 소식을 전해 들은 어청도에 남아 있었던 빈객 500여 명도 전부 자살했다고 전해진다. 전횡이 죽었을 때 그의 시신을 운반하던 빈객이 그를 애도하여 불렀다는 '해로가'와 '호리곡'은 이후 상엿소리의 기원이 되었다고 전하기도 한다.

치동묘는 백제시대에 전횡을 봉안하기 위하여 이곳에 사당을 세웠다고 전한다.

어떤 연유로 여기에 치동묘를 세웠는지는 자세히 모르지만 치동묘는 마을 중앙에 있다. 둘레는 약 2m 높이로 돌담이 쌓여 사당 문에는 태극 문양이 새겨져 있고 문 위에는 치동묘라는 글씨가 새겨져 있다.

이곳에서는 매년 세 차례 당제를 지내는데 3월 보름에 지내는 제를 '도신'이라 하고 제물은 육류를 사용하지 않고 떡과 과일 채소만 사용한다고 한다. 제의는 3일간 행하는데 첫날은 주변 청소, 둘째 날은 제담 아래 마련된 '막태'란 곳에 제물을 준비하고 셋째 날은 제주가 마을에서 어린 아동이 받들고 온 새 옷을 갈아입고 제를 지낸다고 한다.

다음 두 번째 제는 음력 8월 14일에 '신미찰'이라는 당제를 당주 집에서 저녁 무렵 지내고 그 뒤 용왕제를 지낸다. 마지막 세 번째 제는 섣달그믐날 '채담'이라고 당주 집에서 간단히 지낸다고 한다.

이와 비슷한 전설은 외도에도 있고 사당도 있다. 전횡이 외도와 어청도 근해에서 상당한 세력을 가지고 있었다는 증거이기도 하다. 여기에서 이야기하는 전횡에 관한 자료는 사마천의 사기열전에 나와 있는 것이다.

군산 고군산열도 탄생설화

・시댁　・며느리　・도인　・재해

전북 군산시 옥도면 말도리.

고군산열도는 16개의 유인도와 47개의 무인도로 구성되어 있다. 거리는 군산시로부터 그 중심지인 신선도까지 43.2km 떨어진 곳에 있다. 이 고군산이란 이름은 선조2년(1569년) 군산진이 이곳 신선도에 있다가 군산으로 옮겨 감에 따라 옛날 군산이란 뜻으로 고군산이라 부르게 되었다고 한다. 이 고군산열도가 탄생하게 된 전설이다.

약 천 년 전 고려 초기에 전북 부안의 자신포라는 어촌에 곽 씨란 노인이 살고 있었다. 그는 일찍이 아내를 잃고 과부 며느리와 손자 하나를 거느리고 살았다. 그들이 사는 마을 부근에는 이름 없는 어촌 몇 마을도 있었다. 이렇게 몇 개의 마을들이 어울려 살고 있었는데 어느 날 곽 노인이 마당에서 손자와 같이 놀고 있으니 문득 풍채 좋은 도인이라는 사람이 나타나 냉수 한 그릇을 청했다. 곽 노인은 물 한 사발을 건네자 단숨에 물을 비우고 그릇을 되돌려 주며 머리를 숙여 정중히 인사를 하며 이렇게 말을 남겼다.

"내 노인장께서 주신 물 한 그릇의 은혜에 보답하는 뜻으로 한 말씀 드리니 명심하십시오"

"물 한 그릇 드린 것이 무슨 은혜라고 그러시오."

곽 노인이 겸손해하자 도인이라는 사람은 손사래를 치며 이렇게 말했다.

"마을 뒷산에 가보면 장군석이 있을 것이요. 그 장군석의 코에 피가 흐르게 되는 날에 필시 큰 재변이 닥칠 것이요. 재변은 다름

아닌 마을의 부근 일대가 삽시간에 망망대해로 변할 것이오. 그러니 노인장은 매일 같이 산에 올라 장군석을 주의 깊게 살피다가 코에서 피가 보이거든 지체 없이 가족을 데리고 멀리 피난을 가야 화를 면할 수 있을 것이오. 내가 하는 이 말은 아무에게도 하지 말고 혼자만 알고 있어야 하오."

도인이라는 사람은 이렇게 말을 하곤 연기처럼 사라졌다.

곽 노인은 긴가민가하면서도 혹시나 하고 매일 산에 올라 장군석을 살폈다. 그러면서도 천기누설로 화를 입을까 감히 누구에게도 말을 못 한 채 벙어리 냉가슴 앓듯 하다가 결국 며느리한테 이 모든 것을 이야기하게 되었다. 시아버지한테서 이 사실을 전해 들은 며느리는 도저히 믿을 수 없는 황당한 이야기라 코웃음을 치고 말았다. 그러나 시아버지는 하루도 거르지 않고 산에 올라 장군석을 살폈는데 이를 지켜보던 며느리는 시아버지 하는 일이 하도 시답잖아 어느 하루 몰래 일부러 붉은 물감을 들고 산에 올라 장군석 코에 칠을 하고 내려왔다.

이튿날 이런 것도 모르고 산에 올라 장군석의 코를 살피니 코에 피가 있는지라 '바로 그때가 왔구나' 생각하고 급히 집으로 내려와 며느리에게 피난 갈 것을 재촉했다. 그러나 며느리는 웃으며 "내가 장난삼아 칠을 했다"고 말을 하며 피난 갈 생각을 하지 않았다. 곽 노인은 이런 며느리 말은 듣지 않고 몇 번이나 며느리에게 피난 갈 것을 종용하다 며느리가 말을 듣지 않자, 노인은 결국 손자만 달랑 등에 업고 멀리 피난길을 떠났는데 노인이 떠나자 바로 노인이 살던 동네와 이웃 동네들이 순식간에 망망대해로 변해버리고 말았다. 그와 동시에 고군산 바다에서 땅이 불끈 솟아올랐는데 그 땅이 지금의 고군산열도가 되었다고 한다. 그 뒤 피난길에 올랐던 곽 노인은 김제까지 피난하여 그곳에서 정착하여 살았다고 전한다.

군산 옥구 내초도 금돈시굴

• 돼지 • 아버지 • 아들 • 도망

전북 옥구군[54] 내초동.

지금은 새만금 공사로 육지로 변한 섬이다. 이곳에서 경주 최씨의 시조이며 신라 말의 대석학 고운 최치원 선생이 출생했다는 설화가 전해 오고 있다.

최치원의 아버지가 하루는 내초도라는 곳으로 사냥을 나갔다가 누런 황돼지한테 붙들려 토굴로 끌려갔다. 토굴로 끌려간 최치원의 아버지는 황돼지와 부부로서 몇 달을 살았다. 그 몇 달 동안 황돼지는 임신하게 되었고 결국 아들을 낳게 되었다.

아들이 점점 자라남에 따라 아버지는 자식의 교육이나 장래를 생각하여 아들을 데리고 육지로 나오려고 했지만, 황돼지의 심한 반발로 뜻을 이루지 못하고 섬의 토굴에서 짐승처럼 그대로 살았다. 그렇게 살던 어느 날 황돼지가 멀리 다른 섬으로 사냥을 나간 사이 아버지는 다섯 살 되는 아들을 불러 놓고 지금까지 아들이 출생한 비밀을 전부 말하고 너희 장래를 위해서는 이곳에서 하루속히 육지로 나가야 하는데 황돼지의 감시에서 벗어날 수 없어 방법이 없다고 한탄의 말을 했다.

이 말을 들은 아들은 황돼지가 날마다 해다 놓은 나무토막을 훔쳐다 몰래 엮어서 배를 만들어 타고 나가자고 제의했다. 아버지도 이에 찬성하고 기회만 엿보고 있는데 어느 날 황돼지가

---

54 현재 군산시에 통합

먼 산에 나무를 하러 간 사이 아버지와 아들은 황돼지가 갖다 놓은 나무토막들을 엮어 뗏목을 만들어 부랴부랴 바다로 나갔다. 노를 저어 막 육지에 닿으려는데 그제야 황돼지가 이를 알고 악을 쓰며 헤엄쳐 왔다. 황돼지의 발이 뗏목에 닿을 듯하자 아들이 미리 잘라서 실어 놓은 나무토막을 먹이처럼 던졌다. 평소 욕심이 많은 황돼지는 나무토막이 떠내려가는 것이 아까워서 얼른 물어다가 섬에다 두고 또 쫓아왔다. 그러면 아들은 또 나무토막을 던지고 그러면 황돼지는 또 그것을 섬에다 물어다 두고 쫓아 오고, 이렇게 몇 번을 반복하자 황돼지는 그만 기진맥진하여 죽게 되었다.

구사일생으로 살아서 육지에 당도한 아버지와 아들은 경주에 삶의 터전을 마련하고 아버지는 아들을 위하여 열심히 일하고 아들은 아버지의 뜻을 받들어 열심히 공부하고 당나라에 유학까지 하여 당대의 대석학이 되었다고 전한다.

부안 위도 피동지 구멍

•욕심 •구렁이 •권선징악

전북 부안군 위도면 대리.

해안의 풍광이 아름답기로 유명한 변산반도의 변산면 격포항에서 위도로 가는 카페리를 타고 뱃길로 40여 분을 가면 위도의 선착장에 도착한다. 여기서 다시 차를 타고 10리 길을 가면 면사무소가 있는 진리라는 동네를 거쳐 이 섬의 맨 끝인 서남단의 바닷가에 도착한다. 이 마을이 대리라는 어촌으로 주요 무형문화재 제82호인 '띠배굿'으로 유명한 곳이다. 이 마을의 바닷가 절벽 밑 붉은색을 띠고 있는 바위에 큰 구멍이 하나 나 있다. 이 구멍을 이곳 사람들은 피동지 구멍이라 부르고 있다.

옛날 위도의 대장리에 피동지란 사람이 살았다. 성은 피씨지만 이름은 동지 벼슬을 했다 하여 그냥 피동지라 불렀다.

이 피동지는 어찌나 마음씨가 고약하고 욕심이 많던지 동지라는 벼슬을 이용하여 칠산 어장의 세금을 혹독하게 받아 내어 어민들로부터 원성을 샀을 뿐만 아니라 이 세금을 착복하여 부자가 되었다. 그러자 그는 동민들을 하인처럼 부리는 안하무인이 되었다. 특히 그가 각처로 세금을 받으려고 갈 때는 꼭 사인교를 타고 다니며 거들먹거렸다. 그런데 그의 하인들은 이 사인교를 서로 메지 않으려 슬슬 피해 다녔다. 어쩔 수 없이 메더라도 서로 앞쪽에서 메지 않고 뒤에서만 메려고 했다. 이유인즉 가마가 조금만 기우뚱거리면 호통을 치며 담뱃대 대통으로 앞쪽 교군꾼의 머리통을 사정없이 때릴 뿐만 아니라 담배를 피우고 나서는 교군꾼 머리통에다 뜨거운 담뱃재를 탕탕 털기 때문이었다.

어느 날, 그날도 사인교를 타고 거드름을 피우며 대리로 어장세를 받으러 가는 길이었다. 그런데 지금의 피동지 구멍이 있는 절벽 위를 지날 때였다. 길은 좁고 가파른데다 자갈이 많아 교군꾼들이 조심조심 갔는데도 그만 앞 쪽의 사인교 꾼의 실수로 발이 미끄러지면서 사인교가 기우뚱하며 흔들렸다.

그러자 피동지가 담배를 피우던 대통으로 앞 교군꾼의 머리를 사정없이 내리쳤다. 어찌나 아프고 뜨겁던지 교군꾼은 그만 사인교를 잡았던 손을 놓고 쓰러지고 말았다. 그러자 사인교는 한쪽으로 기울어지면서 절벽 위를 굴렀고 그와 동시에 피동지는 절벽 아래 시퍼런 바닷물로 떨어져 버렸다. 교군꾼들은 갑자기 당한 일이라 우왕좌왕하다가 정신을 차리고 절벽 아래로 내려가 보았다.

그랬더니 물에 빠진 피동지는 보이지 않고 피동지가 떨어진 그 자리에 구렁이 한 마리가 똬리를 틀고 눈물을 흘리고 있었다. 이상한 일이라고 생각하고는 교군꾼들이 가까이 갔더니 그 구렁이는 슬그머니 그 옆 바위에 뚫린 구멍으로 들어가 버렸다.

이때부터 이곳 사람들은 이 구멍을 피동지 구멍이라 부르고 있으며 이 일대 바닥의 돌이 전부 붉은 빛을 띠고 있는데 이는 피동지의 피가 흘러서 그렇게 된 것이라 전한다.

이 피동지 구멍이 있는 대리마을 앞바다가 예부터 조기잡이로 유명한 칠산바다인데 이곳에 조기가 한창 날 때가 되면 피동지 구멍에서 피동지 내외인 듯한 구렁이 두 마리가 가끔 나타나 뱃길을 막기도 하고 노를 휘감아 출어를 방해하기도 하는데 이때는 가지고 가는 점심밥 중에서 쌀밥만을 골라 뿌려 주면 이를 받아먹고 돌아간다고 한다.

지금도 피동지 구멍에 가 보면 비록 구렁이는 볼 수 없지만, 가끔 구멍 주변에서 넓적넓적한 구렁이 비늘을 볼 수 있다고 한다.

부안 대리의 용왕당

•어부 •부부 •남매 •재해 •꿈 •용왕 •제사

전북 부안군 위도면 대리.

위도면은 하나의 섬으로 이루어져 있다. 면적은 약 1,752km²로 서해의 유명한 조기 어장인 칠산 앞바다에 자리 잡고 있다.

아름다운 변산반도의 격포항에서 위도를 오가는 카페리를 타고 40여 분 올망졸망한 섬들과 연꽃 같은 양식장의 부표를 보며 바닷길을 가다 보면 위도의 선착장에 도착한다. 여기서 다시 10여 분 차를 타고 가면 대리라는 어촌이 나온다. 이 대리의 가파른 뒷산을 30여 분 숨차게 오르면 정상의 절벽을 이루는 바위 위에 새 둥지처럼 세워져 있는 당사가 이곳 대리 어민들의 정신적 지주인 용왕당이다.

옛날 대리 어촌에 어질고 성실한 어부 내외가 남매를 키우며 단란하게 살았다. 어느 날 이 어부는 칠산 앞바다의 조기가 잘 잡히기로 이름난 주벅어장으로 조기잡이를 나갔다가 폭풍을 만나 그만 수중고혼이 되고 말았다. 아버지를 잃은 가족들은 그 슬픔도 슬픔이지만 당장 생계를 이어 가기가 어려웠다. 그래서 어머니의 만류에도 불구하고 아들은 아버지의 뒤를 이어 어부가 되어 바다로 나갔다. 그러나 재앙이 겹쳤는지 아들까지 폭풍을 만나 돌아오지 않았다. 애가 타는 어머니와 딸은 마을 앞 바닷가에서 날마다 아들을 기다렸지만 무정한 바람만 그치지 않고 불뿐 아무런 소식도 없었다. 결국 어머니는 남편과 자식을 잃은 슬픔과 기다림에 지쳐 몸져눕고 말았다. 어머니까지 자리에 눕자, 딸은 어찌할 바를 모르다가 정신을 차리고 목욕재계한 후 바닷가에 나가 정성을 다하여 용왕님께 빌었다.

"용왕님! 우리 아버지와 오라비가 죽었으면 시신이라도 보게 하여 주십시오. 그리고 우리 어머니의 병도 낫게 하여 주십시오."

이렇게 밤낮 사흘을 빌던 마지막 날 밤 피로에 잠시 졸았는데 그때 백발노인 한 분이 나타났다.

"나는 용왕이다. 네 정성이 지극하니 네 소원대로 하여 줄 것이다. 너희 마을 사람들이 나에 대한 정성이 부족하여 큰 재앙을 가끔 당하는 것이니 앞으로는 매년 정월 초사흘 날 용왕제를 성대하게 지내도록 하여라. 네 아버지와 오라비의 시신은 내일 아침 볼 수 있을 것이다."

백발노인은 이렇게 말을 하고는 홀연히 사라졌다.

딸은 아침이 되기가 바쁘게 바닷가로 나가 봤다. 어제까지만 하더라도 비바람과 파도가 치던 바다가 호수처럼 잔잔해져 있었다. 마을 앞 갯벌 위에는 아버지와 오라비 그리고 같이 고기잡이 나갔던 마을 사람들의 시체가 모두 밀려와 있었다. 이리하여 이때부터 대리어촌에서는 해마다 정초에 당제와 용왕제를 정성을 다하여 지내고 용왕께 바치는 많은 제물과 마을 사람들의 소원을 적은 글발, 그리고 오색기를 꽂아 용왕께 바치니 마을에는 큰 재앙이 없어졌고 칠산 바다의 고기잡이도 잘되어 마을이 풍요로워졌다고 한다.

이 섬에는 지금도 여러 마을에 당산제가 남아 있는데 그중에서도 대리의 띠뱃놀이 원당제가 특히 유명하며 띠뱃놀이의 중심을 이루고 있는 것은 이 용왕제라 한다.

부안 변산반도 수성당

·형제 ·도인 ·어머니 ·영웅

전북 부안군 변산면 격포리 죽막동.

격포리에서 채석강과 격포해수욕장을 지나서 해안 도로로 2km쯤 가면 적벽강이라는 곳이 있다. 이 일대가 죽막동이라는 어촌이다. 이 어촌의 바로 뒷산, 바다로 돌출한 정상의 절벽 위에 울창한 소나무와 동백나무 사이로 칠산바다의 수호신을 모신 수성당이라는 당집이 있다. 이곳을 대마골이라 부르며 여기서 왼편으로 몇 발 나와 밑을 내려다보면 깎아지른 두 개의 절벽 사이로 깊게 패인 협곡에 시퍼런 바닷물이 소용돌이치는 모습을 볼 수 있다. 이곳은 대마골의 여울굴이라 한다.

옛날, 이 대마골 근처 마을에 마음씨 착한 고기잡이 형제가 앞을 못 보는 늙은 어머니를 모시고 살고 있었다. 형은 날마다 바다에 나가 고기를 잡고 동생은 산에 가서 나무도 하고 밭에 나가 농사일도 하면서 비록 가난하기는 하나 어머니를 정성껏 봉양하며 의좋게 살아가고 있었다. 그러던 어느 날 형이 아침 일찍 일어나더니 기분이 좋아 싱글벙글하였다.

"형은 뭐가 그리 좋아?"

"어젯밤에 만선의 꿈을 꾸었으니, 오늘은 큰 고기를 잡을 것이다."

형은 이렇게 만선의 부푼 꿈을 안고 여느 날과 같이 앞 못 보는 어머니에게 인사를 하고 바다로 나갔다. 그러나 큰 고기를 잡아 온다던 형은 날씨가 나쁘지도 않은데 밤이 늦도록 돌아오지 않았다. 뒷날도 돌아오지 않자, 동생은 형을 찾아 바다로 나갔다. 그러나 동생마저도 행방불명이 되고 말았다.

집에 혼자 앉아서 두 자식을 애타게 기다리던 앞 못 보는 어머니는 아무리 기다려도 자식들이 돌아오지 않자, 자식들을 찾아 더듬더듬 바닷가로 간다는 것이 그만 대마골 여울골로 들어갔다. 이곳에서 자식들의 이름을 목메게 불렀다. 부르는 소리는 여울골에 부딪혀 메아리가 되어 돌아왔다. 어머니는 이 메아리가 자식들의 대답 소리로 들렸다. 어머니는 너무나 반가워서 소리가 나는 곳으로 한발 한발 앞으로 나가다 그만 절벽 밑 깊은 여울골 속으로 떨어져 죽고 말았다.

그 후 상당한 세월이 흐른 어느 청명한 날 순풍에 돛을 단 배 한 척이 미끄러지듯 여울골로 들어와 멈추었다. 그 배에는 두 청년과 아름다운 아가씨 두 사람이 타고 있었는데 이들은 바로 행방불명된 고기잡이 두 형제였다. 이들은 그때 바다에 빠져 죽은 것이 아니라 서해 어딘가에 있다는 봉래도의 성인들이 마음씨 착한 형제를 데려가 도술을 가르쳤던 것이다.

이들은 여울골 앞에서 어머니가 이곳에서 돌아가신 것을 알고 여울골을 향해 재배를 하였다. 절을 하고 나자 여울골의 푸른 물이 점점 골 위로 차오르더니 이윽고 백발노인 한 분이 불쑥 튀어나와 형제들 앞에 섰다.
"스승님! 나오십니까?"
청년들은 노인 앞에 정중히 인사를 하였다.
"그동안 너희들의 수고가 많았다. 이제 마지막으로 너희들에게 황금 부채 한 개씩을 줄 것이니 하나는 가지고 나라를 구하고 다른 하나로는 마을을 구하여라. 너희 어머니는 내가 편안히 모시고 있을 것이니 염려를 말아라."
노인은 이렇게 말을 하고는 여울골 속으로 사라졌다.
형이 먼저 그가 받은 황금 부채로 바다를 향하여 부채질을 해

보았다. 갑자기 큰 바람이 일며 파도가 산더미같이 치솟았다. 이번에는 동생이 가진 부채로 부치니까 거짓말같이 그렇게 치솟던 파도가 조용해졌다. 형제는 노인에 감사하고 그 은덕을 잊지 않기 위해 여울골 옆에 지금의 수성당을 짓고 노인을 받들어 모셨다. 그랬더니 여울골 속에서 철마 한 마리가 나왔다. 이 철마는 이들 형제만이 탈 수 있으며 평상시에는 주먹만 했다가 이들 형제가 타면 큰 말이 되었다.

적이 나타나거나 왜구가 노략질을 하러 오면 형이 이 철마를 타고 비호처럼 달려가 황금 부채를 부쳐 적의 배를 모조리 침몰시켰으며 마을 사람들이 풍랑을 만나 위험하게 되면 동생이 황금 부채를 부쳐 그들을 구했다.

그 후 이들 형제가 죽은 뒤 철마만이 여울골에 남아 있었는데 어느 마음씨 나쁜 사람이 이 철마를 훔쳐다 깊숙한 곳에 감추고 자물쇠를 채워 놓았지만 금방 감쪽같이 사라졌다고 한다. 이상하게 여겨 여울굴에 와 보니 그곳에 와 있으므로 또 훔쳐다 갔다 두었더니, 어느 날 철마는 여울골 속으로 영원히 들어가 버려 다시는 나타나지 않았다고 한다.

또 한 전설은 이 수성당이 칠산 바다를 지켜주는 개양할미를 모신 곳이라고도 한다.

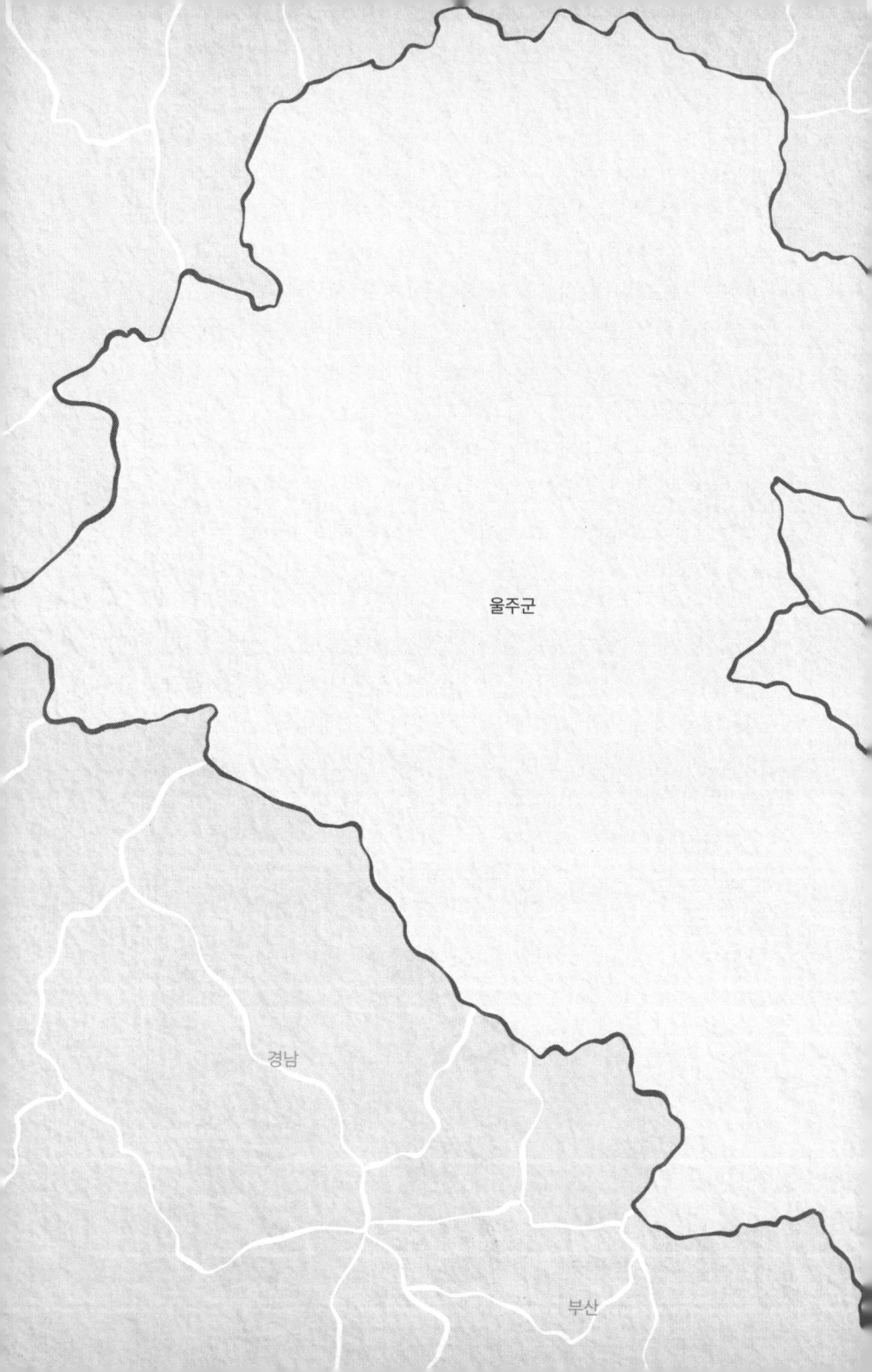

경북

북구

중구

남구

동구

울산

- Ⓐ 처용암
- Ⓑ 낙화암과 홍상도
- Ⓒ 고래논
- Ⓓ 정자의 박제상 유적

처용암

· 병 · 용왕 · 바람 · 부부 · 문학

울산 남구 황성동 668-1번지.

울산역에서 울주 쪽 해안도로로 약 6km 지점의 용삼 삼거리에서 왼편의 처용로로 들어서서 500m 정도를 가다 보면 바다 쪽으로 내려가는 짧은 길이 있다. 이 길의 바다와 접하는 곳에 간이 공원이 있고 이 공원 바로 앞 바다에 면적 662m²의 작은 바위섬이 있다. 이 섬이 울산광역시 기념물 제4호로 지정된 처용암이다.

신라 제49대 헌강왕 때의 일이다. 나라는 태평성대하여 풍악과 노랫소리가 길거리에서 떠나지 않았고 철 따라 비바람이 순조로워 해마다 풍년은 계속되었다. 이런 세상이니 대왕도 자주 바람을 쐬려 나들이를 하였는데 어느 날은 신하들을 데리고 개운포[55]로 나갔다.

개운포 바닷가에서 하루를 즐겁게 신하들과 놀고 궁으로 돌아가려는데 갑자기 구름과 안개가 자욱하여 길을 찾을 수가 없었다. 왕은 갑작스러운 변고가 괴이하여 일관을 불러 사연을 물었다.

"이는 동해 용왕의 조화이오니 마땅히 좋은 일을 하여 풀어 주어야 할 것입니다."

왕은 신하들에게 어떤 좋은 일을 하여야 할지를 의논한 결과 절을 지어 주는 것이 좋겠다 하여 이에 신하에게 명을 내렸다.

"동해 용왕을 위하여 근처에 절을 짓도록 하라."

왕의 명령이 떨어지기 바쁘게 구름과 안개가 깨끗이 걷혔다.

---

55 지금의 처용암이 있는 포구

그래서 이곳을 개운포라 이름했다.

  동해 용왕은 왕의 명령을 듣고 기뻐하며 아들 일곱을 데리고 왕 앞에 나타나 왕의 덕을 찬양하며 춤을 추고 음악을 연주했다.

  춤과 음악 연주가 끝나자 동해 용왕은 왕 앞에 나와 처용이라는 일곱째 아들을 왕에게 드리겠다고 하였다. 왕은 이를 기쁘게 받아들이고 서라벌로 데리고 들어가 정사를 돕도록 하였다.

  그에게 급간이라는 높은 벼슬을 주고 아름다운 여자를 골라 그의 아내로 삼게 하여 그를 치하하였다. 그러나 아내가 너무 아름다워 역신이 그녀를 흠모하여 어느 날 밤 사람으로 변하여 그 집에 가서 몰래 그녀와 동침했다. 처용이 밖에서 놀다가 밤늦게 돌아와 보니 아내가 다른 남자와 잠자리를 같이 하고 있는 것을 보고는 노래를 부르며 춤을 추면서 물러나왔다.

  동경 밝은 달에, 밤드리 노닐다가
  들어와 자리를 보니, 다리가 넷일러라.
  둘은 내해인데, 둘은 뉘해인고.
  본디 내해지만, 앗겼으니 어이하리.

  이때 역신은 본디의 모습을 나타내며 처용 앞에 꿇어앉으며 말했다.

  "저가 공의 아내를 사모하여 이렇게 잘못을 저질렀으나, 공은 노여움을 나타내지 않으니 감동하여 칭송하는 바입니다. 명세[56]하노니 이제부터는 공의 모습이 그려진 것만 보아도 그 문 안에 들어가지 않겠습니다."

  이 일로 말미암아 당시 사람들은 처용의 형상을 문에 그려 붙여서

---

56 분명하고 자세하게 말하다

잡귀를 물리치고 경사스런 일을 맞아드리는 습속이 생겨났다고 한다.

 또한 왕은 영취산 동쪽 기슭에 동해용을 위해 절을 지었는데 이 절을 망해사라 이름하고 동해용이 나타났던 곳을 처용암이라 불렀다고 한다.

낙화암과 홍상도

• 기생 • 비극 • 문학

울산 미포만 백사장 서편.

울산시청에서 차를 타고 30여 분 경주 쪽으로 해안도로를 따라가면 방어진반도가 나온다. 이곳에서부터 동쪽으로는 작은 만곡이 발달하여 울산의 해금강이라 불렀던 곳이다.

일산, 전하, 미포 등 소만곡은 돌출한 소반도를 이루어 댕바위, 용굴, 고늘개, 어풍대, 녹수구미 홍상도, 낙화암, 파련암 등의 이름 있는 아름다운 곳을 남겼다. 이런 아름다운 곳에는 나름대로 전설이 어려 있다. 특히 낙화암과 홍상도에는 기생들의 서글픈 전설이 있다.

조선왕조 때 울산에는 경상좌병사와 좌수사가 머무는 군영이 있었고 도호부사도 있었다. 방어진에는 감목관의 공청도 있었다. 이러한 곳이다 보니 관료들이 많았고 또한 이들을 위한 기생들도 많았다.

봄이나 가을이 되면 관료들은 기생들을 데리고 경치가 수려한 이곳 낙화암 쪽으로 놀이를 자주 나오기 마련이었다.

어느 해 기생들을 거느린 관료들은 지금의 낙화암으로 나와 한바탕 놀이판을 벌였다. 술잔이 몇 순배 돌자 기생들의 노래가 시작되었다. 또 몇 순배 더 돌자 춤이 보태졌다. 노래와 춤을 위한 장구와 북도 등장한다. 관료들이나 기생들이나 흥에 취하고 술에 취하여 모두 정신을 잃고 놀아간다. 서로 몸이 부딪혀 넘어지기도 하고 기생들을 껴안고 엎어지기도 한다. 이런 판에 자기들끼리 엉켜있던 기생 몇 명이 그만 술에 취한 사람들의 몸에 부딪혀 바다에 떨어지고 말았다.

그러나 전부 술에 취한 상태라 기생들이 물에 빠진 것도 몰랐고 설령 알더라도 물에서 건져 낼 정신도 없었다. 기생들도 술이 너무 취하여 바닷가로 헤어 나올 수도 없었다. 그래서 기생들은 그만 수중고혼이 되고 말았다.

이런 일이 있고 며칠 후, 죽은 기생에게서 벗겨진 붉은 치마가 파도를 타고 바닷가로 밀려와 한 돌섬에 얹혔다. 또 초록색 저고리 소매가 떨어져서 구석진 갯가에 밀려 나왔다.
이런 일이 있고 난 뒤부터 이곳 사람들은 기생들이 떨어져 죽었던 바위를 낙화암[57]이라 불렀고 붉은 치마가 얹힌 바위를 홍상도[58]라 하였으며 초록색 저고리 소매가 떠밀려 왔던 구석진 곳을 녹수구미라 불렀다.
그러나 녹수구미는 지금 그냥 녹수라고만 부르고 있고 울산읍지에는 낙화암을 여기라고 기록하고 있다.
또한 원유영이란 사람이 낙화암의 한쪽에 시 한 수를 음각하였다고 한다.

* 원유영이 낙화암에 음각한 시.

푸른 하늘에는 밝은 달이 가고
바위에는 사람이 보이지 않네.
봄바람은 다시 불어도
낙화는 어느 옛날이던고.

---

57 꽃이 떨어지는 바위
58 붉은 치마섬

고래논

• 어부 • 고래 • 기적

울산 북구 어물동 황토전마을.

울산에서 차를 타고 정자로 넘어와 해안도로를 따라 방어진으로 10여 분 가다 보면 어물동의 금천교가 나온다. 다시 이 어물동의 금천교에서 강둑 도로를 따라 산골짝으로 들어가면 금천천의 제일 위쪽에 1,138평의 논이 있다. 행정구역상으론 어물동 1077번지. 이 논은 금천천과 둑을 같이하고 있어 아무리 가물어도 물 걱정이 없는 일등 답이라고 하는데 이곳 사람들은 이 논을 '고래논'이라 부르고 있다.

옛날 울산시 동구 주전동에 어업을 천직으로 생각하며 살아가던 건장한 젊은 어부가 있었다.

어느 날 이 어부는 애지중지하던 전마선을 타고 앞바다에 나가 고기잡이를 하고 있었다. 그런데 갑자기 높은 물결이 일기 시작했다. 바람도 불지 않는데 무슨 일인가 하고 살펴보니 난데없이 큰 고래 한 마리가 머리 위로 물기둥을 내뿜으면서 다가오는 것이었다. 당황한 어부는 급히 어구를 뱃장으로 걷어 올리고는 서둘러 노를 저어 고래를 피해 갔다. 그러나 그것도 잠시, 고래는 순식간에 다가와 큰 입으로 전마선과 그곳에 타고 있던 어부를 통째로 삼켜 버렸다. 어부는 순간 자신이 고래 배 속에 들어가고 있다는 생각에 정신이 아찔하였지만 어떻게 하든지 살아야 한다는 각오로 성신을 가다듬었다. 주위는 캄캄하고 답답하였다. 자신이 고래 배 속에 이미 들어와 있다는 것을 깨닫고는 어구를 손보며 쓰던 칼을 더듬어 찾았다. 그리고는 있는 힘을 다해 어디가 어딘지도 모른 채 계속 한

곳만 칼로 긋기 시작했다. 고래는 고통에 못 이겨 광란의 몸부림을 쳤다. 하지만 어부는 답답한 숨을 참으며 쉬지 않고 고래의 배 속을 긋고 또 그었다. 어느덧 고래는 죽었는지 몸부림은 그치고 바닷물이 솟구쳐 들어왔다. 어부는 그 틈으로 간신히 몸을 빼내 물 위로 올라왔다.

어부는 기진맥진하였으나 살아야겠다는 일념으로 죽을힘을 다해 헤엄을 쳐 육지로 나왔다. 하지만 지칠 대로 지친 어부는 그만 그 자리에서 실신하고 말았다. 동네 사람들이 이런 어부를 발견하고는 급히 집으로 데려가 사지를 주무르며 치료를 하였다. 어부는 다행히 깨어났다. 깨어난 후 경위를 묻는 동네 사람들에게 고래 배 속에 들어가 고래와 싸웠던 이야기를 해주었다.

이야기를 들은 동네 사람들은 필시 고래가 죽어 바다에 떠 있을 것이라고 생각하여 동네 장정들을 동원하여 큰 배 몇 척과 큰 줄들을 챙겨 바다로 나갔다. 아니나 다를까 어부가 이야기한 지점에는 고래가 죽어 온 바다를 온통 핏빛으로 물들이고 있었다.

동네 사람들은 환호성을 지르며 고래에 사방으로 밧줄을 걸어 육지로 끌고 왔다. 그리고는 온 동네 사람들이 고래를 끌어 올렸는데, 그 고래는 초가삼간 다섯 채를 합친 것보다 더 컸다. 과연 고래 뱃속에서는 전마선이 나왔고 배는 찢겨져 있었다. 어부가 이 고래를 팔아 논을 사게 되자 이곳 사람들은 이 논을 고래논이라 했다고 한다.

정자의 박제상 유적

•조정 •충신 •비극 •열녀

울산 북구 정자동 625번지.
정자항에서 서쪽 등성이로 500여 미터 떨어진 거리.
울산광역시의 기념물 제17호로 지정된 유포석보(柳浦石堡) 동문 옆에 신라 충신 박재상공이라 새긴 자연석 비석이 세워져 있다. 이곳은 일본에 볼모로 끌려간 왕제인 미해를 구출하기 위하여 박제상이 배를 타고 출항했던 곳으로 전해진다.

신라의 충신 박제상은 신라 제19대 눌지왕(417년~458년) 때 고구려에 볼모로 잡혀 있던 왕의 아우인 보해를 구출하고 이어서 일본에 잡혀 있는 미해를 구출하기 위하여 집에도 들를 시간 없이 유포에서 일본으로 건너갔다. 망명객으로 위장한 박제상은 왜왕에 접근하여 왜왕의 신임을 얻은 후 안개가 짙은 새벽녘을 이용하여 짚으로 만든 인형을 이불 속에 넣어 놓고 미해를 탈출시켰다. 그러나 자신은 미처 빠져나오지 못하고 체포되고 말았다.

각종 가혹한 고문과 달콤한 회유가 있었지만 그는 끝내 의연한 태도로 "내가 차라리 계림의 개나 돼지가 될지라도 왜국의 신하가 되지 않겠다. 계림의 벌을 받는 한이 있더라도 왜왕이 주는 벼슬이나 녹은 받지 않겠다."고 하여 결국 두 발바닥을 벗긴 채 갈대밭을 걷게 한 뒤 대마도 인근 목도에서 화형을 당하였다.

이렇게 충성스러웠던 박제상은 두 왕제를 구하는 일에 매달린 나머지, 가족들과는 오랫동안 헤어져 있어야 했다. 고구려에서 돌아왔을 때도 처자를 만날 새도 없이 곧장 일본으로 떠났다.

오랫동안 남편의 얼굴도 보지 못한 박제상의 아내는 남편이 버들개[59]에서 일본으로 떠난다는 소식을 듣고 부랴부랴 달려왔지만 남편이 탄 배는 이미 떠난 후였다. 아내는 어쩐지 남편을 다시는 못 볼 것 같은 예감에 설움이 북받쳐 망덕사 남쪽 모래톱에 주저앉아 두 다리를 뻗고 목 놓아 울었다. 그래서 이곳 모래톱을 '길모래'라 하고 그 옆을 '벌지' 혹은 '버드개', '버들개'라 한다.

이후 박제상의 아내와 두 딸은 동해가 보이는 치술령에 매일같이 올라 일본을 바라보며 남편을 기다렸다. 그러나 끝내 남편이 돌아오지 않자 치술령의 바위 위에서 떨어져 죽었다. 죽은 아내의 혼백은 솔개로 변하여 치술령의 신모가 되었고, 두 딸은 수리로 변하여 고개 너머 비조마을에 일시 머물렀다가 다시 건너편 은을암[60]에 영원히 숨어들었다고 한다.

이런 지명들을 보면 솔개와 수리의 고개는 치술령이고, 나는 새는 비조이며, 새가 숨은 바위는 은을암이다. 지금도 이곳에는 이 바위를 지키는 은을암이 있고, 산 아래 울주군 두동면 만화리에는 당시 박제상과 그의 아내를 기리는 제를 봉행토록 한 치산서원이란 곳이 있었는데, 지금은 당시의 서원은 없어지고 새로 지은 사당이 세워져 있어 매년 문중에서 제를 올리고 있다.

---

59 지금의 정자동
60 새가 숨은 바위

강원

- Ⓐ 강릉 주문진 해당화 서낭당
- Ⓑ 강릉 주문진 아들바위
- Ⓒ 강릉 주문진 진이 서낭당
- Ⓓ 강릉 해랑당
- Ⓔ 삼척 척추동해비

강릉 주문진 해당화 서낭당

• 사랑 • 비극 • 저주 • 제사

강원 강릉시 주문진읍 주문리 소돌마을.
소가 누워 있는 형상을 하고 있다 하여 붙여진 이름이다.
주문진항 방파제에서 시원하게 뻗은 해안 도로를 타고 돌아 2km 정도 가면 넓은 백사장과 물이 맑기로 유명한 소돌해변이 나타난다. 여기서 동쪽을 보면 산과 같은 큰 바위가 있고 바위 꼭대기에 해당화를 중심으로 제단과 나지막한 담장이 2평 남짓하게 둘러싸고 있다. 이곳이 해당화를 서낭목으로 모시고 있는 해당화 서낭당이다.

조선시대 소돌마을에는 해(海)씨 성을 가진 아리따운 처녀와 멀리서 고기잡이를 하러 온 봉(鳳)씨 성을 가진 건강한 총각이 있었다. 이들은 서로 마음이 맞아 사랑을 하게 되어 장래를 약속하게 되었다. 그러나 이러한 사실을 뒤늦게 안 처녀 부모님은 떠돌이 총각한테 절대 딸을 줄 수 없다며 결혼을 승낙하지 않았다. 부모의 반대에 부딪힌 이들은 차라리 저승에 가서 자신들의 사랑을 맺겠다고 결심을 하고, 파도가 높게 치는 어느 날 부둥켜안은 채 바닷가 높은 바위 위에서 바다로 뛰어내려 죽고 말았다.

그 후 어찌 된 일인지 소돌마을에는 자꾸만 재앙이 생기고 흉어와 흉년이 계속되었다. 마을 인심이 흉흉해지자 주민들이 모여 의논하였다. 이는 필시 해 양과 봉 군의 한 맺힌 죽음 때문일 것이라 하여 두 사람의 영혼을 달래 주는 제사를 지내주기로 했다.
제사를 지내 준 뒤 얼마 지나지 않아 해 양과 봉 군이 뛰어내린 바위에는 작은 가시나무 하나가 자라더니 빨간 꽃을 피워내고 꽃이

진 다음 빨간 열매가 맺혔다. 뿐만 아니라 그 바위 꼭대기에는 늘 봉황이 날아가는 듯한 모습이 보였다.

마을에는 재앙도 없어지고 고기도 잘 잡혀 마을 전체가 평화롭고 풍요로워졌다. 이에 마을 사람들은 해 양과 봉 군의 영혼이 잘 결합 되어 이 가시나무를 자라게 하고 빨간 꽃과 열매를 맺게 하여 마을을 잘되게 했다고 생각하고 바위 위의 작은 가시나무를 마을의 수호신으로 여겨 서낭당의 서낭목으로 하였다.

그리고 작은 가시나무의 꽃은 해 양의 성씨를 따라서 해당화라 불렀고 서낭당을 해당화 서낭당으로 불렀으나, 마을회에서 해당은 해 양을 뜻하므로 처녀에게 옷을 입혀야 한다고 하여 당(棠)자에 옷 의(衣)자를 밑에 넣어 독특한 당자를 만들어 해당화 서낭당으로 쓰고 있다. 이후 이 해당화는 바람과 물결을 따라 동해안의 바닷가로 씨앗을 퍼뜨려 꽃을 피우기 시작했다고 한다.

이 서낭당의 서낭제는 음력 정월 초사흘과 시월 초하루 두 번에 걸쳐 날짜를 받아 자정에 제사를 지낸다. 그러나 지금은 해안의 군부대 통제로 인하여 초저녁에 제사를 지낸다. 제물로는 마을이 소가 누워 있는 형상을 하고 있다 하여 절대 쇠고기나 네발 달린 짐승 고기를 쓰지 않고 수탉을 사용하고 있다.

이 서낭당은 당집이 없는 것이 특징인데, 이는 동네에서 몇 번이나 당집을 짓고자 하였으나 그럴 때마다 무너져 내려 현재까지 당집이 없다고 한다.

강릉 주문진 아들바위

· 어부 · 부부 · 아들 · 소원 · 환생

강원 강릉시 주문진읍 주문리 소돌마을.
주문진읍 사무소에서 수협 위판장과 방파제를 돌아나가는 주문진 해안도로를 따라 북쪽으로 2km 정도 가면 소돌해변에 못 미친 도로 곁 쪽빛 해변에는 아름다운 바위들이 포말을 일으키며 널려 있다. 이 바위들 중에 크고 구멍이 뚫린 바위 하나가 있다. 이 바위를 '아들바위' 또는 '소원바위'라 한다.

옛날 소돌마을에 가난하지만, 동네 궂은일을 도맡아 하면서 고기를 잡아 생계를 이어 가던 착하고 어진 어부 내외가 살고 있었다. 이 어부에게는 3대째 독자로 내려오는 귀한 아들이 있었는데 어느 해 아들이 싸움터로 끌려갔다가 그만 전사를 하고 말았다. 그러나 전사 사실을 모르는 어부의 아내는 매일같이 아들이 무사히 돌아오기만을 용왕님께 간절히 빌었다. 어머니의 지극한 정성 때문인지 하루는 꿈에 용왕이 나타났다.
"소돌마을 바닷가 죽도에 있는 큰 바위에 구멍이 뚫릴 때까지 빌면 소식이 있을 것이다."
용왕은 이렇게 말을 남기고는 홀연히 사라졌다. 아내는 용왕의 말을 믿고 큰 바위에 구멍이 뚫릴 날만을 기다리며 더욱 열심히 빌었다.
그러던 어느 날 갑자기 죽도에 있던 큰 바위에 구멍이 나더니 그리던 아들이 불쑥 나타났다.
"어머니!"
아들은 성큼성큼 집으로 걸어 들어 왔다.

"오냐. 내 아들아."

어머니는 너무나 반가워서 맨발로 아들을 맞으려 쫓아 나가던 중 그만 꿈에서 깨고 말았다. 너무나 허망하고 이상하여 남편에게 꿈 이야기를 하고 백방으로 아들의 소식을 알아보았다.

아들은 이미 전사하였다는 청천벽력과도 같은 소식이 전해졌다. 그런데 이상하게도 그 후 부인은 곧 임신을 하게 되었다. 열 달이 되어 출산을 하게 되었는데 아들이었다. 이 아들은 자라면 자랄수록 생김새와 성격 등 모든 것이 전쟁터에 나가 죽은 아들의 모습과 너무나 같았다. 이런 아들을 보고 주위 사람들은 용왕이 오직 한마음으로 극진히 기도하는 부인의 정성에 감응하여 죽은 아들을 환생시켰다고 말들을 하였다.

이 아들은 자라서 부모를 잘 받들어 봉양하고 마을을 위하여 훌륭한 일들도 많이 했다고 전해진다.

이때부터 죽도의 큰 바위 밑에서 소원을 한 가지씩 말하면서 기도하면 이 소원이 이루어졌다고 한다. 특히 자식이 없는 사람이 자식을 낳을 수 있기를 기원하면 자식을 낳는다고 하여 소원바위, 아들 낳기를 기도하면 아들을 낳는다고 하여 아들바위라 부른다고 한다.

지금 주문진읍에서는 전설의 아들바위 주변을 관광지로 개발하기 위하여 새롭게 단장을 하고 '기도자 조형물'과 '반구 아기 조형물'을 설치하였다.

이 조형물은 간절히 기도하는 사람의 형상과 기도에 의해 태어나는 아기의 모습, 그리고 둥근 우주와 인간 윤회를 형상화 하였는데 아들바위의 전설을 그대로 나타내고 있다.

강릉 주문진 진이 서낭당

· 사랑 · 비극 · 저주 · 제사

강원 강릉시 주문진읍 주문1리 273번지.
주문진항의 긴 방파제가 뻗어 있는 바로 위 동산의 정상에 쪽빛 동해를 내려다보며 서 있는 3칸 자리 팔작지붕의 서낭당이 있다. 서낭당으로의 규모가 어느 지역보다 크고 뜰도 넓어 지역민들의 참여도를 알 수 있다. 이 서낭당이 특이한 것은 이곳에 네 사람의 초상화를 모시고 있다는 것이다. 주신은 억울하게 죽은 진이의 혼이다.

고려시대 주문진 나루터에 어부인 아버지와 진이라는 처녀가 살았다. 진이는 비록 그 아비가 어부이긴 하지만 얼굴이 너무나 예뻐 주변의 총각 중 탐내지 않는 자가 없었다.
그러나 진이는 아직 아버지에게 말씀을 드리지 않았지만, 마음씨 착하고 성실하면서 홀로 계시는 아버지를 모실 총각 어부 한 사람과 장래를 약속한 처지이기에 어떤 사람의 유혹에도 흔들리지 않았다.
그러던 어느 화창한 봄날이었다. 진이는 바닷가에 나가 부지런히 해초를 뜯고 있었다. 그때 마침 이곳을 순시하던 연곡 현감이 진이를 보게 되었다. 호색가인 그로서는 빼어난 미모의 진이를 보고 그냥 둘 리가 없었다.
"저 애가 누구냐?"
"예. 진이라는 어부의 딸입니다."
"오늘 저녁 저 애를 불러 수청을 들게 하라."
그러나 진이는 이미 장래를 약속한 총각이 있었기에 이를 거절하지 않을 수 없었다.

현감은 비록 기생은 아니지만 상것인 주제에 자기의 수청을 거절한 진이가 괘씸하였지만 어쩔 수 없이 일단 돌아갈 수밖에 없었다. 대신 현청으로 돌아온 현감은 매일같이 진이의 아버지를 불러들여 닦달하였다.

"너의 딸이 진정 나의 수청을 들지 못하겠다는 말이냐?"

아버지는 딸을 달래 수청을 들게 하겠다고 사정사정하고는 집에 돌아오곤 했다.

딸은 이런 아버지의 고초를 보고 눈물을 흘리면서도 끝내 현감의 수청을 거절할 뿐 아니라 장래를 약속한 총각이 누구인지도 말하지 않았다.

아버지는 현감의 닦달에 더 이상 견디지 못하여 딸을 불러 달래고 꾸짖어 보았다.

"네가 아버지 죽는 꼴을 봐야겠느냐?"

그러나 딸은 끝까지 수청을 거절하였다.

화가 난 아버지는 딸을 삭발하여 골방에 가두어 버렸다.

한동안 이렇게 딸을 골방에 내쳐 두었던 아버지는, 인기척이 없어 방문을 열어 보니 딸은 이미 죽어 있었고 그 옆에는 딸이 낳은 사내아이도 함께 죽어 있었다. 아버지는 통한의 눈물을 삼키며 남몰래 장사를 치렀다.

그런데 진이가 죽은 그 해부터 동네 앞바다에는 풍파와 해난사고가 끊일 날이 없었다. 그뿐만 아니라 흉어도 계속되었다. 동네 사람들은 이는 필시 억울하게 죽은 진이의 혼 때문일 것으로 생각하고는 뜻을 모아 진이의 영혼을 달래주기 위하여 제단을 만들고 제사를 지내 주었다.

조선 광해군 6년(1614년) 강릉부사로 부임한 우복(愚伏) 정경세가 초도순시 차 주문진 바닷가를 지나다가 포구에서 온 동민들이 제사 지내는 것을 보고 그 사연을 알아본즉 억울하게 죽은 진이와 그로 인한 해난 사고의 이야기를 들었다. 부사는 진이의 절개를 지킨 사연에 감동하여 즉시 열녀문을 세어주기 위하여 조정에 건의 하였으나, 조정에서는 상것이라는 이유로 열녀문은 곤란하니 적절히 표상하라 하여 부득이 주문리 나루터에 서낭당을 짓고 동답을 몇 마지기 내려 진이의 명복을 빌어 주게 하였다. 그 이후 마을은 평온하고 풍어가 계속되었다고 한다.

 이 서낭당에 그려져 있는 네 명의 초상화 가운데 중앙에 있는 분이 이곳 지역을 개척하고 발전시킨 유학자인 정우복 선생이고, 왼쪽에 서 있는 여인이 진이신이며, 진이신 앞에 어린애는 진이의 아들이라 한다. 그리고 오른쪽은 용왕신이라고 한다. 아들이 없는 사람이 이 서낭당에서 3년만 헌관을 하면 아들을 낳는다는 이야기도 전해 오고 있다.

강릉 해랑당

• 오해 • 저주 • 사랑 • 비극 • 제사

강원 강릉시 강동면 안인진리.

강릉시청에서 30여 리, 정동진으로 가는 길목이기도 하다. 동해의 쪽빛 바다가 시원스레 펼쳐지는 관광어촌으로 숙박시설이 즐비하다. 이 안인진이라는 어촌에서 바다 쪽으로 한눈에 바라다보이는 곳에 송림으로 둘러싸인 동산이 거북이의 머리 모양으로 바다를 향하여 뻗어 있다. 이 동산을 봉화산이라 하는데, 산 정상에는 군부대가 있어 일반인은 출입을 못 하지만 이곳에는 가족의 오해로 인해 실성하여 죽은 처녀의 전설이 담긴 해랑당이란 조그만 사당이 있다.

옛날 이 어촌에 한 어부가 살고 있었다. 이 어부에게는 해랑이라는 딸 하나가 있었는데 과년하도록 출가시키지 못하고 있었다. 인물이 못나서도 아니고 행실이 나빠서도 아니었다. 다만 남자를 보는 눈이 높아 웬만한 남자는 눈에 들지 않았기 때문이었다.
하루는 이웃집 할머니가 집에 찾아와 해랑의 중매 말을 끄집어냈다. 건넛마을에 사는 대장간 집 맏아들인 곰쇠란 총각이었다. 곰쇠의 집안 살림은 그런대로 넉넉한 편이었지만 생김새는 까만 얼굴에 볼품없는 체구인지라 해랑의 마음에 들 리가 없었다. 옆방에서 엿듣던 해랑은 그만 화가 나서 바닷가로 나가 버렸다.
"과연 내가 바라는 총각은 나타나지 않을 것인가."
이렇게 한탄을 하며 동구 밖 선창가에까지 이르렀다. 마침 그곳에는 아버지가 어떤 젊은 목수와 같이 고깃배를 수리하면서 다정하게 이야기를 주고받고 있었다.
　내용인즉슨 목수는 떠돌이 총각이지만 기술이 뛰어나고 마음씨까지 착한 모양이었다. 그래서 아버지는 칭찬을 아끼지 않으면서 마땅한 자리가 있으면은 장가를 갈 생각이 있는가를 물었고, 총각은 따님이 있으면 사위로 삼아 주신다면 고맙겠다고 말했다. 이어 아버지는 허허하고 너털웃음으로 웃으며 "두고 봄세" 하고 만족해하는 것이었다.
　이런 대화를 훔쳐 들으며 목수 총각을 곁눈질하던 해랑은 가슴이 두근거리고 얼굴이 달아오르기 시작했다. 반듯한 이목구비, 우람한 체구, 그리고 쾌활한 목소리. 그는 바로 해랑이 바라던 그런 총각이었다. 한눈에 반해버린 해랑은 이런 좋은 총각을 두고 왜 지금까지 말을 안 했는지 아버지가 원망스럽기까지 하였다.

　이때부터 목수 총각을 사모하게 된 해랑은 아버지의 말씀으로 봐서 자기의 남편이 될 것이 확실하였기에 모든 일이 즐거웠고 얼굴에는 웃음꽃이 피어났다.
　그러나 이런 영문을 모르는 부모들은 갑자기 해랑이 명랑해지고 얼굴에 웃음꽃이 피어나는 이유가 며칠 전에 이웃집 할머니가 와서 건넛마을 곰쇠란 총각과의 결혼 이야기가 있었을 때 이를 듣고 그럴 것이라고 생각하게 되었다. 그래서 부모들은 해랑을 불러 앉혔다.
　"해랑아, 결혼할 생각이 있느냐?"
　"……."
　해랑은 당연히 목수 총각일 것이라 생각하고 얼굴을 붉히는 모습으로 승낙 표시를 하였다.
　"그래 알았다."
　부모들은 이로써 곰쇠와의 결혼을 받아들이는 줄로만 알고 곰쇠와의 결혼을 서두르는 대신 목수 총각하고의 일은 없었던 것으로 하여 배의 수리가 끝나기가 바쁘게 서둘러 돌려보내 버렸다.
 뒤늦게 이런 사실을 알게 된 해랑은 그만 실성을 하여 동네를 돌아다니다 동네 뒷산 제일 높은 곳에 올라가 바다를 바라보고 목을 매고 죽고 말았다.

 그런데 해랑이 죽고 난 후부터 동네에는 재앙이 끊이지 않았다. 멀쩡한 사람이 죽는가 하면 사이좋게 지내던 이웃이 서로 싸움을 하고 아무것도 아닌 일로 동네가 시끄럽기도 했다. 뿐만 아니라 바다에서는 고기가 잡히지 않았다. 더욱이 밤만 되면 처녀귀신인 해랑이 나타나 총각들을 잡고 희롱을 하는 바람에 동네 총각들은 밤 출입을 할 수 없었다.
 하루는 담이 큰 총각이 밤길을 가다가 해랑 귀신을 만나게 되었다.
 "요망한 년, 당장 사라지지 않으면 성황님께 빌어 잡아가게 하겠다."
 총각은 처녀귀신인 해랑을 보고 호통을 쳤다. 총각의 기세에 눌린 해랑은 눈물을 흘리며 자기 소원을 이야기하였다. 사당을 짓고 그 안에 남자 모양을 만들어 넣어 주면 다시는 나타나지 않을 뿐 아니라 동네 재앙도 없애고 고기도 많이 잡게 해주겠노라고 했다.
 이런 사실이 동네에 알려지자 사람들은 급히 해랑이 죽은 뒷산의 높은 곳에 사당을 짓고 사당 안에는 남자의 모양을 만들어 두었다. 그랬더니 과연 그 뒤부터는 동네 재앙도 없어지고 고기도 많이 잡혔다고 한다.
 이 전설과는 다르게 일부 동네 사람들은 해랑은 기생으로, 봉화산에서 부사와 함께 그네를 타고 놀다 떨어져 죽었는데 이를 불쌍히 여겨 부사가 사당을 지어 제를 지내게 했다고도 한다.

삼척 척주동해비

• 재해 • 비석 • 지혜

강원 삼척시 정상동 82-1번지 육향산.

삼척 버스 터미널에서 약 2.4km 정도의 거리에 있다. 울창한 숲 속에 대한평수토찬비와 공덕비 등 각종 비석과 비각들이 10개나 들어서있는 좁지만 제법 높은 동산이다. 이 동산의 정상에는 홍살문을 한 척주동해비가 서 있다. 이 비석은 높이가 139cm, 폭 75cm, 두께 23cm로 지방 유형문화재 제38호로 지정되어 있는데, 조선 숙종 때 미수 허목이 예론[61]문제로 송시열과 맞서다 삼척 부사로 쫓겨나 이곳에서 재임하면서 파도로 인해 주민들의 피해가 크므로 이 피해를 막아 보려고 이 비를 세웠다고 한다. 이 비는 일명 퇴조비라고 일컬었다.

허목은 퇴계 이황의 성리학을 물려받아 근기의 철학 발전에 가교 역할을 한 인물로 조선 후기 현종 원년(1660년), 효종의 초상에 대한 모후의 상복 기간 문제로 서인 송시열의 기년 설을 반대하여 남인의 선두에서 삼 년 설을 주장하다 삼척 부사로 좌천되었다. 삼척 부사로 부임한 허목은 많은 주민들이 바다를 바라보고 살고 있으나 바다는 하루도 조용할 날이 없을 정도로 파도가 높고 읍내까지 조수가 올라올 뿐 아니라 홍수 때는 오십천이 범람하여 주민들의 피해가 극심함을 알게 되었다. 이런 주민들의 사정을 안타까이 여긴 그는 어떻게 하면 파도를 조용하게 재울 수 있을까를 생각했다.

생각 끝에 '신증동국여지승람[62]'에서 고려 때 수로가 험악하여

---

61 자의대비 복제를 둘러싸고 일어난 논쟁
62 조선 성종 때의 지리서

세운선이 여러 차례 침몰하자 서산 지령산에 안파사라는 비보사찰[63]을 지어 세운선의 주요 통과지점인 안흥량의 거센 파도를 불력으로 다스렸다는 것을 알고는 허목의 신비스런 문장으로 비문을 작성하고 웅혼한 필체로 석각하여 파도를 막는 것을 기원하는 비석을 정나진앞의 만리도[64]에 세웠다.

과연 이 비석을 세우자 파도가 잦아들고 바다가 조용하여 주민들의 피해가 줄어들었을 뿐 아니라 어부들은 풍어가를 부르게 되었다. 그 뒤 부임한 부사 이혜가 '허미수 선생이 퇴조비를 세워서 조수를 막았다'고 기록을 남겼더니 이 기록을 본 어떤 사람이 이를 우습게 여겨 그 비를 도끼로 부숴버렸다. 그랬더니 다시 파도가 높아지고 조수가 밀려들어 주민들의 피해가 늘어 가자 부사 박내정이 1710년(숙종36년) 예전의 비를 모사하여 죽관도, 지금의 장상리 육향산 동록에 비각을 짓고 비를 옮겨 세웠더니 그제야 파도가 자고 바다가 잠잠해졌다고 한다.

현재의 비는 1969년 12월 6일 이곳 육향산 정상으로 옮겼으며 맞배지붕의 단청된 비각 안에 세워져 있다. 전면에 '척주동해비(陟州東海碑)'란 서액판이 게판 되어 있다.

이 육향산은 옛날에는 섬으로 바로 바다와 접하고 있었지만 지금은 그 주변이 전부 매립되어 시멘트 공장과 아파트가 앞을 막아서 있다. 그러나 척주동해비 옆의 팔각정에 올라서 보면 동해의 짙푸른 바다가 한눈에 들어온다.

---

63 통일신라 승려 도선의 불교교단을 재정비하고 나아가 전국토를 재개발하기 위해 수립한 사상체계에 의해 지정되거나 건립된 사원
64 현재 축항의 끝머리

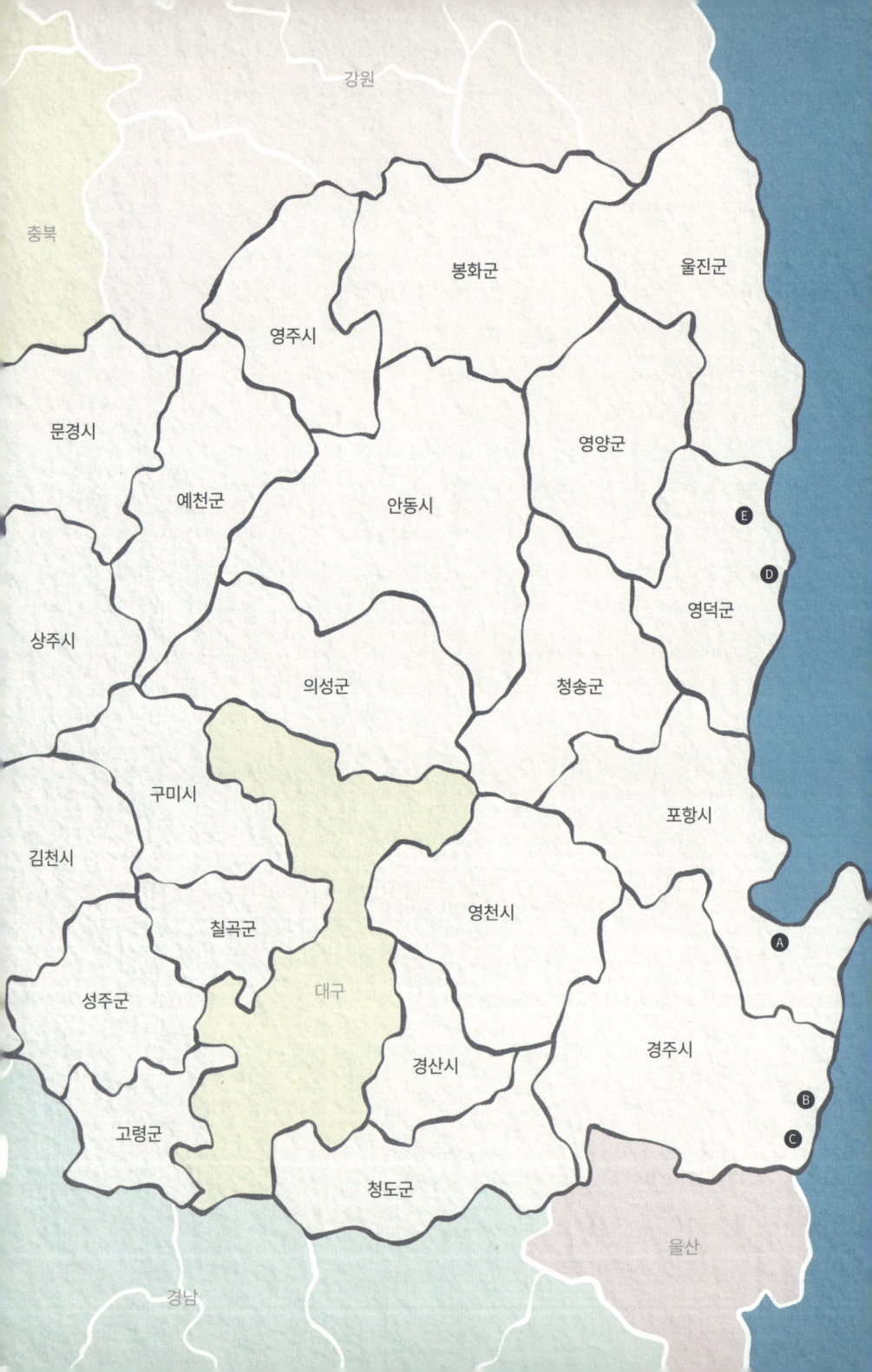

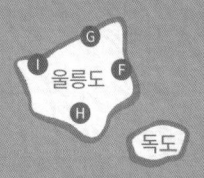

경북

- Ⓐ 포항 영일만 연오랑과 세오녀
- Ⓑ 경주 대왕바위
- Ⓒ 경주 석탈해왕 탄강지
- Ⓓ 영덕 축산 영의 남공 유허비
- Ⓔ 영덕 병곡면 거무역리
- Ⓕ 울릉도 자비굴
- Ⓖ 울릉도 용녀
- Ⓗ 울릉도 열녀비
- Ⓘ 울릉도 성하신당

포항 영일만 연오랑과 세오녀

· 부부 · 사랑 · 운명 · 지혜 · 일본

경북 포항시 남구 동해면 도구 2리.

큰 도로에서 300여 미터 되는 솔숲 속에 일월사당이라는 연오랑과 세오녀를 모신 사당이 있다. 또한 호랑이 형상을 지닌 한반도의 꼬리 부분에 해당되는 포항시 남구 대보면 대보리 장기곶, 우리나라에서 해가 제일 먼저 뜨는 이곳에는 연오랑과 세오녀의 동상이 서 있다.

신라 제8대 아달라왕 4년(157년)에 지금의 포항시 남구 동해면 도구리 어촌에 원앙처럼 의좋은 부부가 살았다.

남편인 연오랑은 사물의 이치를 알고 판단을 정확히 하여 동네 분쟁이 있을 때는 이를 신속히 해결하였고, 아내 세오녀는 어여쁘고 덕이 있어 주위 사람들이 이들 부부를 해와 달처럼 우러러보았다.

어느 날 연오랑이 바다에 나가 고기를 잡던 중 갑자기 해일이 일어났다. 연오랑은 너무나 급하게 당한 일이라 정신 차릴 사이도 없이 그만 파도에 휩쓸려 먼 바다로 떠내려가고 말았다. 얼마쯤 떠내려가다 정신을 차려 보니 큰 바위가 앞에 나타났다. 있는 힘을 다하여 바위에 올라타니 바위는 쏜살같이 동쪽으로 달려 일본의 한 해변에 닿았다.

기진맥진하여 해변에 내리니 부락민들이 모여들어 무슨 말들을 했지만 말이 통할 리 없었다. 그래서 손과 발짓으로 종이와 붓을 가져오도록 하여 필담을 하였다. 필담으로 의사가 통하게 되자 자기가 해일을 만나 바위 배를 타고 여기에 온 것을 이야기하고 고향에 아내가 있으니 고향으로 돌아가게 해 달라고 사정을 하였다.

그러나 연오랑의 필적을 본 부락민들은 이에 감탄하여 부족장에게 이분을 우리 부락의 스승으로 모시자고 하였다. 부족장도 이에 동조하여 자기네들의 스승이 되어 달라고 부탁을 하게 되었다. 그러나 연오랑은 고향에 아내가 애타게 기다린다고 있다고 말하고 돌려보내 줄 것을 다시 한번 간청하였지만 소용이 없었다. 연오랑은 어쩔 수 없이 부락의 스승이 되었다.

한편 매일 바닷가에 나가 남편을 애타게 기다리던 세오녀는 어느 날 바닷가로 큰 바위가 배처럼 둥둥 떠오는 것을 보았다. 이상히 여겨 가까이 다가갔더니 연오랑의 신발이 그곳에 있었다. 세오녀가 반가워 그 신발을 가지려 바위에 오르니, 바위는 쏜살같이 달려 연오랑이 도착한 일본의 해안으로 갔다. 일본의 해안에 도착한 세오녀는 부락민들에 잡혀 부족장에게 끌려가게 되었다. 부족장은 끌려 온 세오녀의 아름다움을 보고 마침 연오랑 스승이 혼자 있어 외롭다는 것을 알고는 세오녀를 연오랑에게 데리고 가게 되어 두 부부는 극적으로 만나게 되었던 것이다.

연오랑과 세오녀가 떠난 신라에서는 웬일인지 해와 달이 그 빛을 잃었고 날씨도 음산해져 농사도 제대로 되지 않았다. 임금이 일관을 불러 그 사유를 물었다.

"일월의 정기인 연오랑과 달의 정기인 세오녀를 천신께서 일본으로 보내서 그러하옵니다."

"그렇다면 어떻게 해야 하느냐?"

"다시 그분들을 모셔 와야 합니다."

임금은 즉시 사신을 일본으로 보내어 연오랑과 세오녀를 모셔 오도록 하였다. 그러나 연오랑과 세오녀는 이곳 사람들의 도움으로 살아났고 또 이곳 사람들에게 스승으로 존경받고 있는 처지에 어찌 이곳을 떠날 수 있겠느냐고 말했다. 대신 세오녀가 짜 놓은 비단 한

필을 내놓으며 이 비단을 가지고 가서 하늘에 제사를 지내면 영험이 내릴 것이라 일렀다. 사신은 어쩔 수 없이 비단만을 가지고 신라로 돌아와 임금에게 자초지종을 말씀드린 후에 선도산에 올라가 엄숙히 천신께 기원을 했다. 그제야 어둠이 가시고 일월이 다시 정기를 찾게 되었다.

이런 일이 있고 난 이후 임금은 그 비단을 보물로 여겨 궁중 곡간에 보관하여 국보로 삼았는데 이 곡간을 '귀빈고'라 불렀다고 한다.

또 하늘에 기원하여 해를 맞이한 곳을 영일이라고 부르게 되었는데 지금의 동해면 도구동이고, 귀빈고가 있었던 자리는 오천읍 세계동의 일월지라는 못이라고 전해지는데 지금은 군부대가 되어 출입이 불가능하다.

연오랑은 2세기 경 일본으로 건너간 신라왕자 천일창(天日槍, 아메노히보코)과 동일인이라고도 한다.

경주 대왕바위

·조정 ·유언 ·수호신

경북 경주시 양북면 봉길리.

경주시에서 차를 타고 감포로 가는 도로를 40여 분 가다 보면 자갈 해수욕장으로 이름난 봉길해수욕장이 있다. 이 해수욕장 200m 앞에 동해의 거친 파도를 한 몸으로 막고 있는 작은 바위섬이 눈에 들어오는데 이곳이 사적 제158호로 지정된 문무대왕의 바다 무덤이 있는 대왕바위라는 곳이다.

길이가 약 20m 정도의 바위섬으로, 겉보기로는 평범하나 한가운데 조그만 못이 있고 사방으로 트인 수로를 통해 바닷물이 오가며, 못 안에는 거북이 모양을 한 화강암이 놓여 있다. 이곳에서 서편을 올려다보면 바닷가 언덕 위 대본초등학교 앞에 이견대라는 곳이 보이고 봉길해수욕장으로 내려오는 길목에는 삼층 석탑 두 개만 덩그러니 남은 이미 불타 버린 감은사지가 있다. 이 감은사지와 이견대, 그리고 대왕바위가 전부 문무대왕과 연관되어 있는 전설이다.

신라 제 30대 임금인 문무대왕은 삼국통일이라는 위업을 달성하고 찬란한 문화의 통일 신라를 열었으나 밤낮으로 왜구들이 동해안을 침범하여 노략질을 일삼아 마음이 편할 날이 없었다. 대왕이 나이 들어 병석에 눕게 되자 각오 한 바가 있어 아들인 신문왕을 불러 유언을 했다.

"내가 죽으면 화장하여 동해에 장례하라. 그러면 동해의 호국룡[65]이 되이 신라를 보호하리라."

대왕이 서거하자 신문왕은 부왕의 유언에 따라 불교식 장례법으로 화장하여 그 유골을 지금의 대왕바위에 모셨다.

부왕의 유언에 의한 것이기는 하나, 바다에 장사 지낸 것이 항상 마음에 걸리던 신문왕은, 부왕의 무덤인 대왕바위가 가장 잘 보이는 언덕 위에 이견대를 짓고 이곳에서 수시로 부왕의 무덤을 살피고 또 제를 올리기도 했다. 또한 부왕께서 큰 뜻을 가지고 건립하다 완공을 보지 못한 진국사의 이름을 부왕의 뜻에 감은한다 하여 감은사라 고치고, 동해의 호국룡이 된 부왕이 동해에서 나라를 지키다 피곤하면 감은사 앞으로 흐르는 대종천을 통하여 이곳에 와서 편안히 쉴 수 있게 하기 위하여 금당마루 밑에 구멍을 내고 감은천 앞에는 큰 연못을 파고 용 굴을 만들게 하였다.

이렇게 감은사를 완공한 이듬해, 어느 날 동해에서 작은 산이 떠서 감은사로 향하여 온다는 해관의 보고에 왕이 이견대에 나가서 직접 살피고 배를 타고 떠오는 산에 들어가니 대룡이 된 부왕과 천신이 된 김유신 장군이 왕에게 옥대를 바치며, 이 산의 대를 취하여 피리를 만들어 불면 천하가 화평할 것이라 하였다. 왕은 놀라고 기뻐하며 대를 베어 바다에서 나와 피리를 만들어 부니 적병이 물러가고, 병이 낫고, 가뭄에 비가 오는 것이었다. 그래서 이 피리를 만파식적이라 하고 국보로 삼았다고 한다.

이렇듯 문무대왕의 수중릉에 대한 전설은 이곳에서 수없이 들을 수 있다.

---

65 나라를 지키는 용

경주 석탈해왕 탄강지

• 꿈 • 아기 • 알

경북 경주시 양남면 나아리.

월성 해수욕장과 월성원자력발전소 앞 솔밭공원 안에 경북 기념물 제79호로 지정된 신라 제4대 왕인 석탈해왕의 탄강 유허비와 비각이 세워져 있다.

신라 시조 박혁거세가 서라벌을 다스린 지 40여 년이 되어갈 무렵, 아진포[66]에 배를 타고 고기잡이를 하는 아진의선이라는 늙은 과부가 있었다.

아진의선은 다른 남정네들처럼 먼 바다까지는 가지 못하고 가까운 바다에서 간단한 어구들로 작은 고기들이나 잡으면서 간신히 먹고 살았다.

하루는 혼자 포구로 나가 가리질을 하고 있는데 난데없이 까치 수십 마리가 모여 파닥거리며 솟구치고 있는 곳이 눈에 띄었다. 고기떼가 밀려오면 갈매기가 솟구치는 것은 보아도 바다에 까치가 모여 있는 것은 처음 보는 것이라, 자세히 살펴보니 배 같기도 하고 커다란 궤짝 같기도 한 것이 해변으로 떠밀려 오고 있었다. 이상하여 지켜보고 있으니 그 물건은 아진의선이 있는 쪽으로 가까이 다가왔다. 자세히 살펴보니 그것은 상자같이 만든 배였다. 배 안에는 금박으로 된 조그만 궤짝이 놓여 있었다. 까치들은 이 금박 궤짝을 중심으로 계속하여 맴돌고 있었다. 아진의선은 궤짝 배에다 줄을 묶어 인적이 드문 숲이 있는 곳으로 끌고 갔다. 그제야 그 많던

---

66 지금의 탄강비가 있는 앞바다

까치는 다 어디론가 날아가고 한 마리만 남아서 금박 궤짝 위를 맴돌고 있었다.

아진의선은 주위를 살핀 뒤 아무도 없는 것을 확인하고는 궤짝을 배에 올렸다. 그리고 금박 궤짝을 열려 했지만 가슴이 두근거리고 손이 떨려 도저히 열어 볼 수가 없었다. 그래서 우선 아무도 보지 못하도록 나뭇가지를 꺾어 와 금박 궤짝을 덮어 놓고는 집으로 돌아왔다.

집에 돌아온 아진의선은 그 금박 궤짝 안에 뭣이 들었는지 궁금하여 밤새 잠을 이루지 못하다가 새벽녘에야 잠시 눈을 붙였는데 꿈에 불같은 눈을 한 백발노인이 나타나 자신은 왜국의 동북쪽으로 일천 리 떨어져 있는 용성국 임금의 아버지 함달파라 말을 하고는 "용성국 왕비가 왕자를 얻기 위해 7년이나 공을 들여 임신을 했다. 그런데 해산을 하였으나 왕자가 아닌 알을 낳았다. 그래서 용성국에서는 알을 먼 곳으로 내다 버리기로 하고 배를 만들어 금은보화와 함께 띄워 보낸 것이다. 그러나 왕비가 어찌나 슬퍼하는지 내가 옥황상제님께 부탁을 하여 알에서 깨어날 아들을 맡아 기를 여인을 예비해 달라고 부탁하였더니 그대를 지정하여 주셨다. 그래서 가락국왕이 북을 치며 영접해도 가락국으로 흘러가지 않고 여기로 오게 되었다."고 말을 하고는 홀연히 사라졌다.

아진의선은 날이 밝자 배에 올라 나뭇가지를 치우고 금박 궤짝을 열었다. 과연 궤짝 안에는 각종 보석과 알을 깨고 나온 아이가 곤히 잠들어 있었다.

이 아이가 신라 4대 왕인 석탈해왕으로 성은 까치가 날았다고 하여 까치 작(鵲)에서 새조 변(鳥)을 떼어 낸 석(昔)으로 하고 이름은 궤짝에서 나왔다고 하여 탈해라 지었다 한다.

영덕 축산 영의 남공 유허비

• 어부 • 재해 • 구조 • 효도

경북 영덕군 축산면 축산리 산 2번지.
축산항에서 왼쪽에 보이는 축산수협 급유탱크 바로 뒤쪽 남씨 문중산 산허리에 축산항을 내려다보고 서 있는 제각과 비석이 있다. 이 제각과 비석이 남씨 시조인 영의남공을 모신 제각과 유허비다.

지금부터 1,200여 년 전 신라 경덕왕 때 축산면 축산항 해안에 파선된 선박의 널쪽을 타고 표류하고 있던 두 사람을 고기잡이를 나갔다 돌아오던 어부들이 발견하고는 배로 건져 올려 축산항으로 데려왔다. 이들은 굶주림과 심한 파도로 인해 배에 끌어 올렸을 때는 이미 의식을 잃고 사경을 헤매고 있었다. 그러나 어부들이 몸을 주무르고 미음을 먹이는 등 극진한 간호와 정성 어린 보살핌으로 며칠 만에 정신을 차리게 되었다.

정신을 차리게 된 이들은 어부들이 하는 말을 알아듣지 못하는지 손짓으로 먹과 붓을 달라 하여 글을 써서 내밀었다. 이에 글을 모르는 어부들은 마을의 선비를 데려와 이들과 필담을 나누도록 하였다. 필담으로 자기네들이 여기에 이렇게 구조되어 오게 된 경위를 알게 되자 이들은 어부들이 자신들의 은인이라며 눈물을 흘리며 감사의 인사를 하고는 두 사람은 서로 안고 감격에 목이 메었다.

두 사람은 당나라 사람인 것 같지만 그 언행이 아무래도 보통 사람이 아닌 것 같아 이곳으로 표류되어 온 경위를 물었다.

"당나라 여남이 고향입니다. 일찍이 과거에 급제하여 벼슬자리에 있던 중 이번에 임금의 명을 받아 일본에 안염사로 갔다가 돌아가는 길에 풍랑을 만나게 되었습니다. 배는 부서지고 함께 탔던 사람들은 어디로 갔는지 알 수 없이 이렇게 두 사람만 표류하게 되었습니다. 우리 두 사람은 부자간인데, 아들은 먼 일본국에 사신으로 가는 아버지를 도와주기 위하여 따라왔다가 부자가 같이 이런 일을 당하고 말았습니다. 여러분들이 아니면 어찌 이렇게 살아 있을 수 있었겠습니까."

이렇게 말을 하고는 또다시 아들을 부둥켜안고 울었다. 북받치는 감정을 삭이고 난 아버지는 다시 말을 이었다.

"처음 풍랑으로 배가 파선 되어 침몰할 때 아들의 부르는 소리가 들리기에 정신을 차리고 살펴보았더니 아들이 한 조각의 판자에 몸을 의지하여 표류하고 있었습니다. 그래서 급히 물에 뛰어들어 아들이 의지하고 있는 판자를 같이 붙잡았습니다. 그러나 두 사람이 의지하기에는 너무 작은 판자였습니다. 그래서 나는 이 판자로는 혼자 몸도 의지하기 어려우니 네가 이 판자를 의지하여 어떻게 하든지 살아서 돌아가거라. 만리타국에 아비를 돕기 위해 따라왔다가 너까지 죽어야 되겠느냐고 아들을 달랬지만, 아들은 자기가 죽더라도 아버지가 돌아가야 한다고 고집하여 서로 붙잡고 놓아주지 않고 있다가 그만 정신을 잃고 말았습니다."

이렇게 말을 하고는 또다시 눈물을 글썽거렸다.

이야기를 들은 어부들은 이는 필시 아들의 효심과 아비의 정에 하늘이 감복하여 이 부자를 살렸으리라고 생각하여 고을 원님에게 이런 사실을 알렸다. 원님은 즉시 찾아와 자초지종을 듣고 이들의 이름을 물었다.

아버지는 김충이라 했고 아들은 김석중이라 했다. 원님은 이들을 위로하고 다시 왕에게 이 사실을 알렸다.

왕은 그들에게 남방에서 왔다 하여 성을 '남'이라 하사 하고 이름은 '민'으로 다시 고쳐서 '영양현'을 봉하고 호를 '영의'라고 주었으니 그때 영의공의 나이 40여 세였다.

그래서 당나라 일본 사신이었던 김충은 우리나라 남씨의 시조가 되었다. 그러나 본 이름이 김충이었으니 본관을 버릴 수 없어 성은 김씨로 하고 영양을 봉하여 영양 김씨의 시조가 되었다. 그러므로 영양 남씨와 김씨는 같은 조상인 것이다.

영덕 병곡면 거무역리

• 거북이 • 꿈 • 은혜 • 용왕 • 문학

경북 영덕군 병곡면 거무역리.

영해에서 10리쯤 울진 방향으로 국도를 따라가다 보면 오른편 산 밑으로 보이는 조그만 마을이 거무역리다. 마을 앞으로는 제법 큰 들판이 있고 그 들판 너머에 우거진 방풍림과 대진 해수욕장 그리고 짙푸른 바다가 열려 있다. 이 바다가 거무역리 해안이다.

어느 해 거무역리 해안에서 보기 드문 큰 거북이 어부들의 손에 잡혀 왔다. 어부들은 이 거북을 배 가운데 놓고 매질을 하는 등 온갖 장난을 하고 있었다. 이때 마침 안렴사의 벼슬을 받고 여러 고을을 순행하던 이곳 출신 박세통이 이 광경을 보게 되었다. 비록 미물이지만 불쌍한 생각이 들어 자세히 살펴봤더니 거북이의 등에 특이하게도 임금 왕(王) 자가 새겨져 있었다. 박세통은 이를 기이하게 여겨 어부들에게 후하게 삯을 쳐주고 이 거북을 사서 배 두 척으로 바다로 끌어내 살려 주었다.

그런데 그날 밤 객사에서 곤하게 잠을 자는 박세통의 꿈에 백발노인이 나타나 정중히 절을 하였다.

"나는 용궁에 살고 있는데 오늘 살려 준 거북은 내 자식이오. 오늘의 은혜에 감은하여 공의 집안에 대대로 정승이 되는 영광을 베풀도록 하겠소."

이렇게 말을 하고는 홀연히 사라졌다. 박세동은 이상한 꿈이라고 생각은 했지만 금방 잊어버리고 다음 순행지인 경기도 양주읍에 이르러 양주 첨사 집에 유하게 되었다. 이때 양주 사람들은 박세통을 특별히 대접한다고 저녁 식사에 자라 요리를 올렸다. 맛있게 저녁 식사를 마친 박세통이 잠자리에 들자 또다시 백발노인이 나타났다.

"오늘 저녁에 공께서 드신 자라가 저의 딸이었습니다. 내일 아침에는 저의 둘째 아들이 공의 아침 반찬에 올라갈 것 같으니 한 번 더 살려 주시오."

또다시 이렇게 말을 하고는 사라졌다.

박세통은 꿈을 깨자 즉시 아전을 불러 물었다.

"어제저녁 반찬이 뭣이었더냐?"

"예, 자라였습니다."

"그럼 오늘 아침 반찬은 뭣으로 준비하느냐?"

"자라이옵니다."

어제저녁 반찬도 자라였고 오늘 아침 반찬도 자라라는 것이다. 박세통은 즉시 부엌으로 가 물통 속의 자라를 살펴봤다. 복부에 왕(王)자가 또렷이 보였다. 박세통은 이 자라를 공손히 다루어 큰 내에 풀어 주었다. 그랬더니 그날 저녁 꿈에 또다시 노인이 나타났다.

"공께서 저의 둘째 아들마저 살려 주셨으니 제가 삼강(三江) 칠택(七澤)과 같이 방책을 꾀하여 꼭 대대로 고려 재상이 되게 하겠습니다."

이렇게 말을 하며 감사의 절을 하고 사라졌다. 그 뒤 과연 그는 문하시중평장사에 이르고, 그의 아들 홍무는 밀직사가 되었다. 그러나 그의 손자 함은 도무지 승진이 되지 않아 매일 주색으로 화풀이만 하다가 하루는 「거북아 거북아 속이지 마라, 삼대 재상은 거짓말이다.」(龜乎龜乎 莫欺瞞. 三世宰相虛語焉)라는 시를 지었다. 그랬더니 그날 밤 꿈에 백발노인이 나타나서 심하게 꾸중을 하였다.

"공이 매일같이 주색에 빠짐으로써 스스로가 복을 감하게 한 것이지 내가 어찌 망덕한 것이랴. 그러나 앞으로 주색을 멀리하고 바른 자세를 가진다면 기쁨이 있을 것이다."
 이렇게 꾸중을 들은 손자 함은 그제야 깨닫고 학업에 더욱 정진하여 결국 정승의 반열에 올랐다.
 노인의 예언대로 박세통의 삼대는 차례로 시중, 밀직사, 복사관이 되었던 것이다. 이후 고려 제31대 공민왕 때 이곳에서 삼대의 재상이 났다고 하여 이곳 주민들에게는 부역을 면제하였으며 동네 이름 또한 거무역이라는 호를 내려 주셨다고 한다.
 동네 입구 거무역 구지에는 삼대시중의 신도비가 있는 제각이 서 있다.

울릉도 자비굴

・꿈 ・재해 ・구조

경북 울릉군 울릉읍 저동리.

울릉도에서 동쪽으로 200m쯤 거리에 까끼섬 또는 관음도라는 섬이 있다. 이 섬에서 다시 동쪽으로 3km쯤 떨어진 곳에 댓섬 또는 죽도라고 하는 섬이 있는데 주위가 4km쯤 되는 섬이다. 이 섬에는 큰 배가 한 척 정도 들어가 숨을 수 있을 만한 바위굴이 몇 개 있다. 그중 북쪽에 있는 작은 굴을 자비굴이라 한다.

1930년 때의 일이라고 한다. 댓섬에서 가까운 거리에 살던 한 어부가 댓섬 근방의 바다에 고기잡이를 나갔다. 오전에는 잔잔하던 바다가 오후가 되면서 바람이 일기 시작하더니 점점 거칠어져 태풍으로 변하고 말았다. 어부는 급히 어구를 챙기고 귀항을 서둘렀지만, 도저히 울릉도 큰 섬까지는 갈 수가 없었다. 어부는 죽을힘을 다하여 간신히 댓섬의 자비굴로 들어왔지만 파도가 높아 접안할 수가 없었다. 살려면 부득이 배를 버리고 바위 위로 뛰어내리는 수밖에 없었다. 마침 자비굴 맞은편에 사람이 매달릴 수 있을 만한 툭 튀어나온 바위가 있었다. 어부는 파도로 배가 솟구칠 때 재빨리 배에서 뛰어올라 바위를 잡았다.

한편 아내는 바다에 나간 남편을 기다리다 지쳐서 잠시 잠이 들었는데 꿈에 남편이 나타났다.

"나는 여기 있다."

"여기가 어디요."

"죽도의 굴에 있다."

"몸은 성하오."

"아직은 괜찮아."

마치 생시에 만난 것 같았다.

집채 같은 파도는 이틀을 지나서야 잦아들었다. 바다에 나간 몇몇 배들은 돌아오기도 했지만, 그 어부의 배는 삼이 부서진 채 바닷물에 잠겨 떠오고 있었다. 모두 어부가 죽었다고 안타까워하며 부인을 위로하였다. 그러나 남편의 꿈을 꾼 아내는 아직 살아 있다고 믿고 있었다. 그래서 이웃들에 꿈 이야기를 하고 남편을 찾아 달라 부탁을 하였지만 사람들은 부인을 측은하게 생각하여 위로하기만 하였지 부인의 꿈을 믿으려 하지 않았다.

그런데 3일째 되는 날 또다시 꿈을 꾸었는데 첫날과 똑같았다.

"나는 죽을힘을 다해 겨우 견디고 있는데 뭘 하는 거야."

아내는 이렇게 똑같은 꿈을 다시 꾸자 남편이 살아 있다는 확신을 가졌다. 그 길로 관청에 나가 댓섬을 수색하여 줄 것을 간청하였다. 하도 간절한 요청이라 관청에서는 소방대원과 청년회원들을 동원하여 댓섬을 수색하였는데, 과연 자비굴 맞은편 돌출 바위에 어부가 매달려서 구조대원이 오기만을 기다리고 있었다. 그때 구조된 그는 10년을 더 살다 죽었다고 전해지고 있으며 이때부터 이곳 댓섬의 굴을 부처님의 자비에 의하여 어부가 살아났다고 하여 자비굴이라 불렀다고 한다.

울릉도 용녀

• 할머니 • 딸 • 선녀

경북 울릉군 북면 천부리.
이곳의 해안은 깎아지른 듯한 절벽으로 이루어져 있어 아름답기가 그지없다. 이 절벽의 중간쯤 지점 해안에 와다리용굴이라는 굴이 있고 해안 도로를 돌아 올라가면 천부라는 분지를 가진 동네가 있다.

석포마을 외진 곳의 오두막집에 해조류를 뜯으며 자식 없이 외롭게 살아가는 할머니 한 분이 있었다. 할머니는 외롭고 쓸쓸하여 딸이라도 하나 있었으면 하고 바랐다. 이 바람은 어느덧 간절한 기도로 바뀌어 틈만 있으면 "용왕님네, 용왕님네 딸이라도 하나 점지해 주소서."하고 빌었다.
그러던 어느 날 비바람이 몹시 후려치던 밤이었다. 어디선가 가냘픈 여자아이의 울음소리가 들려왔다. 그러나 할머니는 내가 잘못 들었겠지 하고는 처음은 그냥 흘려버렸다. 잠시 후 다시 울음소리가 좀 더 선명히 들렸다. 이상한 일이라고 생각은 하면서도 혹시나 아랫마을 아이가 길을 잃고 우는 것이 아닌가 걱정이 되어 울음소리가 나는 곳으로 더듬어 나가 보니 집 밑 후박나무 아래에 대여섯 살이나 되어 보이는 계집아이가 비를 맞으며 애처롭게 울고 있었다.
할머니는 아이를 얼른 감싸 안고 집으로 돌아와 옷을 벗기고 아랫목 따뜻한 이불 속에 뉘어 놓은 뒤 전복죽을 쑤어 아이에게 먹였다. 아이는 배도 부르고 추위도 풀리자 피곤했던지 그 자리에서 쌕쌕 잠이 들었다. 잠든 아이의 얼굴을 찬찬히 뜯어보니, 마치 천사 같았다.

뒷날 날이 밝자 할머니는 어린아이를 집에 데려다줘야겠다고 생각하고는 집과 부모를 물었지만 아이는 시종 아무것도 모른다는 말뿐이었다. 그런데 몇 날 몇 달이 지나도 아이를 잃었다거나 아이를 찾아오는 사람이 없었다. 아이는 날이 갈수록 할머니를 엄마라 부르며 따랐고 할머니도 아이의 이름을 용녀라 지어 딸처럼 길렀다.

용녀는 커가면서 용모나 자태가 더욱 아름다워질 뿐 아니라 마음씨와 솜씨도 뛰어나 혼기에 이르렀을 때는 사방에서 청혼이 들어왔다. 그러나 청혼이 들어올 때마다 용녀의 얼굴에 수심이 어렸다. 하루는 좋은 곳에서 청혼이 들어와 용녀에게 뜻을 물었더니 아무 대답도 없다가 어느 비바람이 치는 밤에 갑자기 행방을 감추었다. 할머니는 밤낮없이 걱정하며 기다렸지만 소식이 없다가 며칠 만에 할머니 꿈에 홀연히 나타났다.

"어머니 그동안 신세를 많이 졌습니다. 저는 원래 하늘나라 사람이온데, 잠시 인간 세상의 물정을 살피고자 내려왔는데 어머니같이 인자하신 분을 만나 잘 지내고 갑니다. 저는 와달리용굴로 왔지만 천부로 가서 하늘나라로 올라갈 것입니다. 부디 몸 성히 안녕히 계십시오."

꿈을 깬 할머니는 한 없이 허전하였지만 눈물을 흘리며 그를 마음속으로 고이 보내 주었다.

할머니가 꿈을 꾼 그날 저녁에 천부에서는 오색이 찬란한 구름이 하늘에 떴다고 한다. 석포를 일명 정들포라고 하는데 용녀가 마을에 정을 두고 갔다고 하여 이렇게 부른다고 한다.

울릉도 열녀비

・열녀 ・재해 ・부부 ・어부 ・비극

경북 울릉군 서면 남양3리.

일명 통구미라는 동네다. 이 동네에는 당산나무로 섬기는 400년이 넘는 큰 후박나무 한 그루가 서 있다. 여기서 50m쯤 되는 거리에 대한예수교장로회 통구미교회가 있는데 이 교회 바로 옆에 '절부 최봉조 처 월성 김씨지비(節婦 崔鳳條 妻 月城 金氏之碑)'라는 열녀비가 자리 잡고 있다.

통구미 마을에 한 어부 내외가 아들 하나를 데리고 단란하게 살고 있었다. 그들은 비록 손바닥만 한 채전 하나도 없는 어려운 처지였지만, 남편은 바다에 나가서 열심히 고기를 잡았고 아내는 산에 가서 부지런히 나물을 뜯거나 약초를 캐었기에 남부럽지 않은 생활을 할 수 있었다.

어느 봄 날, 아내가 꿈을 꾸었다. 집에서 빨래를 하고 있는데 갑자기 바람이 불고 검은 구름이 하늘을 덮더니 번개와 뇌성이 내려쳤다. 그리고 산더미 같은 파도가 해안으로 기어올라 배라는 배는 모두 뒤덮어 버리는 것이었다. 아내는 너무나 놀라 자리에서 벌떡 일어났다. 아주 불길한 꿈이었다. 그래서 뒷날 바다에 나가려는 남편에게 어젯밤 꿈 이야기를 하였다.

"아무래도 꿈이 이상하지 않아요?

"봄 꿈은 개꿈이요. 또 꿈은 반대로 된다는데 혹시 민선할지 모르겠소."

"그래도 오늘은 집에서 쉬세요."

"허허, 무슨 소리요. 날씨가 이렇게 좋은데."

남편은 오히려 아내를 달래며 바다로 나갔다.
아내는 불안한 마음이 가시지 않았지만 그날따라 바다는 호수같이 잔잔하였고 남편의 모습도 유난히 늠름하여 적이 마음을 놓으며 산으로 나물과 약초를 캐러 나갔다. 그러나 오후가 되면서 맑기만 하던 하늘이 어제저녁의 꿈에 본 하늘과 같이 검은 구름으로 덮이더니 바다가 점점 거칠어지기 시작했다. 불안한 마음이 다시 고개를 들었다. 하늘과 바다를 연달아 보면서 남편이 무사히 돌아오기를 선인봉의 산신령께 빌고 또 빌었다. 그러나 아내의 기도에도 아랑곳하지 않고 날씨는 더욱 험악해졌고 파도는 산더미같이 높아만 갔다. 부랴부랴 집으로 내려온 아내는 바닷가에 나가 발을 동동거리며 남편을 기다렸다. 그러나 애끊는 밤이 지나가도, 또 뒷 날 날씨가 좋아져도 남편은 끝내 돌아오지 않았다.
남편이 죽었다는 것을 안 아내는 몇 날 며칠을 두고 식음을 전폐하고 통곡으로 세월을 보냈다. 그러나 어린 자식을 생각하지 않을 수 없었다. 어린 자식을 잘 길러 대를 잇게 하는 것만이 자신이 남편을 위하는 길이라고 생각하고는 이를 악물고 일어나 한층 더 부지런히 약초와 나물을 캐었다. 그러나 평생 남편을 앗아 간 바다가 싫어 바다를 보지도 않았고 바다에서 나는 생선과 패류 그리고 해조류도 먹지 않았다. 이런 사실을 전해 들은 섬사람들은 울릉도에 열녀가 났다며 칭송이 자자하였고 그녀가 죽은 뒤에는 지금의 자리에 열녀비를 세워 그녀의 영혼을 위로하였다.
지금 이 열녀비는 홍살문이나 정려문도 없이 시멘트 블록으로 담장을 친 초라한 모습으로 가정 주택의 뒷담에 붙어 있다.

울릉도 성하신당

• 조정 • 꿈 • 재해 • 산신령 • 제사

경북 울릉군 서면 태화리.

옛날에는 이곳을 황토구미라 불렀다고 한다. 강원도 사람들이 태풍을 만나 이 섬에 닿게 되었는데, 그때 이곳의 황토에서 아홉 가지의 맛이 났던 덕으로 이 황토를 먹고 목숨을 건졌다고 하여 붙여진 이름이라고 한다.

이 태화리는 도동의 여객선 터미널에서 서북쪽의 돌깨재를 넘으면 나타나는데 이곳에는 서면 태화 출장소가 있고 이 출장소 바로 옆에 노송 십여 그루가 서 있는 50여 평의 부지에 울릉도의 수호신이라고 하는 동남동녀신을 모신 신당이 있다. 이 신당을 성하신당이라 한다.

조선 태종 17년(1417년) 왜구의 노략질이 심하여 울릉도를 공도[67]로 하기 위하여 태종은 안무사 김인우에게 병선 두 척을 주어 울릉도 주민 80여 명을 쇄환토록 했다.

나라의 명을 받은 안무사 김인우는 울릉도 지금의 태화리에 도착하여 이곳을 야영지로 삼고 섬을 두루 살핀 후 주민들에게 쇄환 계획을 알리고 날씨가 좋은 날을 택하여 주민들을 데리고 출범을 하기로 하였다. 그러던 어느 날 안무사가 잠자리에 들었는데 꿈에 해신이 나타났다.

"너의 일행 중 동남동녀 한 쌍을 남겨 두고 띠니라."

안무사는 이상한 꿈이라고 생각은 하면서도 나라에서 명을 받은

---

67 지방 공공 단체가 축조·인정 또는 관리하여 도로법 등의 규제를 받는 도로

일이라 이를 무시하였다.
　뒷날 날씨가 좋아 출발 준비를 서둘렀다. 그런데 막 출범을 하려는데 좋기만 하던 날씨가 갑자기 흐려지면서 파도가 치기 시작했다. 하루를 기다리고 이틀을 기다려도 파도가 잦아들지 않았다. 그제야 안무사는 꿈에 해신이 한 말이 생각났다. 탈이라면 그 탈 밖에는 없다고 생각한 안무사는 차마 못 할 짓이지만 대의를 위해서는 어쩔 수 없다고 판단하고 동남동녀 한 쌍을 불렀다.
　"내가 거처하던 곳에 필묵을 잊고 왔으니 너희가 가서 그것을 가져오도록 하여라."
　안무사가 명령을 하니 동남동녀는 어쩔 수 없이 숙영지를 향하여 뛰어갔다. 그들이 뛰어가자 흐렸던 날씨가 갑자기 개면서 파도가 잦아들었다.
　안무사는 병사들에 황급히 명령하여 출범하게 되니 배는 쏜살같이 바다로 나아갔다.
　한편 필묵을 아무리 찾아도 찾지 못한 동남동녀 한 쌍은 배가 있었던 곳으로 되돌아왔지만 배는 이미 저 멀리 수평선 너머로 사라져 가고 있었다. 아무리 울면서 불러도 소용없는 일이었다.
　안무사는 비록 무사히 귀임하였지만 섬에 남겨 두고 온 동남동녀의 안부가 항시 잊히지 않아 번민하던 차 수년이 지난 후 다시 순찰 명령을 받아 울릉도에 가게 되었다. 울릉도에 도착하자마자 제일 먼저 지난번의 숙영지로 달려가 보았더니 그 자리에 껴안은 형상을 한 동남동녀의 옷과 백골만 나란히 남아 있었다. 이를 본 안무사는 눈물을 흘리고 두 사람의 혼을 달래기 위하여 그곳에 사당을 지어 제사를 지내고 돌아왔다.

　그 후 울릉도로 다시 돌아온 주민들은 이 동남동녀를 울릉도의 수호신으로 삼고 매년 삼짇날[68]에 농사나 어업의 풍년을 비는 제사를 이 사당에서 올린다고 한다. 뿐만 아니라 배를 새로 만들거나 외지에서 구입해 올 때는 꼭 이곳에서 제를 지내야 무사하고 그렇지 않을 경우에는 화를 입는다고 전한다.

이 전설 외에 또 다른 전설이 있다.
옛날 울릉도에 사람이 살지 않았을 때 강원도 삼척에 와 있던 어떤 장수가 하루는 배에다 병사 다섯 명과 기생 한 명, 그리고 술과 안주를 잔뜩 싣고는 동해안 순찰 겸 뱃놀이를 나섰다. 장군과 병사들은 여흥을 즐기면서 해안선을 따라 남쪽으로 내려갔다. 얼마쯤 내려갔을 때 갑자기 바람이 일기 시작했다. 바람은 병사들이 뱃머리를 돌릴 사이도 없이 거칠어지면서 폭풍으로 변하고 말았다. 갑자기 변한 날씨라 어떻게 손쓸 사이도 없이 돛대가 부러지고 돛이 찢어져 버려 배는 바람 따라 표류하고 말았다. 모든 것은 운명에 맡길 수밖에 없었다. 비바람과 파도에 운명을 맡긴 지 이틀 만에 날씨는 갰고 배는 지금의 울릉도 태화리 해변에 밀려들었다. 배에서 죽음을 기다리며 쓰러져 있던 장군과 병사 그리고 기생은 이제야 살았다고 생각하고는 있는 힘을 다하여 육지로 기어 내렸지만, 이곳이 인가라고는 하나도 없는 이름 모를 섬이란 것을 안 이들은 그만 그 자리에서 기절하고 말았다.
마침 기절하여 쓰러진 곳은 황토밭이었다. 황토의 구수한 냄새가 그들의 코로 들어가면서 차츰 정신이 들었다. 정신이 들면서 갈증과 허기가 졌다. 당장 먹을 것이 없는 이들은 구수한 냄새가 나는 황토를 조금씩 핥아먹었다. 그 맛이 여러 가지 맛을 내면서 허기를 면하게 하여 주었다.

68 제비가 돌아오는 날

일행 중의 장군은 허기를 일시 면하자 잠시 잠이 들었는데 꿈에 백발이 성성한 노인이 지팡이를 들고 나타나 장군을 가리키며
"나는 성인봉의 산신령인데 너희들이 살아가려면 내가 시키는 대로 해야 하느니라"
하고 말을 하는 것이었다. 그러고는,
"이곳에서 서쪽으로 계속 노를 저어 가면 육지에 도착하게 될 것이다. 그러나 배가 떠날 때는 이곳에 여자 한 사람과 남자 한 사람은 반드시 두고 떠나야 한다. 명심하여라."
하고는 노인은 홀연히 사라졌다.
꿈에서 깨어난 장군은 노인의 말에 힘을 얻어 지쳐서 쓰러져 있는 병사와 기생을 우리는 살아갈 수 있다는 말로 희망을 주면서 불러 모았다. 그리고는 해가 지는 서쪽으로만 가면 우리는 육지로 갈 수 있다는 것을 설명하고는 힘을 내어 찢어진 돛과 부러진 돛대를 수리하였다. 배가 다 수리되어 떠날 날이 되자 장군은 걱정이었다. 산신령 노인의 말대로 한다면 여자와 남자 한 사람씩을 두고 떠나야 하는데 누구를 떼어 두고 떠난단 말인가. 다 같이 생사고락을 같이 한 사람들이 아닌가. 그래서 고민 끝에 모두 다 같이 배에 타고 떠나기로 하고 어느 날 날씨 좋은 날을 택하여 뱃길에 나섰다. 그러자 갑자기 비바람이 불면서 파도가 몰아치기 시작했다. 혼이 난 장군은 다시 섬으로 돌아왔다. 이는 필시 산신령이 자기 말을 듣지 않았다고 노하여 이렇게 날씨에 조화를 부렸을 것이라고 생각하고는 어떻게 할까 하고 고민을 하고 있는데 그날 저녁에 또다시 산신령 노인이 나타나 화를 내면서 만약 시키는 대로 하지 않으면 모두가 죽게 된다고 엄하게 꾸짖는 것이었다. 장군은 다 같이 갈 수 있게 해 달라고 사정하였지만 들은 체도 하지 않았다.
뒷날 날씨가 좋아지자 장군은 일단 배를 띄울 준비를 하고는 가족이 없는 젊은 병사 한 사람과 기생을 불러 어젯밤에 잤던 곳에

담뱃대를 두고 왔는데 그것을 가져오게 하였다.

  그들이 담뱃대를 가지러 가는 것을 보고는 장군은 배를 띄우게 명령했다. 남은 병사들이 의아해하면서 배를 띄우지 않자 자초지종을 말하고 배를 띄우게 하자 모두가 울면서 배를 띄워 노를 저어 나갔다. 섬에 남은 병사와 기생의 절규가 귓전에 파고들었지만 모두가 돌아보지도 못하고 눈물만 쏟았다.

  사람을 성인봉 산신령에 제물로 바쳐서인지 바다 날씨는 그럴 수 없이 좋았다. 적당한 동풍까지 불어 예상외로 이른 시간에 삼척 근방에 도착하게 되었다. 장군은 도착 즉시 조정에 동해 한가운데 큰 섬이 있다고 보고하였다. 이를 보고 받은 조정은 이듬해 장군에게 그 섬을 한 번 더 순찰하도록 하였다.

  장군은 조정의 지시에 따라 섬에 도착하여 살펴보니 사람의 그림자는 보이지 않았다. 그럼 작년에 두고 간 병사와 기생은 어디로 갔을까 하고 다시 샅샅이 뒤져 보니 산 밑 골짜기에 그들의 옷과 유골이 나란히 누워 있었다. 장군은 그 앞에서 통곡을 하며 그들에 사죄하였다. 그리고는 그 자리에 사당을 짓고 그들의 옷을 사당에 모셨다. 그 후부터 해마다 이들 고도에서 숨진 한 쌍의 원혼을 달래고 바닷길의 무사함을 비는 제사를 지내는데 이때에는 남녀 웃옷 한 벌씩을 만들어 걸어놓는다고 한다.

맺음말

　산업화와 도시화로 어촌이 사라져 가면서 어촌 특유의 전설들과 풍습들도 사라져 가고 있다. 실로 안타까운 일이 아닐 수 없다.

　한국바다문학회에서 전국 어촌의 전설을 찾아 보고 귀한 자료로 삼고자 시작한 일이다. 그러나 이는 생각보다 경제적, 시간적으로 참으로 많은 손실이 따랐다. 처음에는 그저 어촌을 찾아가 늙은 어부들이나 만나 소주나 한잔하면서 그곳의 전설을 물어보면 되리라고 생각했는데, 이는 엄청난 착각이었다. 옛날 이름이 있었던 어촌은 거의 매립되었거나 도시화되어 대를 이어온 어부가 드물었고 아직 개발되지 않은 어촌은 낮에 사람 만나기가 어려웠다. 간혹 만날 수 있다 하더라도 지역의 전설을 제대로 아는 사람이 극히 드물었다. 이런 무모한 전설 찾기는 결국 실패로 돌아갔다.

　다음으로 시도한 것이 각 도서관을 찾아다니며 일단 자료를 수집하는 일이었다. 의외로 전설에 관한 서적들은 많았지만, 어촌에 관한 전설은 극히 빈약했다.이 자료를 가지고 다시 현지를 찾아갔지만 엉뚱한 주소가 많은 데다 하루 종일 헤매다 겨우 찾아보면 매립이나 개발로 전설의 주체가 사라지고 없는 경우가 허다했다. 이 방법도 매우 비경제적이었다. 그래서 생각해 낸 것이 행정기관의 도움이었다. 어떤 지역은 향토지에 전설에 관한 자료가 잘 정리되어 있기도 하고 관계 공무원이 아주 친절하게 안내하기도 하였지만 어떤 지역은 자료는 고사하고 지역 이름도 모르고 있을 뿐 아니라 아예 귀찮다는 표정으로 응대하기 일수였다.

　행정기관의 도움으로 안내와 자료를 얻어 일일이 어부들을 만나지 않아도 되니 시간적으로 절약은 되었지만, 어촌의 전설 자체가 도서 지방이나 험한 해안에 위치해 있어 이를 찾아가 확인하고 사진을 찍는 것 또한 여간 어려운 것이 아니었다. 그래서 간도 때나 도선을 기다리며 하루해를 보내기도 하고 생각 외의 돈을 들여 어선을 용선하기도 했다. 안개 등 기상이변으로 사진을 찍지 못해 두 번 이상 찾아간 곳도 있고 섬에 들어갔다 폭풍을 만나 꼼짝없이 며칠간 갇혀 있기도 했다. 당초에 계산되지 않은 손실들이었다.

그러나 덕택에 우리나라의 아름다운 해안을 구경할 수 있었다. 우리나라의 해안은 정말 아름답다. 하와이나 필리핀에 결코 뒤지지 않았다. 그러나 생각했던 것보다 훨씬 많은 해안이 무분별한 개발로 황폐해져 가고 있으니 안타까운 일이다.

아직도 어촌에는 어업인들의 애환과 고장의 풍습, 그리고 향토사적 가치가 있는 전설들이 많이 남아 있다. 이 전설의 수집과 [어촌설화 대백과]의 집필과 출판에 도움을 주신 모든 분께 진심으로 감사의 인사를 전한다.

김상곤

색인

ㄱ

가족 · 188, 195, 200, 202
거북이 · 28, 51, 277
경쟁 · 124
고래 · 245
공주 · 108
과객 · 86
구렁이 · 231
구조 · 274, 280
권선징악 · 231
귀신 · 17, 157, 174
귀양 · 17, 46
기도 · 54, 115
기생 · 243
기적 · 54, 188, 245

ㄴ

나무 · 82, 94, 136, 188
남매 · 233
남장 · 191, 197
내기 · 48
누명 · 180

ㄷ

다리 · 126

다툼 · 141

도망 · 229

도사 · 124

도승 · 14

도인 · 226, 235

돌 · 28, 153, 155, 166

동자승 · 166

돼지 · 229

두꺼비 · 141

ㅁ

며느리 · 41, 148, 226

모래 · 46

무인도 · 71

문학 · 134, 240, 243, 277

물개 · 106

ㅂ

바람 · 240

바위 · 14, 23, 25, 36, 56, 58, 67, 71, 74, 78, 82, 89, 94, 98, 106, 126, 128, 220

반란 · 86

뱀・128, 141, 150, 213

병・43, 240

복수・98

봉황・25

부모・38, 58

부부・25, 33, 43, 56, 58, 71, 78, 82, 84, 86, 89, 98, 103, 108, 110, 115, 126, 136, 146, 178, 197, 207, 210, 220, 233, 240, 254, 266, 285

부처・14

불교・112, 141

불상・166

비극・12, 14, 23, 25, 33, 43, 56, 61, 71, 78, 80, 82, 92, 110, 126, 146, 178, 184, 191, 195, 197, 200, 202, 204, 207, 210, 220, 243, 248, 252, 256, 259, 285

비석・124, 262

ㅅ

사공・63, 180, 204

사당・131

사랑・12, 17, 61, 146, 184, 191, 252, 256, 259, 266

산신령・33, 115, 222, 287

새・94

선녀・74, 282

선비・220

섬・130, 157

소원·254

수도승·92

수호신·28, 270

시·112

시댁·41, 148, 226

시체·38

신선·63, 78

ㅇ

아기·161, 272

아들·36, 74, 229, 254

아버지·229

알·272

애국·139

어머니·130, 235

어부·17, 20, 23, 28, 38, 48, 58, 61, 78, 82, 84, 110, 124, 126, 136, 146, 153, 155, 157, 166, 170, 178, 195, 197, 200, 202, 210, 213, 233, 245, 254, 274, 285

열녀·56, 82, 84, 110, 146, 178, 207, 210, 248, 285

영약·43

영웅·235

오해·220, 259

옥황상제·17, 92

왕·103, 108, 224

왕비 · 222
욕심 · 51, 202, 231
용 · 65
용궁 · 82, 148
용왕 · 17, 65, 74, 136, 153, 233, 240, 277
운명 · 266
유배 · 121, 134
유언 · 270
유혹 · 12
은혜 · 38, 51, 63, 69, 277
이순신(충무공) · 31, 139
인과응보 · 51
일본 · 20, 69, 78, 98, 115, 130, 131, 266
임산부 · 36, 86
임신 · 92

ㅈ

자식 · 36, 84, 115, 197
장군 · 131, 170, 207
장사 · 12, 20, 67
재판 · 48
재해 · 191, 200, 226, 233, 262, 274, 280, 285, 287
저주 · 94, 155, 161, 174, 252, 256, 259
전쟁 · 112, 139, 207

절개 · 25

제물 · 100

제사 · 31, 155, 213, 233, 252, 256, 259, 287

조정 · 170, 180, 248, 270, 287

지혜 · 150, 262, 266

ㅊ

충신 · 103, 248

ㅍ

표류 · 71

피난 · 54, 188

ㅎ

학 · 12, 17, 89

한 · 67, 78

할머니 · 54, 80, 282

해녀 · 148

해신 · 100

해적 · 20, 115

형제 · 51, 89, 128, 157, 200, 235

호랑이 · 41

환생 · 254

효도 · 14, 58, 80, 100, 128, 274

ㄲ

꿈 · 28, 31, 33, 54, 65, 71, 115, 121, 128, 131, 136, 141, 153, 161, 166, 174, 202, 213, 233, 272, 277, 280, 287

ㄸ

딸 · 33, 100, 121, 130, 161, 188, 222, 282

엮은이

김상곤

[수상]

    1993년   한국 수필 신인상 수상
    1999년   부산일보 신춘문예 당선
    2004년   한국농촌문학상 수상
    2008년   부산아동문학상 수상
    2010년   한국해양문학상 수상
    2019년   부산문학상 수상
    2021년   망운문학상 수상

[도서]

    수필 : 가을의 창가에서, 자갈치, 어느 날 어느 하루
    동화 : 웅어의 전설, 아롱이의 마지막 산책, 바다왕국

어촌설화 대백과

엮은이	김상곤
기획	소나기크리에이티브 주식회사
펴낸날	2023년 10월 3일
펴낸곳	소나기크리에이티브 주식회사
제작 및 디자인	소나기크리에이티브 주식회사
	부산광역시 해운대구 수영강변대로 140, 707호
	070-7092-0996, 070-7092-0999
	why@sonagicreative.com
ISBN	979-11-90579-27-8 (03810)
가격	22,000원

Copyright 2023. Sonagi Creative Corp. All rights reserved.

- '어촌설화 대백과'의 각주는 국립국어원의 우리말샘 국어사전 및 위키 낱말사전을 참고하였습니다.
- '어촌설화 대백과' 글과 삽화의 저작권은 소나기크리에이티브 주식회사에 있으며, 내용 및 삽화의 전부 또는 일부를 재사용하려면 반드시 저작권자의 동의를 받아야 합니다.

소나기
크리에
이티브